财务共享服务是一种将分散于各业务单位、重复性高、易于标准化的财务业务进行流程再造与标准化，并集中到财务共享服务中心统一进行处理的作业管理模式。

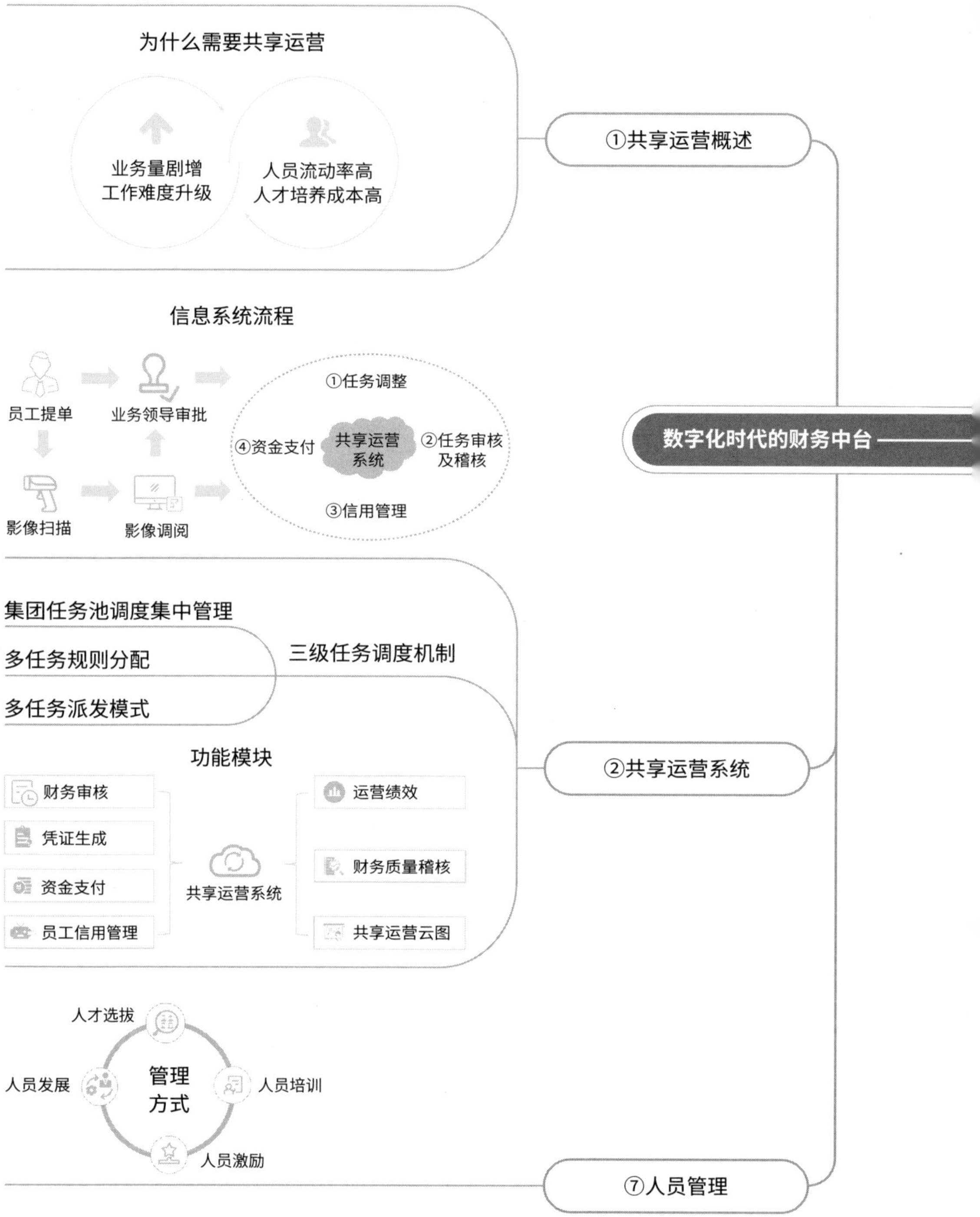

共享运营系统

③会计档案电子化

财务共享服务中心运营成熟度模型

十一维运营管理体系

运营管理

- 目标管理
- 服务管理
- 知识管理
- 人员管理
- 学习管理
- 流程管理
- 标准化管理
- 系统管理
- 质量管理
- 绩效管理
- 创新管理

④服务水平协议

服务水平协议是服务提供方和服务对象之间的，就业务范围、响应级别、处理效率、质量要求、计费标准等与服务相关的指标所达成的双方共同认可的约定或契约。

- 服务部分
- 技术部分
- 商务部分

⑤知识管理

知识管理内容

- 知识获得
- 知识分类
- 知识储存
- 知识更新

知识共享平台

- 知识库
- 专家网络
- 社区讨论
- 知识百科
- 知识地图导航

⑥培训管理

专业知识 岗位技能 业务制度 管理制度 通用技能 职业素质

财务云丛书

中兴新云 中国企业 全球梦想 财务云 Financial Cloud

数字化时代的财务中台
——共享运营系统

孙彦丛 郭奕 扶冰清 ◎ 著

中国财经出版传媒集团
中国财政经济出版社

图书在版编目（CIP）数据

数字化时代的财务中台：共享运营系统／孙彦丛，郭奕，扶冰清著．--北京：中国财政经济出版社，2021.6

（财务云丛书）

ISBN 978-7-5223-0522-6

Ⅰ.①数…　Ⅱ.①孙…②郭…③扶…　Ⅲ.①财务管理-管理信息系统　Ⅳ.①F275-39

中国版本图书馆CIP数据核字（2021）第077300号

责任编辑：马　真　　　　责任校对：胡永立

封面设计：智点创意　　　　责任印制：党　辉

数字化时代的财务中台——共享运营系统

SHUZIHUA SHIDAI DE CAIWU ZHONGTAI——GONGXIANG YUNYING XITONG

中国财政经济出版社 出版

URL：http：//www.cfeph.cn

E-mail：cfeph@cfeph.cn

社址：北京市海淀区阜成路甲28号　邮政编码：100142

营销中心电话：010-88191522

天猫网店：中国财政经济出版社旗舰店

网址：https：//zgczjjcbs.tmall.com

北京密兴印刷有限公司印刷　各地新华书店经销

成品尺寸：170mm×240mm　16开　15.25印张　246 000字

2021年6月第1版　2021年6月北京第1次印刷

定价：68.00元

ISBN 978-7-5223-0522-6

（图书出现印装问题，本社负责调换，电话：010-88190548）

本社质量投诉电话：010-88190744

打击盗版举报热线：010-88191661　QQ：2242791300

《数字化时代的财务中台——共享运营系统》课题组

主要成员：

孙彦丛　郭　奕　扶冰清

其他参与成员：

禹　萌　王沫萱　韩蓉蓉　叶贤良

宋　佳　张　哲　范雨菲

序

技术进步一直驱动着企业的发展。20 世纪 40 年代，世界上第一台计算机的诞生拉开了第三次产业革命的序幕。90 年代，互联网拉近了企业内部各部门，以及和外部利益相关者之间的距离。如今，以“大智移云物区”为代表的新兴技术蓬勃发展，构建了一个紧密联结的数字化世界，深刻地影响着企业的业务创新、运营管理和经营策略。

在过去几十年间，财务同样经历了几次重大的变革。第一次革命是会计电算化的普及，会计电算化用小型数据库和简单计算机软件取代了部分人工核算工作，实现了财务传统计算能力和存储能力的巨大飞跃。第二次革命是 ERP 系统的广泛应用，促进了业务财务一体化，使业务管理与财务管理开始在一个平台上产生信息交互。第三次革命是财务共享服务中心的出现，促进财务实现组织转型、职能转型，并通过信息系统重构，使财务可以支撑和实现多地域、多行业发展的管理诉求。按照通信的术语来说，财务共享服务带来了企业管理的“交换机”和“路由器”，它将前端的业务系统分流程与财务系统连接起来，而“大智移云物区”等技术的出现，推动了财务第四次革命——财务的数字化转型。

财务本质上是一个信息循环，是收集、存储、加工财务数据的信息系统，并与企业主价值链建立广泛连接，从而支持业务循环和管理循环。财务信息化的本质是利用信息系统支撑财务职能及财务循环，承载财务九大流程（销售到收款、采购到支付、费用到报销、存货到成本、员工薪酬、总账到报表、固定资产、资金管理、税务管理），并通过与前端业务系统的联通对接，使数据可以在已有系统中“自如流动”。企业能采集的数据越来越多，处理能力越来越强大，财务发挥企业战略和经营“仪表盘”和“导航仪”的作用就越来越明显。因此，财务信息化是财务数字化转型的必然基础。

我和我的团队亲身经历和参与了中国会计事业的改革与发展。我们依靠自身力量在中国企业中最早完成财务转型，建立了中国企业第一个共享服务中心，第一个提出“财务云”的概念，率先将通信技术的理念融入财务系统，并根据技术发展不断升级迭代。一路走来，我们清晰地意识到，财务信息化是推动我国新一轮会计变革的起点，所以我们希望借助自身的经验帮助更多中国企业，帮助他们拥有世界级能力。在过去的十几年间，我们已为国内200余家大型企业提供适应市场环境和符合业务需求的财务共享服务、财务信息化和财务数字化方案。同时，我们也希望为中国财会行业进步与人才培养贡献力量，于是我们出版了《财务云丛书》，发表了近百篇重点文章和洞察报告，与国内各大高等院校、学术与教育机构建立了深入合作关系。

当然，培养新时代的会计人才，需要合适的方法和专业的“教材”。为此，我们规划了首批的五本专著，分别是《数字化时代的全员体验——费用报销系统》《数字化时代的财务中台——共享运营系统》《数字化时代的采集存储——电子影像 & 电子档案系统》《数字化时代的控制矩阵——预算管理 & 合同管理系统》和《数字化时代的业财一体——业务报账系统》。其内容依托中兴新云 FOL 财务云信息系统，采用“理论 + 实务”“流程 + 信息系统”的编写形式，用通俗易懂的语言，将财务工作流程和内容直观地呈现在读者面前，帮助读者了解业财一体化，快速搭建起财务与信息化的连接，建立起财务信息化的思维体系和知识底座，理解信息化建设对于数字化转型的关键价值，并促进财会行业人才发展迈上新台阶。

数字化浪潮已在眼前，这是对全社会生产生活方式的又一次革命，也是财务行业和财务人员面临的又一次变革。当变革来临，我们需要的是拥抱未知的勇气和敢为天下先的决心，用知识武装头脑，用经历丰富人生，用洞见破除困难，用信念面对挑战。财务人员不应该仅局限于处理“票账表钱税”，而应该是善于学习、勤于思考、能够破译企业价值密码的先行者，这才是财务最令人心向往之的未来。

中兴新云总裁　陈虎

2021 年 3 月

前　言

技术的进步引领时代的变革，科学技术的每一次突破都是撬动人类社会进步的杠杆。新兴技术在生产和生活领域的广泛应用，对竞争环境、商业模式及企业管理方式产生了深刻的影响，推动了企业转型的进程。财务管理作为企业转型的重要支撑手段，是组织转型和业务转型下实现资源优化配置的有效工具。财务部门作为企业所有交易和信息的记录者，是企业天然的数据中心。因此，财务的数字化是企业数字化的起点。

信息化是财务数字化转型的重要支撑。在信息技术的支持下，财务通过与利益相关者在线互联，高效采集、加工、报告数据，测定企业与利益相关者的连接强度和频率等信息，绘制企业的“价值图谱”，使财务赋能业务和经营成为可能，帮助企业在多变的商业环境中保持竞争优势。

中兴新云数十年来深耕财务咨询行业，从财务共享服务到财务智能化、数字化，帮助众多大型企业完成了财务转型，积累了大量行业经验，站在了财务变革领域的最前端。中兴新云将已有行业经验经过长期整合与沉淀，融合历史实践与前瞻性探索，结合数家大型企业的应用案例，编写了财务云系列丛书，致力于帮助更多中国企业完成财务数字化的转型与升级。

系列丛书以财务云信息系统平台（简称“财务云平台”）为依托，将企业财务业务的核心内容划分为多个“域”，本次推出的五本丛书内容涵盖了费用报销域、共享运营域、影像档案域、财务控制域以及业务报账域。《数字化时代的全员体验——费用报销系统》以费用为基础，展示费用管理的审批流、核算流、内控流、资金流、数据流及其系统实现等内容；《数字化时代的财务中台——共享运营系统》涵盖共享运营系统及运营管理，指导企业应如何通过信息化技术高效运营和管理财务共享服务中心；《数字化时代的采集存储——电子影像 & 电子档案系统》主要展示了影像系统及档案系统的功能点及其应用场景，剖析影像档案系统如何筑起坚实的信息壁垒，使企业的财务及业务数据形成一个完整的、安全的闭环，实现会计档案电子化管理；《数字化时代的控制矩阵——预算管理 & 合同管理系统》体现了企业如何通过信息化技术实现多个维度、多流程节点的内部控制，促进财务与业务处理的合规高效；《数字化时代的业财一体——业务报账系统》从销售、采购、资产、薪酬、资金、税务、总账多个业务为切入点，深入剖析了企业如何借助信息系统实现业财一体化。

本书以"共享运营"为关键词，详细阐述了共享运营系统如何支撑共享服务中心高效运营，从管理的角度剖析企业应当如何运营管理财务共享服务中心。

全书内容分为两篇，共 15 章。第一篇是共享运营及其信息系统，主要围绕共享运营系统的功能进行展开：其中第 1 章和第 2 章分别解释了共享服务的概念，回答了企业为什么需要共享运营，以及共享运营系统的功能和对接的外部系统。第 3 章 ~ 第 10 章涵盖共享运营系统的主要功能及业务场景说明，包括共享运营的任务分配、财务审核、会计引擎、资金结算、信用管理、财务稽核、运营绩效及运营数据监控。如何规划财务共享中心的共享运营体系，建立评价标准，成为很多企业在建立财务共享服务中心之后考虑的首要问题。本书第二篇主要介绍共享服务中心的运营管理，并以共享服务中心的十一维运营管理体系为主进行展开：其中第 11 章介绍了共享服务中心的十一维运营管理体系，包括目标管理、创新管理、绩效管理、质量管理、标准化管理、系统管理、流程管理、服务管理、知识管理、学习管理、人员管理。第 12 章 ~ 第 15 章详细阐述了企业如何从服务水平协议、知识管理、培训管理、人员管理等重要维度开展具体的运营管理工作。

本书的定位是企业财务共享服务中心运营与管理的知识读本，

主要面向财务共享服务、财务信息化与数字化的从业者。本书用通俗易懂的语言介绍了共享运营系统和运营管理两方面的基本知识，将理论知识与系统实践相结合，希望能够指导企业建立共享运营系统、打造运营管理体系，帮助企业丰富自身管理工具和管理手段、提升管理效率和管理效果。

目　录

第一篇　共享运营及其信息系统

第二篇　如何管理一个共享服务中心

第一篇

共享运营及其信息系统

第1章　共享运营

本章学习目标

本章首先介绍了共享服务的概念、驱动因素、特点等方面，然后阐述了财务共享服务的内核，最后分析了企业为什么需要共享运营。

通过本章的学习，应掌握：

◇　共享服务和财务共享服务的基本概念

◇　企业为什么需要共享运营

本章知识结构图（见图1－1）

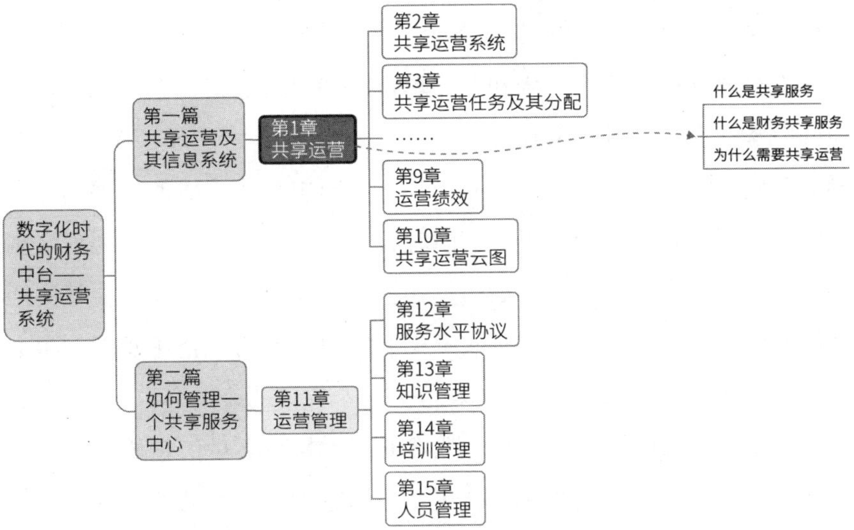

图1－1　第1章框架导图

1.1 什么是共享服务

（1）共享服务的概念

20 世纪 80 年代，美国的福特公司率先实施共享服务；1993 年，Gunn Partners 公司的创始人 Robert W. Gunn，Johnson & Johnson 公司的 David P. Carberry，GE 的 Robert Frigo 以及 DEC 的 Stephen Behrens 首次明确了共享服务的思想。随后，共享服务在理论界和实务界得到了广泛探讨和深入实践。2005 年中兴通讯建立了中国企业的第一个财务共享服务中心，2008 年出版首部财务共享服务中文专著。

共享服务是以顾客需求为导向，按照市场价格和服务水平协议为企业内部多个分支机构，或集团内部多个公司，及外部企业提供跨地区的专业化共享服务。它将企业各分支机构“分散式”的、重复性的职能业务整合到共享服务中心进行处理，以促进企业集中有限的资源和精力专注于自身的核心业务，创建和保持长期竞争优势，并达到整合资源、降低成本、提高效率、保证质量、提高客户满意度的目标。[①]

（2）共享服务的驱动因素

随着企业规模的不断扩张和业务单位的持续增加，每个分部都需配备相应的财务、人力、IT、采购等人员，人力成本随之增加；而不同地区、不同分部间流程的多样和标准的差异势必会影响企业整体的发展运作，对企业的日常经营和存续产生阻力；同时，业务单位之间业务量的不平衡也会导致一些地区或分部资源不足而另一些地区或分部资源富余，从集团层面来讲无疑造成了浪费。如何有效解决上述问题，消除企业发展的阻力成为企业势必面临的难题。

企业战略决策的制定与实现、战术的产生与落实对信息质量提出了极高的要求，这种需求驱动企业必须建立一种适应企业目前经济规模的、稳定的管理模式。共享服务的建立正是旨在提高业务处理效率、提高信息价

---

① 陈虎，孙彦丛．财务共享服务［M］．北京：中国财政经济出版社，2018：1。

值、降低成本、加强管控。因此，来自企业战略与战术制定方面的需求，对共享服务模式的建立起到了巨大的驱动作用。如图1－2所示。

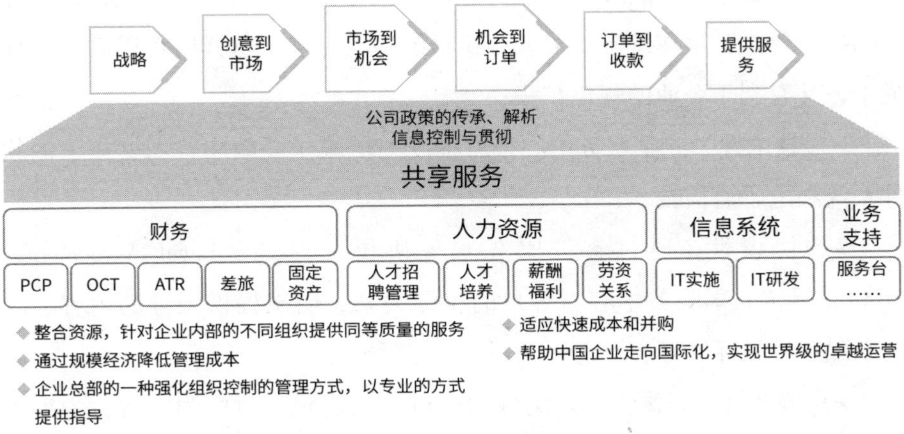

图1－2 共享服务的驱动因素

（3）共享服务的特点

不同的学者对共享服务定义的描述各有侧重，但归根结底，共享服务作为一种创新的管理模式，其特点主要体现在如下方面（见图1－3）：

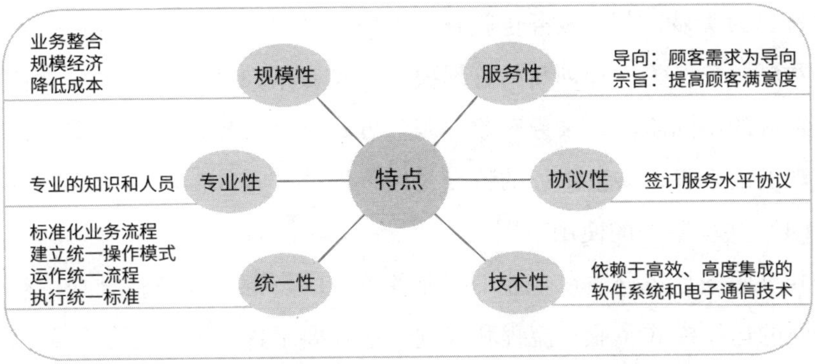

图1－3 共享服务的特点

➢ 规模性：共享服务管理模式最具吸引力的部分在于它能够通过合并以前协调性非常差和完全迥异的业务活动来形成规模经济，从而降低企业的交易成本；

➢ 专业性：共享服务中心是一个相对独立的商业实体，拥有专业化的知识和人员为客户提供专业化的共享服务；

➢ 统一性：共享服务中心之所以能够提高效率、降低成本，关键在于其对集中起来的不同业务单位的非标准化业务流程进行标准化，建立统一的操作模式，运作统一的流程，执行统一的标准，这样既可以降低管理成本，又有利于企业的规模扩张；

➢ 技术性：共享服务中心很大程度上依赖于高效率、高度集中的软件系统和电子通信技术；

➢ 协议性：通过签订服务水平协议（Service Level Agreements，SLA），界定共享服务中心与客户的实际关系，明确提供服务的内容、时间期限和质量标准等；

➢ 服务性：以顾客需求为导向，以提高客户满意度为宗旨，为集团公司内部客户以及外部客户提供服务，并按照实现签订的服务协议收取费用。从理念上将业务处理变成服务，把服务变成商品，以服务为中心。

共享服务颠覆了传统职能部门的工作方式，特征鲜明，显示出与传统管理模式的显著区别。借助精细化的专业分工、标准化的流程和发达的信息技术，以“服务”为定位从事业务，服务的客户越多，显现出来的规模优势就越为明显，共享服务也就越有生命力。

共享服务作为一种创新的管理模式，具有其独特的特点。尽管在共享服务发展的不同阶段，服务对象、服务方式上会展现出各自的差异，但是从宏观层面来看，共享服务的特点是始终保持一致的。

（4）共享服务的使用范围

共享服务是将分散在企业不同业务单位的资源、业务整合到一起，采用相同的运作模式、业务流程和规则，这就要求这些业务必须是可以或容易进行标准化的业务，这也是适用共享服务模式的一个条件。图 1－4 列示了实践中应用共享服务模式涉及比较普遍的业务。

企业中的服务职能如财务会计、人力资源、供应链、IT、客户关系和金融业后台处理的职能都可进行共享。价值链核心环节中的大量可标准化、重复性高的工作也能予以抽离进行共享。根据这些业务的不同，目前全球企业建立起来的共享服务中心可分类为财务共享服务中心、信息技术

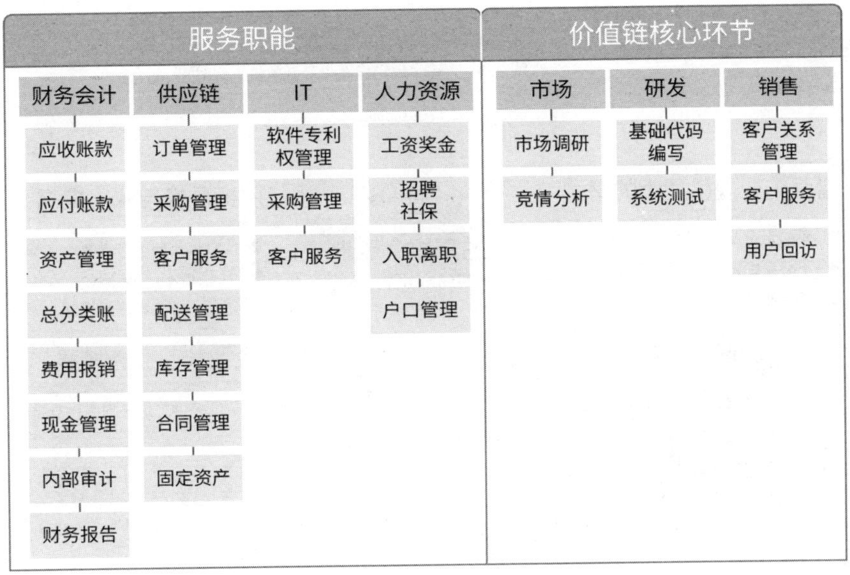

图1－4　共享服务的适用范围

共享服务中心、人力资源共享服务中心、客户服务共享服务中心、采购/供应链共享服务中心和行业性服务共享服务中心等。

另外，共享服务中心还适用于那些重组、并购、变革比较频繁的企业。由于企业的后台支撑部门都整合到共享服务中心处理，所以企业在建立新业务，扩大企业规模时不必考虑为新业务、新业务单位建立财务、人力资源等支撑职能。这样既可大大降低管理难度，又能促进新业务的快速整合。

（5）共享服务的收益

共享服务为企业提供的服务并非单一的，它可以在财务、人力资源管理、信息服务、后勤、物料管理、客户服务、金融后台业务、法律事务服务等诸多方面为企业提供专业的、标准化的服务。因此，共享服务能给企业带来的益处也是多方面的，包括降低企业成本、增强企业规模扩大的潜力、加速企业的标准化进程、服务质量与效率提高、促进企业核心业务发展（见图1－5）。

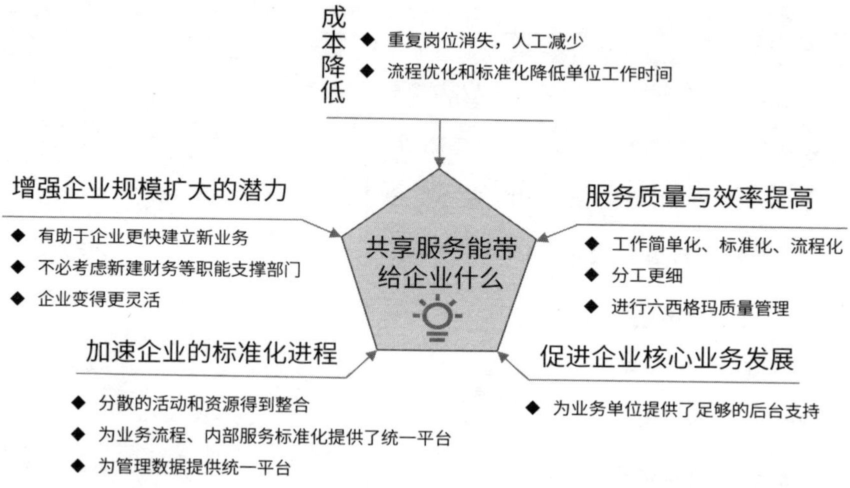

图1－5 实施共享服务的意义

1.2 什么是财务共享服务

财务共享服务作为财务领域的重大变革，是一次观念再造、流程再造、组织再造、人员再造、系统再造的过程。实施财务共享，跨国集团企业真正实现了优化组织结构、规范流程、提升效率、降低成本、创造价值的目的。财务共享服务中心是实现财务共享服务的载体，规模化处理大量的基础业务，是财务的一次“工业化”改造，在这个过程中，必须遵循标准化原则。

财务共享服务中心通过大量交易业务的集中处理，以统一业务流程、统一技术、统一数据口径，促进财务流程的标准、规范和高效。对所有成员单位采用相同的标准作业流程，废除冗余的步骤和流程，对“来料”进行加工，消除了由于分散的地域、独立的规则造成的信息孤岛，保证了数据逻辑的有序、财务信息的准确性和及时性，为企业提供了高质量的数据。财务部门要成为企业的“数字神经网络”，用数据来管理、用数据来决策、用数据来创新，在平凡的会计数据中发掘信息价值和未来商机，实现从“价值守护”到“价值创造”的转变。

财务共享服务是一种将分散于各业务单位、重复性高、易于标准化的财务业务进行流程再造与标准化，并集中到财务共享服务中心统一进行处理，以实现降低成本、提升客户满意度、改进服务质量、提升业务处理效率等目的的作业管理模式。它实际上是在企业发展到一定程度的基础上，对财务自身的一次工业化革命，这就需要将分散于各地的基础财务业务集中起来，进行专业分工和流程再造，同时借助信息化手段，构建覆盖全业务流程的财务信息系统，实现财务信息的快速处理和实时共享。

财务共享服务一方面实现了财务的标准化、流程化和信息化，其中财务标准化包括流程标准化与数据标准化，标准化使得财务部门能够进一步实现自动化，极大提升工作效率，降低运行成本；另一方面提升了财务的数据采集能力和数据处理能力，逐步实现财务的数字化。

【延伸阅读】

从财务共享服务到财务数字化①

1999 年，也就是 20 年前，最热门的一个词是“互联网”，因为大家今天所知道的中国知名互联网公司都是 1999 年成立的，阿里是 1999 年成立的，腾讯是 1999 年成立的，携程也是 1999 年成立的。到今天 20 年过去了，如果我们再过 20 年，到 2039 年的时候，回过头来看一看，“数字化”应该是我们最关注的词。所以今天我想分享的主题是从财务共享服务到财务数字化。如图 1－6 所示。

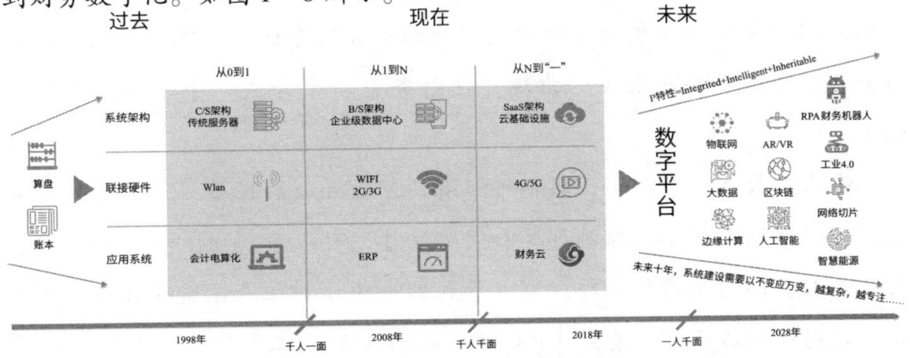

图 1－6　数字化转型——技术与财务的演变过程

① 财务云．从财务共享服务到财务数字化［EB/OL］．https：//mp.weixin.qq.com/s/YYAtdE6KTS5s5oe5zmZMAA，2019－07－24。

科技革命伴随着财务的演变。财务最初的计算工具是算盘，记录工具是账本，我学会计的时候，财务是手工的。20 年过去了，财务发生了巨大的变化，计算机的广泛应用产生了会计电算化，B/S（计算机/服务器）架构产生了 ERP，ERP 厂商倡导的业务财务一体化，深刻地影响着财务信息的采集方式。第三次变革是财务云，2005 年我们建立中国企业第一家财务共享服务中心，2011 年我们把它命名为“财务云”。

为什么命名为财务云？2010 年，我们在公司内部讨论，觉得云计算是会计未来发展的趋势，云计算和财务结合会推动财务共享服务中心的发展。当然今天大家已经可以看到，全社会的计算能力都在云上了。当时我们发现财务共享服务中心其实是企业内部财务计算能力的集合，非常符合云计算的特征——无时不在，无处不在，且随需取用。你不知道它在哪里，由谁提供，但只要提出服务请求，就会实时响应，随时获取满足需求的财务服务。因此，2011 年我们将财务共享服务中心命名为“财务云”，寓意着财务能像水和电一样无处不在，触手可得，为员工、供应商、客户等利益相关者提供 5A 式云服务，即任何时间（Anytime）、任何地点（Anywhere）、任何人（Anyone）都可以通过任何工具（Anydevice）获得财务服务（Anything）。2019 年，上海国家会计学院发布了《影响会计从业人员的十大信息技术》，把财务云列为第一名。

可以说，会计电算化推动财务从手工走向计算机技术，是从 0 到 1 的变化；ERP 使财务拓展到了企业更广泛的业务财务连接，是从 1 到 N；而财务云，即财务共享服务的出现，使财务重新聚合成一个平台，是从 N 到 1。

未来在数字化浪潮下，我们可以看到万物互联的世界，可以看到大数据，可以看到在网络边缘的计算和网络切片，可以看到 AR 和 VR 虚拟现实会走入我们的生活和工作，可以看到工业 4.0 对工业制造带来的巨大变化，在财务领域还可以看到 RPA 财务机器人和人工智能可能会给财务带来的巨大变化，这些都是科技给我们已经带来的和即将带来的无穷的想象。

财务未来去向何处？我自己认为财务会经过四个步骤的演化，迈向未来的 20 年。

财务有两大能力，第一，它必须得拥有计算能力，从算盘——曾经最先进的计算工具开始，再到计算机，再到服务器，再到云计算中心，再到万物互联的计算能力。当你感受不到计算的时候，其实计算无处不在，这个计算能力是财务所拥有的。第二，财务要拥有自己的模型和算法，这两项是财务所拥有的财富。

在手工时代，我们把时间凝结在纸上，财务仅是简单的记录仪，它产生的是“小数据”。歌德说，复式记账法是伟大的艺术，因为它把纷纭复杂的经济业务，通过会计科目，通过“有借必有贷，借贷必相等”，把它压缩到了凭证中，压缩到明细账中，再压缩到总账中，再产生会计报表。所以，它是精美的平衡，可以把所有复杂业务、所有企业拉到同一水平线进行比较。那个时代的会计应该说拥有最先进的计算工具，拥有最精美的模型和算法，可是它过去了。

财务的转型，第一步必须完成自身的工业化革命，分散的财务、封闭的财务和手工计算的财务是不满足企业大规模、国际化、多元化的发展的。我们在 2005 年建立了财务共享服务中心，没有想到财务共享服务中心会成为中国企业的标配，2008 年的时候我写了《财务共享服务》这本书，最后一句话我曾经做了一个预言：未来的企业一定是财务共享服务的天下。今天我把这句话修正一下：未来的大型企业一定是财务共享服务的天下。因为我发现财务共享服务在百亿以上的企业，在多元化和国际化的企业，在增长达到一定速度的企业，是一个非常重要的工具和方法，它可以促进财务的转型。

财务共享服务是什么？财务共享服务就是财务的工业化革命，财务共享服务就是专业化、标准化、流程化和信息化，这“四化”在财务领域的落地和结合，本质是财务的工业化革命。

但是，财务共享服务不仅仅是为了建立一个共享服务中心，它是利用共享服务中心的计算能力来解放财务，来赋能企业整体的数据利用能力。所以它的目标之一是实现财务的组织架构转型。2006 年，我们把公司的财务组织称为战略财务、业务财务和共享服务中心三者互为支撑的财经管理体系。很高兴，今天这能成为中国企业财务部门的通用语言。

这是企业财务走过的第一步。如果你没有财务共享服务中心，就很难聚集起强大的计算能力；如果你没有财务的工业化革命，就很难确保你的产品质量。财务的产品是什么？财务的产品是从经营活动中采集的数据、加工的数据、提供的信息，我们要珍视我们的产品质量。

图1－7　RPA 的适用场景

完成工业化革命后，对财务人员的挑战更大了，当你发现一件事情可以专业化、标准化、流程化和信息化以后，最有可能被自动化取代。2019年3月，我们出版了《财务机器人》，财务机器人实际上是 RPA 机器人流程自动化在财务领域的应用。财务机器人没有那么神化，但是会给财务带来巨大的帮助。分散的财务是不会产生规模效应的，一旦建立共享服务中心会产生规模效应，在重复业务量大的情况下，在规则明确的情况下，当有多个异构系统，对方不向你开放接口时，财务机器人就会产生巨大的作用（见图1－7）。在财务日常工作中，你会发现财务有三种操作方法：第一种用人工处理，让员工手工操作，不停地点各个系统、录入各种数据，这是很多企业遇到的困难；第二种完全自动化，API 接口，实现不同系统之间的连接；第三种是介于这两者之间，人工和全自动化之间的半自动化，就是财务机器人，用自动化的程序执行数量较大的人工操作，这可以极大减轻财务人员的工作量，可以很好地提高财务的工作效率，这是财务的第二个变化。

财务的第三个变化是人工智能在财务领域中的应用（见图1－8）。财务在具体操作过程中，受制于自己的采集能力，采集了大量的“小数据”。当业务部门交给你一份单据的时候，当 ERP 系统向你传输一个数据的时候，你所记录的仅仅是会计科目，以及会计科目维度上的数据信息，大量数据都被丢弃了。人工智能——机器人视觉可以帮你解决这个问题，可以替代人工操作和人眼识别，进行大量数据采集，以及机器学习和文本挖掘，可以通过学习来完成智能的判断，我们现在大量审核方面的规则，都是财务人员在判断在审核在录入，未来都会被人工智能所取代。

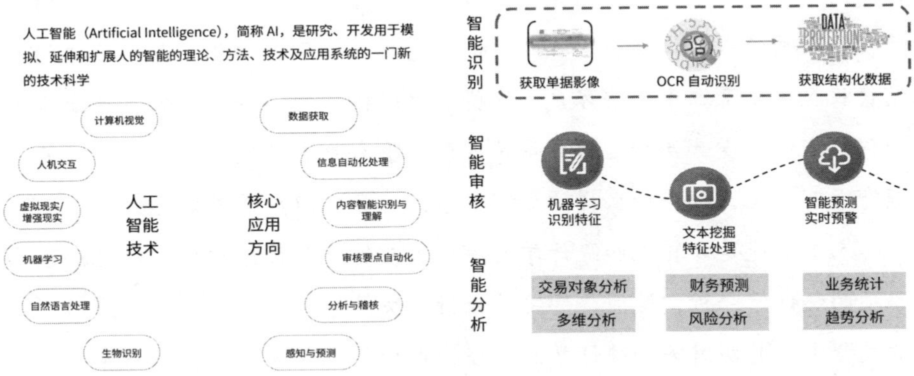

图1-8　人工智能在财务领域中的应用

自动化和智能化，给财务人员带来巨大的挑战，这个挑战有两个方面，第一是基础财务人员会大量被替代，中国财务人员比例很高，财政部统计有2000多万名持证会计人员，现在各地财政局在统计会计从业人数应该不会低于2000万人，这在中国适龄劳动人口中占2%~3%的比重，也就是说每100人中，有2~3个人和我们是同样职业。第二是企业对财务人员的要求会提高，财务人员不再仅仅是懂会计就可以了，他需要在企业经营和管理过程中，提供支撑作用，因为基础的工作大部分会被替代，财务人员要懂会计、懂财务、懂企业经营、懂管理过程，最重要的一点是要懂信息技术，懂得怎样利用信息技术、帮助财务做数据采集和数据加工。

完成这三步变化，实现工业化、自动化和智能化之后，2019年是财务数字化的元年。财务部门的数据现在像冰山一样，只有10%的数据在财务部门，90%的数据都被财务部门丢弃了，它沉睡在企业经营和管理过程中，沉睡在企业内外部的交易过程中。

举个例子，你要问财务部门差旅费用有多少，他会告诉你，你要问财务部门机票和酒店费用各有多少，他会统计了告诉你，如果你问财务部门每个航空公司出票数量各有多少，航线行程中，上海到深圳有多少，上海到北京有多少，平均机票价格折扣有多少……往下追问一层，财务部门就不愿意再回答你了，其实这些数据你都有，但是财务没有采集。如果你要问财务部门销售收入多少，同比多少，环比多少，他很高兴告诉你。如果你要问销售收入中，产品分布、区域分布、客户比重、项目情况、部门情况、每个销售人员带来多少收入，他愿意统计一下告诉你。如果你要问他销售收入主要来源于哪些客户，这些客户规模如何，分布如何，行业排名如何，市值多少，互相之间关系是什么，跟客户交易频次是多少，交易金额有没有变化，符合什么样的分布状态，财务部门应该不会再回答你了。

人工智能是计算机和统计学的结合。在传统会计过程中，对企业经济事项的统计学分析，是简单的统计分析，统计学有大量方法没有应用到财务过程中。其实财务和统计学的结合，在计算机的支持下，会产生财务数字化。我们要唤醒企业经营过程中90%的冰山以下的数据，让财务部门在企业经营中发挥更加重要的作用，建立财务和业务的广泛连接，实现企业数字化赋能。再也不会有像财务部门这样一个部门，企业拿出2%~3%的人员专门采集数据、加工数据、提供数据，企业财务部门如果不能实现向数据中心的转变，就会在企业中被边缘化、被淘汰。

曾经，财务部门拥有企业全部数据，计算机和通信技术的发明带来的第三次工业革命，产生了企业信息系统，这极大地降低了财务部门的作用。在第四次工业革命到来之前，我们应该认识到这个差距。所以，财务应该把企业经营过程中不仅是量化、金额化的信息，而且应该把企业行为信息和交易信息，通过数据采集平台采集起来，把数据通过模型转化成信息，转化成知识，把数据可视化地呈现给企业各级经营管理者和企业利益相关者。企业利益相关者包含了投资者、债权人、员工、供应商、客户、政府和媒体，这些都是企业财务部门重要的客户。财务要用数字化的方式、可视化的方式去展示企业的经营成果和企业管理过程。

我们帮助不少企业推动了财务向经营的转型，我们认为财务部门不仅仅要知道“我情”——自己的状况，不仅仅要知道事后情况，还得知道企业现在的经营情况，还要会帮助企业对过去的信息进行总结，建立模型，对未来的情况进行预测、判断，这是财务部门对“我情”的了解。所以财务部门要从倒后镜转变成仪表盘、导航仪。财务部门还得知道“客情”——客户情况（广义的客户），即知道你与所有连接者的信息，包含你的客户，包含你的供应商，供应商某种程度上也是你的客户。还得知道“竞情”——竞争对手的情况，知道“国情”——国家宏观经济形势和全球经济变化，这样才能真正帮助企业把数据变成信息，转化成知识，凝结成智慧，帮助企业产生利润和现金流。著名的统计学家戴明说过这样一句话——除了上帝，所有人都必须得用数据说话。财务部门在企业中拥有巨大的优势，数据在企业管理的过程中，在社会经济生活中，就是权力，就是垄断。

1.3 为什么需要共享运营

亚当·斯密在其经典著作《国富论》中提到：“分工是提高劳动生产力的主要手段，是导致经济进步的唯一原因。”福特汽车公司基于劳动分工理论开发出世界上第一条流水线，这一创举使T型车的产量达到1500万辆。福特公司的流水线原则是：按照操作程序安排工人和工具。以流程为本、保证流程本身的顺畅和效率是流水线模式的精髓。运用这些原则，工人可以减少无谓的思考和停留，把动作的复杂性降到最低，几乎只用一个动作就能够完成一件事情；借助流水线，亨利·福特提出的“单一品种、超大规模”战略得以实施，使汽车成为一种大众产品，它不但革新了工业生产方式，而且对现代社会文化产生了巨大影响。

财务共享服务将分散的业务集中起来，对其进行进一步标准化、流程化改造，并由共享服务中心的财务人员统一处理。但是，传统模式下单一的岗位划分和直接的工作分配机制无法支撑共享服务中心庞大的业务量，主要体现在以下几个方面：

➢ 传统模式下不同财务岗位的人员数量少，工作任务可直接分配至个人，或由领导进行人工分配。但是在共享模式下，分散的财务工作被集中处理，各岗位业务量剧增，财务处理难度增加，若由人工进行分配或由财务人员进行全业务处理，会降低财务处理的效率和专业的服务水平。

➢ 传统财务模式下，财务人员承担的工作职责范围宽广，需要具备丰富的专业知识，人才培养成本高。而在共享模式下，较高的人员流动率需要借助精细化分工降低人才培养成本。

因此，财务共享服务中心需要进行专业化分工和共享运营。那么，共享服务中心如何进行共享运营呢？

共享运营的机制可以参考呼叫中心的电话任务分配方式。呼叫中心为了最大程度地平衡接线员的工作量，保证服务的专业性，会在客户呼叫接入前让客户选择问题分类，根据问题类别将呼叫转接到不同的接线小组；同时，系统通过话务排队机制，实现循环分配、顺序分配，或者按照平均话务量、来电记忆、优先上次接听、VIP 优先分配等方式提高服务质量。

针对共享服务中心的运营，企业可以根据实际业务情况选取合适的划分标准，对业务小组进行精细化分工，不同企业适用的划分标准不同。有的企业按照服务区域对业务小组进行划分，但是在这种模式下，不同区域的工作量大小存在差异，区域之间存在空间和时间的壁垒，不同区域之间的人员难以调度，存在忙闲不均的情况。企业也可以选择按照业务类型对业务小组进行划分，比如员工费用报销业务工作量较大，可以给费用报销审核小组配置更多工作人员。除此以外，企业也可以选择按照核算主体、单据类型等其他任务规则进行划分。在进行任务分配时，可以设置财务人员自由取单、定时派单、人工派单等拉式、推式的任务派发模式，实现灵活高效的业务处理目标。

【延伸阅读】

论劳动分工对财富分配和经济发展的影响①

亚当·斯密认为，社会生产力、人类劳动技能和思维判断力的大幅提高都是劳动分工的结果。劳动分工提高了劳动者的工作效率，加快了社会财富的积累。不过，劳动分工并非人类智慧的结果，而是人类互通有无、

① 胡长明. 国富论（全译典藏图本）[M]. 北京：人民日报出版社，2009。

互相交易的本性倾向。通过这种互通有无的交换活动，不同职业者获得了拥有他人物品的满足感，从而实现财富在不同社会个体间的自然分配。

劳动分工是提高劳动者工作效率的有效手段。它不仅简化了工作流程，减少了劳动者之间进行流程转换的时间损失，而且还增进其专业技能。尤其是进入大机器生产以后，日益精细的劳动分工加速了国家工业化的进程，使国民经济得以快速发展。社会生产力、人类劳动技能和思维判断力的大幅提高都是劳动分工的结果。

通过劳动分工，劳动者逐渐从事一种专门职业。随着生产技术的提高，原来由几个人进行分工操作才能完成的工作，现在只需一个人便可完成，这也是生产技术和生产效率较高的国家分工进行得彻底的原因。正是由于这种分工的存在，使得劳动者除满足自身所需的物品之外，还有大量的劳动产品可供出售。如果这种情况在社会各阶层都普遍存在，社会各阶层就普遍富裕起来。

以制针业为例，其细微的分工往往让人们给予它更多关注。一个工人没有受过制针培训，且不熟悉制针使用的机器，无论如何努力，也许他一天也制造不出一枚针。但是，按该行业现在的生产方式，不仅整个工作是一专门职业，而且它所分成的若干部门也是专门职业。第一个工人抽丝，第二个拉直，第三个切断，第四个削尖，第五个将顶端磨光以便安装针头。制作针头也会要求有两三道不同的工序，装针头，以及把针刷白，甚至将针装进纸盒中包装也是专项操作。这样，制针的整个工作就被分成大约十八道不同工序。在有些工厂中，每道工序都由不同的工人操作，但在某些工厂中则由一个人负责完成两三道工序。在其他工艺和制造业中，劳动分工的效果也与制针业一样。虽然在这些行业中的劳动划分各不尽同，制造工序也不能划分得如此细致，每道工序也不能变得如此简单，但只要能对每项工艺进行劳动分工，劳动生产力就能相应增长。各种行业和职业的彼此划分似乎也源于这种分工的益处。

20世纪60年代以来，美国、英国、德国、日本等西方发达国家的白领雇员人数大幅攀升，远远超过了蓝领劳动者，其中美国的白领比重最大。美国在1960~1990年间，制造业中蓝领工人数量急剧减少，而包括经理、监督者、专业技术人员和专家等在内的白领阶层的人数持续飙升，其比例从20世纪40年代的31%上升到90年代的80%左右。多数经济学家认为，这是20世纪60年代社会政治服务业膨胀和20世纪70年代至80年代商业服务业扩展的直接结果。

利用适当的机械能在一定程度上简化和节省劳动量。当人们的注意力完全集中于一个目标时，他们就更有可能发现较容易和较迅速达到目的的方法。由此设想，只要工作性质允许进行改进，从事每项具体劳动的人定能很快找出完成自己工作的便捷方法。在劳动分工最为细致的制造业中，所使用的机器大都由普通工人发明，他们每人都从事非常简单的操作，自然会用心找出完成工作的便捷之法。如果你去参观这些工厂，常会看到一些非常精美的机器，这就是工人的发明，他们用以简化自己的工作。

最初，蒸汽机运作时，常要雇一男孩在活塞上下或升降时打开或关闭汽锅与汽缸之间的通道。后来，有个贪玩的孩子发现，用绳子将开闭该通道的活门把手系在机器的另一部分上，活门就随之自动开合。于是，他就可以与同伴们玩耍。这样，自从蒸汽机发明以来，其最大的改进之一就由一个想节省自己劳动量的小孩发明出来。

分工使得各种产品能够成倍制造和激增。在井然有序的社会里，各劳动者除满足自身所需之外，还有大量劳动产品可供出售，这种现象在各个阶层都普遍存在。由于劳动产品极大丰富，以致可以提供给最下层人民。于是，社会各阶级都普遍富裕起来。

总之，如果我们考察所有产品，并考虑每种产品所费的劳动时间，就会得出如下结论：如果没有成千上万人的相互帮助与合作，即便是文明社会里的普通人，他也无法得到满足其最低生活标准的生活必需品。

本章小结

共享服务是将共同的、重复的流程从企业个体中抽出，转移到共享服务中心。财务共享服务是一种将分散于各业务单位，重复性高，易于标准化的财务业务进行流程再造与标准化的作业管理模式。为了能更加高效地运作，共享服务中心需要进行共享运营，通过任务分配机制来实现灵活高效的业务处理。

本章关键词

共享服务　财务共享服务　标准化　流程化　信息化　自动化　共享运营

本章练习题

一、选择题

1. 财务共享服务实现了财务的标准化、流程化和信息化，其中，财务标准化涵盖了（　　）。

A. 流程标准化　　B. 制度标准化

C. 数据标准化　　D. 经营标准化

2. 共享服务降低管理成本的基本原理在于（　　）。

A. 边际效益递减　　B. 边际效益递增

C. 规模经济　　D. 产业链整合

3. 共享服务的特点主要体现在（　　）方面。

A. 规模性　　B. 服务性

C. 分散性　　D. 专业性

4. 财务共享服务中心基于大量交易业务的集中处理，通过（　　）等路径，促进财务流程的标准、规范和高效。

A. 统一业务流程　　B. 统一技术

C. 统一数据口径　　D. 统一优先级

5. 关于实施共享服务的意义，在“服务质量与效率提高”层面上的主要表现在（　　）。

A. 人员要求降低及选址低成本地区

B. 分工更细

C. 不必考虑新建财务等职能支撑部门

D. 进行六西格玛质量管理

二、判断题

1. 在共享模式下，财务人员流动率较低，且精细化岗位分工对人员要求相对较低，可以实现降低培养成本的目标。（　）

2. 共享服务中心服务的客户越多，显现出来的规模优势就越为明显，共享服务也就越有生命力。（　）

3. 共享服务的建设更多依赖于制度上的建设，对软件系统和电子设备没有太高的要求。（　）

4. 共享服务更适用于工作可标准化、重复性高的传统企业，对于重组、并购、变革比较频繁的企业不适用。（　）

5. 共享服务在发展的不同阶段，服务对象、服务方式上会展现出各自的差异，但是从宏观层面来看，共享服务的特点是始终保持一致的。（　）

三、思考题

1. 共享服务与财务共享服务有什么区别和联系？

2. 企业为什么需要共享运营？

第 2 章　共享运营系统

本章学习目标

本章首先介绍了财务云平台框架，然后详细阐述了共享运营系统，包括其内部流程、功能模块以及对接的外部系统。

通过本章的学习，应掌握：

◇　财务云平台框架的各个模块

◇　共享运营系统的流程和功能

本章知识结构图（见图 2－1）

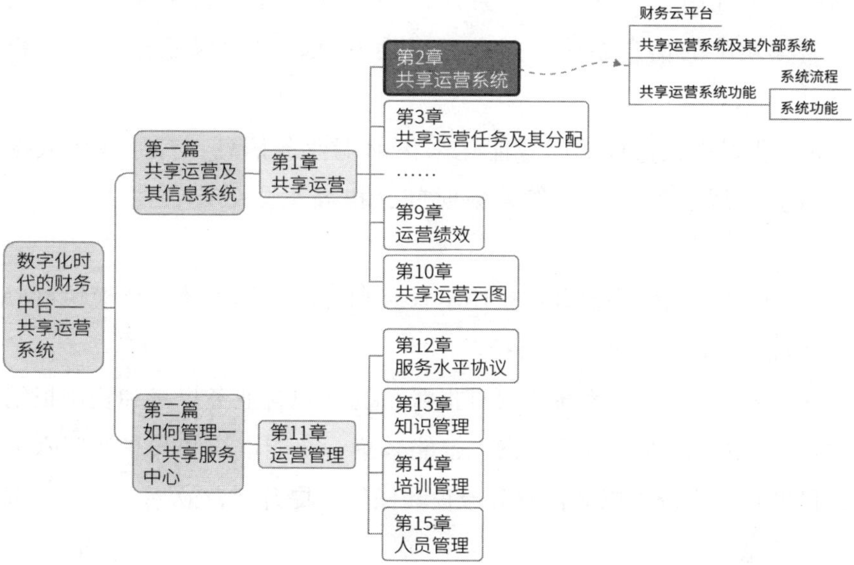

图 2－1　第 2 章框架导图

2.1 财务云平台

企业的财务信息系统可以分为四个层面，分别是业务层、核算层、管理层和决策层。如图 2－2 所示。

业务层信息系统覆盖企业的主价值链流程，支撑企业的业务发展，主要为业务人员所使用，但业务系统在设计时也需要充分考虑财务需求，将财务所需数据和信息的采集节点都放在业务前端，在业务人员进行业务处理的过程中，产生的数据和信息传递至财务信息系统。业务层信息系统包括客户关系管理系统（Customer Relationship Management，简称 CRM）、供应商关系管理系统（Supplier Relationship Management，简称 SRM）等。

核算层信息系统支持财务会计交易处理、财务报告、资金管理、税务管理的职能，主要处理来源于企业业务系统与用于财务交易处理的数据，可以提供多种供企业内、外部使用的财务报告和财务信息。

其中核算层信息系统也称作财务云平台，财务云平台主要包括业财连接、财务控制、共享核心、会计核算、资金管理和税务管理六大模块，各模块中的信息系统通过接口互通互联，以确保业务全流程线上流转。

➢ 业财连接模块可以智能化采集前端业务信息，打通业务数据与财务数据的线上通道，节省采集时间，提高采集效率，便于业务人员操作。

➢ 财务控制模块包含预算控制系统和合同结算系统，该模块可以内嵌管控规则，保障业务规范可控。

➢ 共享核心模块系统主要有报账系统（包含业务报账和费用报销两个模块）、电子影像、电子档案、智能采集、智能审核和共享运营六大系统，借助这些系统可以规范业务流程和操作，提升运营效率和质量，沉淀数据和信息。

➢ 会计核算模块能够向公司股东、政府、债权人等提供所用的财务报告和信息，包括会计核算系统、合并报表系统、信息披露系统，会计核

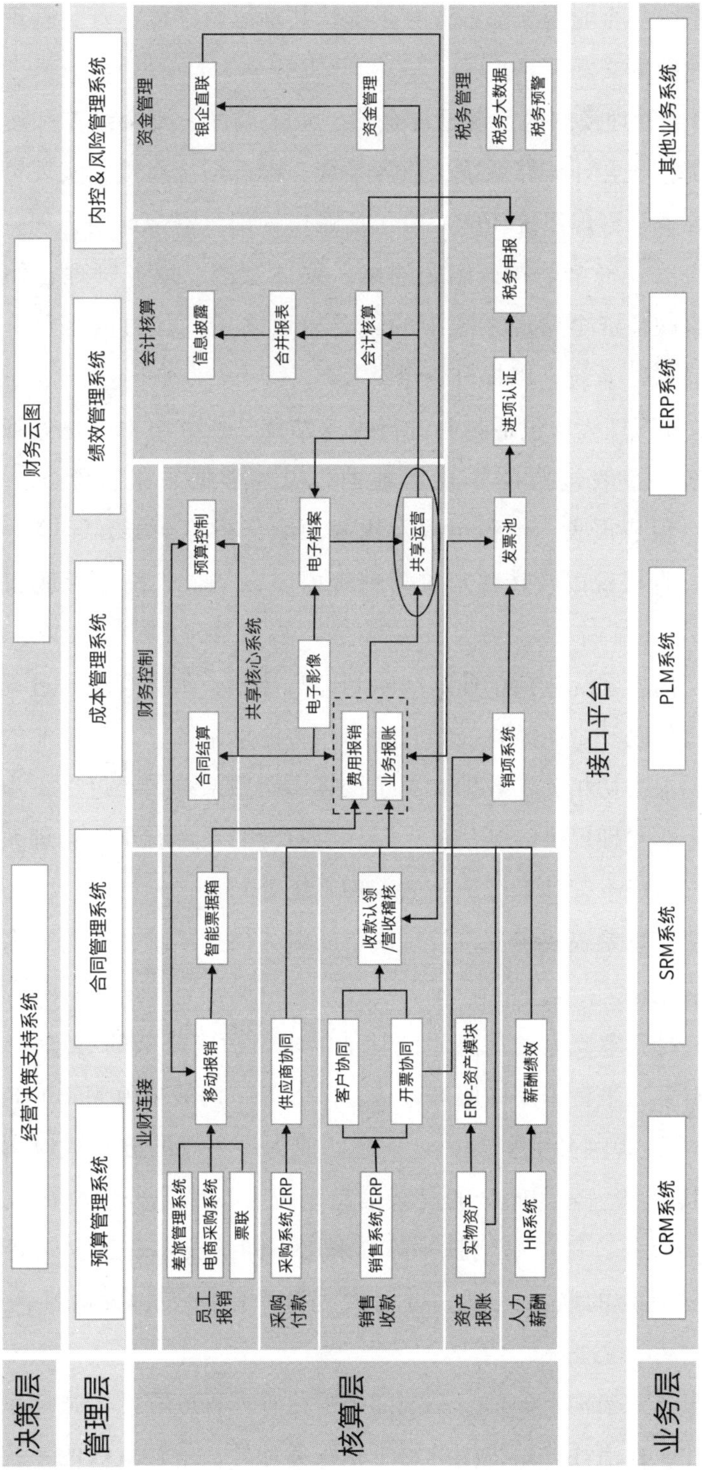

图 2-2　财务信息系统框架图

算模块的系统与企业内外部各业务系统、共享运营系统、资金管理系统存在着复杂的数据交互关系。

➢ 资金管理模块的系统是资金流、资金调度、资金结算和运作管理的信息系统，与会计核算系统、业务系统、银行系统对接，实现资金的全流程管理。资金管理系统功能一般包括账户管理、资金计划管理、资金结算、银企直联、资金监控、银企对账、票证管理、债务管理、外汇管理等。银企直联是资金管理系统中的重要模块之一，有的企业会单独上一套"银企直联"系统，以提升资金结算效率。

➢ 税务管理模块包括企业进行税务结算、税务申报、税务管理的财务信息系统，一般包括税务政策维护、税务数据采集、税务核算、审核、汇总、税务报表、纳税申报及税务预测分析等功能，涵盖企业的间接税管理、直接税以及转移定价管理等内容，是企业税务管理和分析的平台。

管理层信息系统包括企业从战略到经营计划、预算管理、过程成本管理、绩效管理以及企业风险控制管理的相关信息系统，其与企业的经营过程及管理要求密切相关，数据来源于核算层信息系统，经过进一步加工和处理，为企业管理提供财务信息。管理层包含的系统有预算管理系统、合同管理系统、成本管理系统、绩效管理系统等。

决策层信息系统属于支持管理决策的财务信息系统，为管理者提供交互式的决策支持。

为了满足企业庞大的信息系统功能需求，适应复杂的信息系统环境，中兴新云财务云平台采用微服务架构。微服务一词最早由 Martin Fowler 与 James Lewis 于 2014 年共同提出，如今已成为最主流的分布式应用解决方案之一。其是将一个大而全的复杂信息系统，按照业务模块拆成若干个简单的小型服务，每个小型服务都可采用不同的技术并独立运行，服务之间采取松耦合的联系机制，进而实现整个易扩展、灵活性高的信息系统。

在微服务的架构下，信息系统的集中化管理程度降低，强调系统内服务的独立性、自治性。系统内的每个微服务都是一个轻量级的系统，可以建立自己的数据库，进行独立的开发、测试、部署，拓展，不必使用同一种编写语言，也可以采用不同的数据存储技术，服务之间通过 RPC 或者是 Rest 协议等轻量级机制来进行通信。除此以外，微服务间的更新周期可以不同步，系统更新时，可以通过只单独更新某一模块的服务来进行整个系统的升级，实现系统的快速演化。

共享运营系统就是财务云平台的微服务之一。

2.2　共享运营系统及其外部系统

共享运营系统位于财务云框架中的共享核心模块，其通过与报账系统互联互通，从报账系统采集相关的报账信息，并运用任务调度机制将报账单派发给财务人员审核，审核后的信息自动流转至会计核算、资金管理等系统完成相应的财务处理。

共享运营系统与报账系统完全解耦，拥有独立的可扩展性，可以支持多共享中心和多报账系统的接入，内置的绩效管理、信用管理等机制使共享中心运营更为高效合规。

作为财务共享服务中心的作业平台、财务业务统一处理平台、共享服务中心人员运营管理平台，共享运营系统是财务共享服务中心稳定运行的重要支撑工具，可以帮助企业整合内部资源、提升运营效率、降低管理成本，全方位支持企业共享服务模式的落地实施与优化。

共享运营系统在信息系统整体架构中，实现了业务流程和财务流程的有机融合。系统前端对接电子影像系统和报账系统；系统后端对接会计核算系统、资金管理系统、银企直联系统，如图 2－3 所示。

➢　与电子影像系统的对接：电子影像系统将合同、报账、核算等环节各类实物单据转换为电子影像；实现电子信息采集、影像传输、集中存储和调阅管理。电子影像系统可扩展支持其他类型影像（如财务报表、银行回单）的采集、管理和调阅。电子影像系统配合报账系统搭建基于影像的预览和电子审核模式，提升审核效率，降低审核成本。共享运营系统对接电子影像系统，获取单据的电子影像，完成线上审核，节省了纸质单据

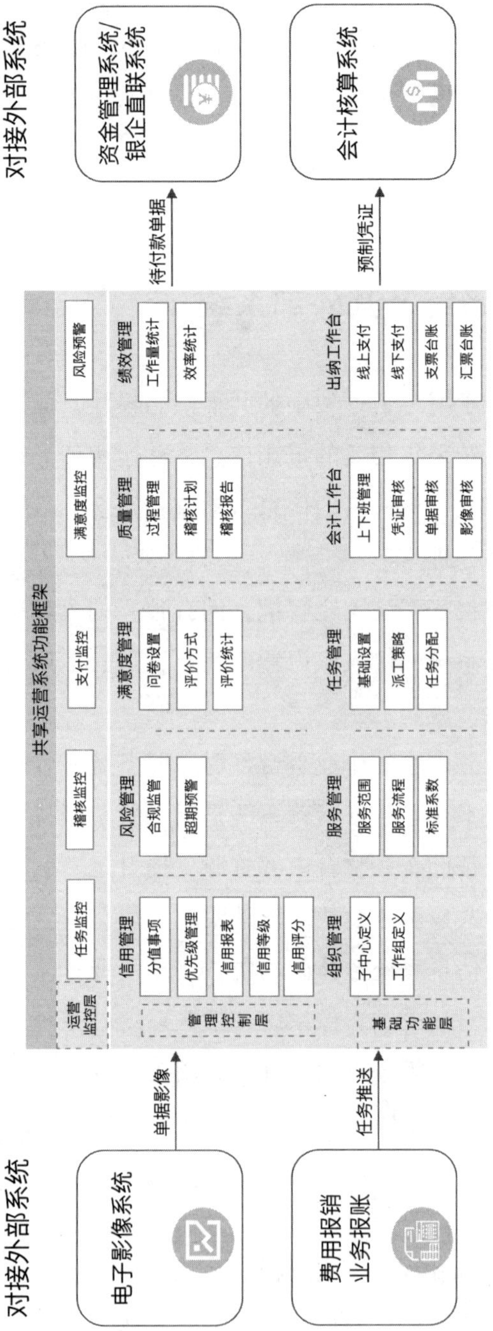

图2-3　共享运营对接的外部系统

传递的时间。

➢　与费用报销和业务报账的对接：费用报销和业务报账共同组成了报账系统，报账系统是财务共享服务的核心系统之一，是报账人员提单以及业务领导审批的平台。报账系统与共享运营系统对接，将业务领导审批完成的任务自动推送至共享运营系统。报账系统优化了企业内部审批流，提高了业务层面的审批效率。

➢　与资金管理系统与银企直联系统的对接：资金管理系统是财务云平台的核心系统之一，可以实现企业资金管理的标准化和自动化，是企业重要的资金管理工具。银企直联系统建立了企业和银行之间安全通畅的信息交互通道，帮助企业快速高效地在客户端通过调用数据接口完成各项指令，实现财务信息与银行账户信息的实时一致。银企直联系统以标准技术接口方式，整合银行核心业务，为大型企业提供个性化的网上银行服务。资金管理系统后端对接银企直联系统，可以实现转账支付、监控对账、查询统计等多项与银行有关的功能，有效降低企业财务管理成本、提升资金管理水平。

➢　与会计核算系统的对接：会计核算系统是整个财务系统的中心，与业务系统、共享运营系统、资金管理系统均存在数据交互关系，在国内应用较多的主要有Oracle、SAP、用友、金蝶等。对于共享审核通过的单据，共享运营系统会自动生成预制凭证。共享运营系统与会计核算系统对接，将预制凭证推送至会计核算系统，由会计核算系统根据预制凭证生成正式的会计凭证。

2.3　共享运营系统功能

2.3.1　系统流程

共享运营系统是共享服务中心作业平台、财务业务统一处理平台及共享服务中心人员运营管理平台，支持审核任务分配、在线审核、稽核以及信用管理等，实现共享服务中心业务流程的高效运营。

以员工费用报销为例，员工在报账系统中提交单据后，单据经扫描员扫描和业务领导审批后流转至共享运营系统。共享运营系统根据分配规则将单据审核任务自动分配至审核小组和个人，共享中心主任或业务领导也可进行任务调整。审核会计提取到审核任务后，对照电子单据信息与影像进行人工审核或智能审核，对违规单据进行信用分数扣减；审核通过后出纳在出纳工作台进行付款审核，并将付款指令传递至银企直联系统进行付款；同时，财务审核结束后稽核系统根据分配规则将待稽核单据分配至稽核人员工作台，稽核人员进行单据抽检稽核，系统自动生成稽核报告。如图 2－4 所示。

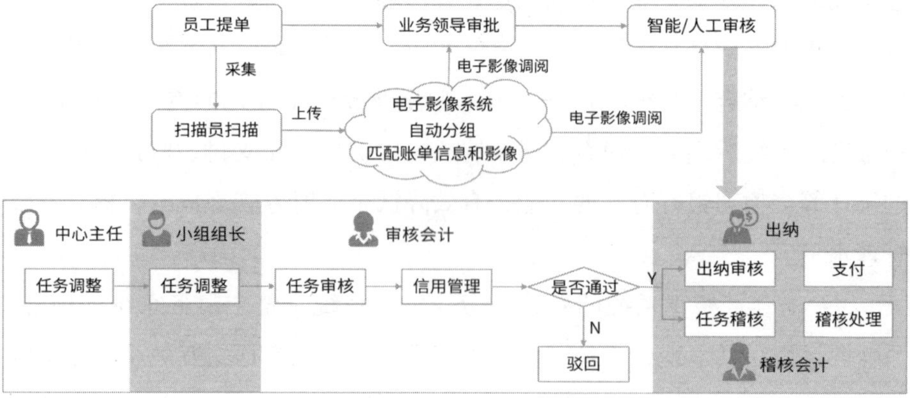

图 2－4　共享运营系统内部流程

2.3.2　系统功能

由上节共享运营系统的内部流程可知，系统功能主要包括任务处理、运营监控、凭证管理、支付中心、实物单据管理等多个模块。除此以外，共享运营系统支持多集团、多报账系统、多会计体系；内置三级任务调度机制、绩效管理机制、信用管理机制、运营监控机制及会计引擎等，使得共享服务中心运营更为高效、合理、合规。如图 2－5 所示。

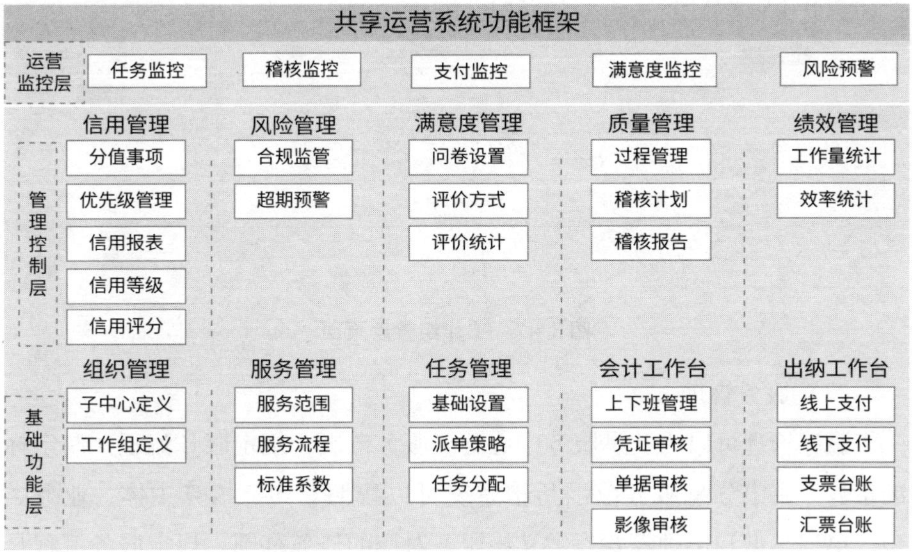

图 2－5　共享运营系统功能模块框架图

（1）组织管理

组织管理是对共享运营系统内部组织的管理，包含子中心定义、工作组定义。

➢　子中心定义：将共享服务中心设置为由下一级子中心组成的财务共享服务中心，可为各子公司建立子中心。

➢　工作组定义：也称工作组管理，用于为各共享服务中心建立财务审核人员的工作小组。如图 2－6、图 2－7 所示。

图 2－6　工作组建立页面

图 2 –7　工作组管理页面

(2) 服务管理

服务管理可以为共享服务中心分配服务范围，规定服务流程，制定标准系数。其中分配服务范围是指系统可以按照集团、核算主体、业务类型、单据类型和币种等要素定义该服务对应的任务范围；规定服务流程是指系统支持设置服务所需的审核节点、指定分配工作组或审核角色；制定服务系数是指系统支持为每一种服务设定服务标准系数，该系数主要用于绩效管理。服务管理可实现共享服务中心的服务标准化、流程化，有利于提升服务接受者的满意度。如图 2 –8 所示。

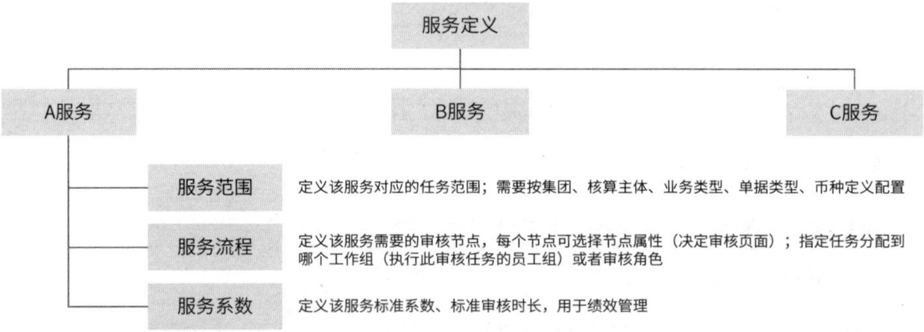

图 2 –8　服务管理定义

(3) 任务管理

任务管理是指对共享中心的待处理任务进行的管理，包含基础设置、派单策略和任务分配三个方面。

➢　基础设置：系统内部可以按照业务类型、单据类型、组织等不同维度设立任务组和任务池。不同类型的任务可灵活组合，共享服务中心可按组织、岗位、人员灵活配置其处理的任务类型。在配置每个任务池的规则后，系统自动判断是否满足规则条件，进入任务池。系统支持前端业务处理完成后自动生成待提取任务；当条件满足要求时，就会将任务推送到相应的任务池里。

➢ 派单策略：系统支持按工作组配置的派单规则进行任务分配。系统的派单方式有自动分派、自由抢单、人工分派、指定到人、指定到单据、指定到组织等多种方式。财务部门可按不同业务类型、不同单据类型分别灵活配置派单方式。

➢ 任务分配：是指共享运营的任务池中存在大量待处理的各类任务，会计人员以自动分配或手工获取的方式获取待处理任务的过程，系统支持从各个维度设置分配规则。

（4）会计工作台

会计工作台是会计人员的工作中心，包括上下班管理、凭证审核、单据审核、影像审核。在审核环节，系统自动显示业务类型对应的审核要点与相关制度，以供审核人员参考。如图 2－9、图 2－10 所示。

图 2－9　财务审核——单据信息审核

（5）出纳工作台

出纳工作台处于共享运营系统的基础功能层面，是出纳人员的工作中心，主要包括线上支付、线下支付、支票台账和票据台账四大功能。

图 2－10　财务审核——凭证信息审核

审核会计在任务处理平台完成报账单审核后，任务处理平台自动生成支付单推送至支付中心—线上支付/线下支付。系统可按照支付方式的线上、线下属性或者付款账户的直联属性来分别生成线上支付台账或线下支付台账。

➢　线上支付：出纳审核确认支付后推送资金管理系统或银企直联系统发起支付；同时可对非共享服务中心原因造成的无法支付单据进行挂起或解挂。如图 2－11 所示。

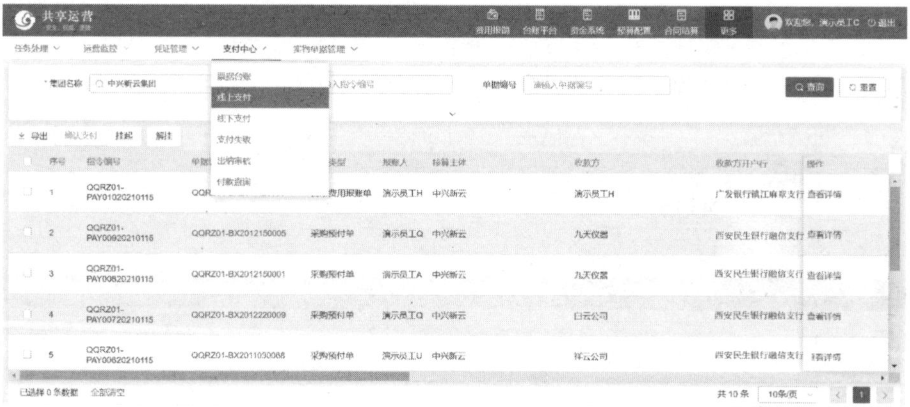

图 2－11　线上支付

➢　线下支付：出纳人员在线下支付完成后，在系统内登记支付结果，更新付款状态。操作栏的支付退票按钮适用于支付退票导致的付款失败场景；财务人员点击生成付款凭证按钮，凭证信息可自动推送至会计核算系统；点击详情按钮可以查看支付明细数据和历史记录。如图 2－12 所示。

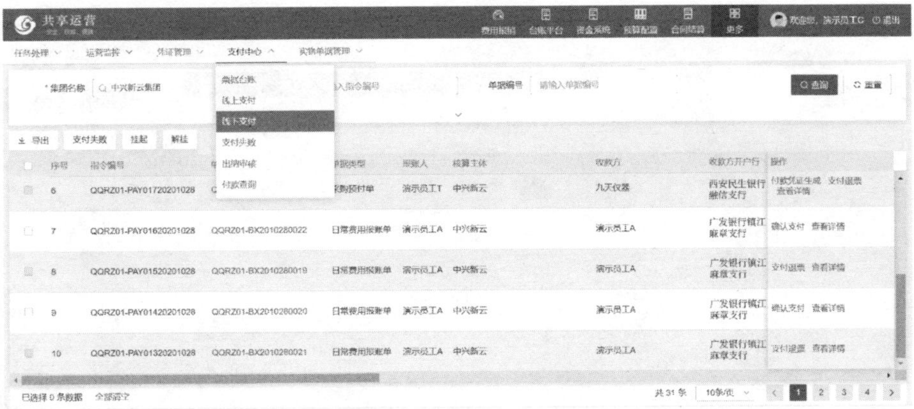

图 2－12　线下支付

➢　支票/汇票台账：系统支持对应收票据、应付票据、支票等票据进行线上管理，后续线下支付可调用票据台账中的票据完成付款的操作。如图 2－13 所示。

图 2－13　应收汇票管理

（6）信用管理

信用管理是指对企业员工进行报账信用管理，包括分值事项、优先级管理、信用报表、信用等级和信用评分五个方面。

数字化时代的财务中台——共享运营系统

分值事项也称违规事项，是指企业可以在系统中配置多种违规参数建立信用违规扣分标准。例如，违规参数可以设定为：发票盖章不规范 –2 分、重复报销 –5 分、还款不及时 –2 分等。如图 2 – 14 所示。

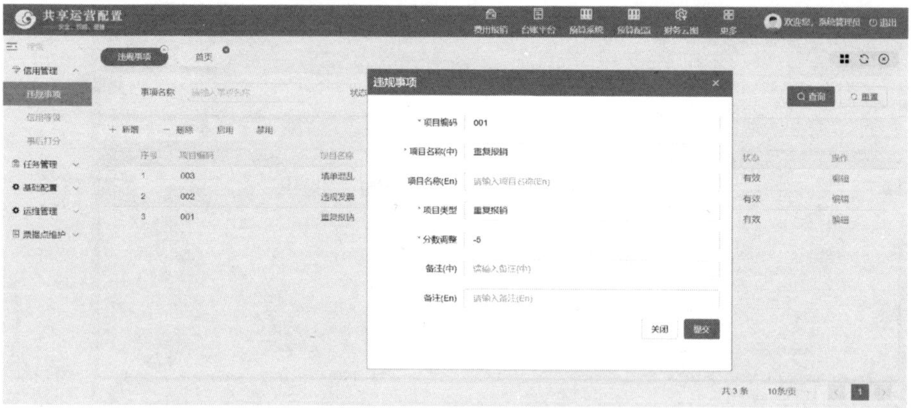

图 2 – 14　违规事项配置页面

信用评分是指财务审核人员在共享运营系统根据扣分制度对问题单据进行分数扣减。如图 2 – 15 所示。

图 2 – 15　财务审核信用管理页面

企业可以在系统中根据信用分数区间设置信用等级，信用分数和信用等级会显示在每一张需要审核的单据上，以提醒审核人员在进行审核时重点关注，同时员工的信用情况还将影响员工报账单据的审核效率和审批时长，如图 2 – 16 所示。

图 2－16　信用等级配置页面

优先级管理是指系统支持按照员工分数等级设置相应的审批优先级，例如信用分数高的员工提交的单据可以优先审核。

信用报表是指系统可以抽取所有员工的信用分数，生成信用统计报表用于员工信用分析，如图 2－17 所示。

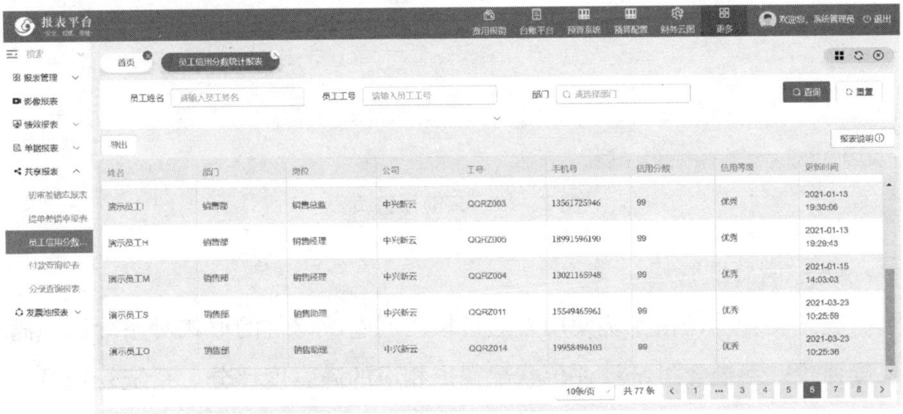

图 2－17　员工信用报表页面

（7）风险管理

风险管理为单据设置了合规监管和超期预警，及时防范资金风险。

合规监管是指为单据设置不合规字段，单据提交时若包含不合规字段，系统会自动提醒（见图 2－18）。超期预警保证业务处理时效，监控页面数字化呈现实时业务数据，对于超期单据进行预警，提醒共享中心负责人或组长尽快安排人员审核，最大限度地保证业务处理时效（见图2－19）。

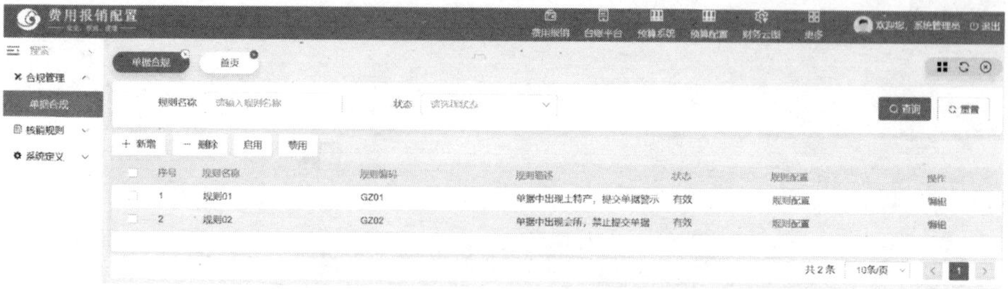

图2－18　合规监管配置页面

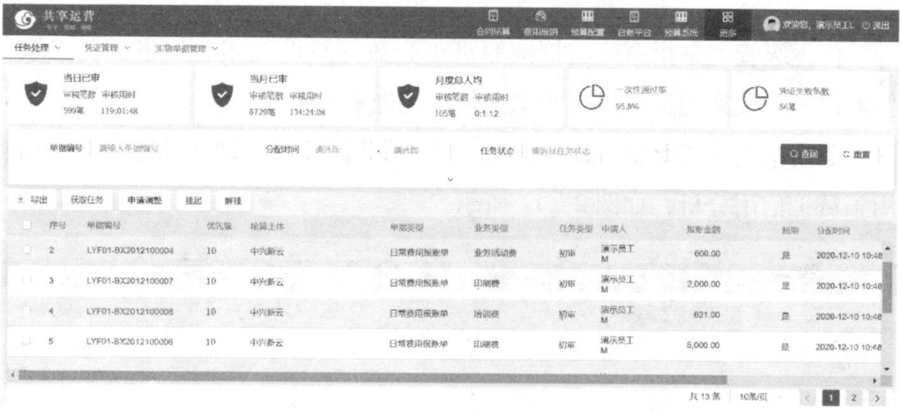

图2－19　超期预警页面

（8）满意度管理

满意度管理是指系统使用者通过填写问卷或评价的形式对系统进行满意度评价。系统经过统计评价状况得出相应的满意度评分。系统管理员通过查看满意度评分及时了解系统运行情况，通过查看问卷和评价内容了解系统问题所在，针对性地改进和优化系统功能。

满意度管理包括问卷设置、评价方式和评价统计三个部分。问卷设置部分提供设计问卷功能；评价方式可以提供满意度评价的方式和渠道；评价统计能够进行评价情况的统计分析，展示系统使用者对系统的满意度评价，进而计算得出满意度评分。

（9）质量管理

质量管理是对共享服务中心的服务质量进行管理，确保运营质量达标，具体包含过程管理、稽核计划和稽核报告。

➢ 过程管理是指在单据流转的整个过程进行质量管理。系统自动记录业务处理环节操作日志，以供问题分析、绩效分析、效率跟踪使用。如图 2－20 所示。

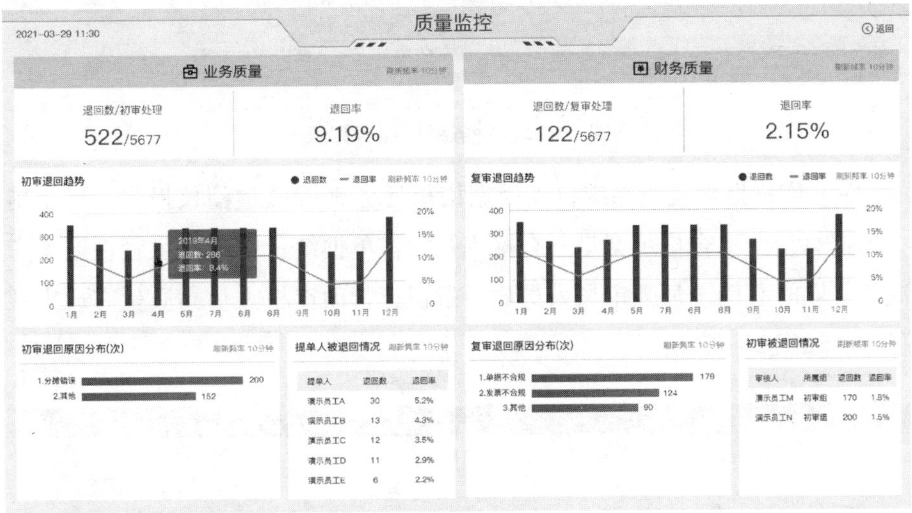

图 2－20　质量监控

➢ 稽核计划是指系统可根据报账单质量管理方案以及检查标准和内容，形成质量稽核计划，稽核人员可以自行抓取稽核任务。如图 2－21、图 2－22 所示。

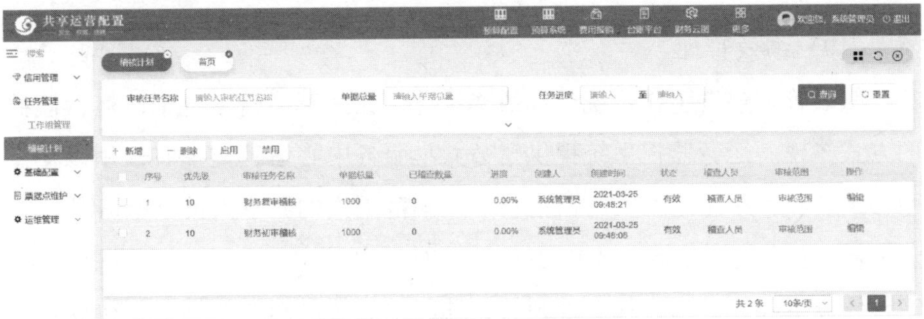

图 2－21　稽核计划配置页面

数字化时代的财务中台——共享运营系统

图 2－22　财务稽核任务列表

➢　稽核报告是指系统自动根据稽核任务生成质量稽核报告，展示稽核单据总量、不合格单据量、合格率及稽核单据统计报表，供管理层参考决策，同时有助于加强审核人员质量意识，帮助审核人员高质量完成审核任务。如图 2－23 所示。

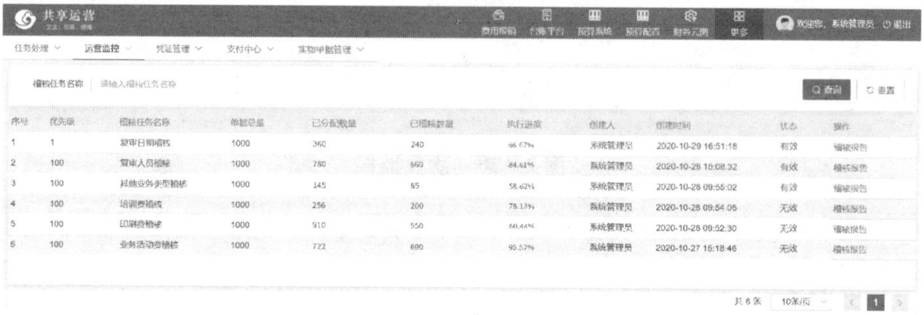

图 2－23　稽核报告

（10）绩效管理

绩效管理包含工作量统计和效率统计，在共享运营系统中以运营监控的方式体现。运营监控系统提供财务共享服务中心运营监控看板用以支撑中心主任和各小组组长实时监控自己权限范围内的共享人员审单情况。

➢　中心监控是指共享中心主任可对共享服务中心当前待审核单据、当日任务生成数、当日任务处理数、挂起单据数、超期单据数、待处理加急单据数量进行整体监控，同时还可以对各个小组的任务生成数、已审核数、待审核数、挂起数进行实时监控。如图 2－24 所示。

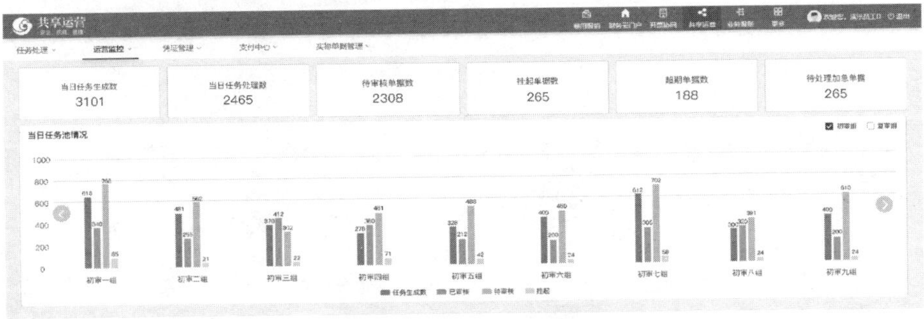

图 2－24　共享运营中心监控

➢　小组监控是指各小组组长可对各自组内当前待审核单据数、当日任务生成数、当日任务处理数、挂起单据数和超期单据数进行监控，同时还可以对待审批调整申请单据、紧急任务提醒单据、当日成员任务处理情况、超期单据进行监控。如图 2－25 所示。

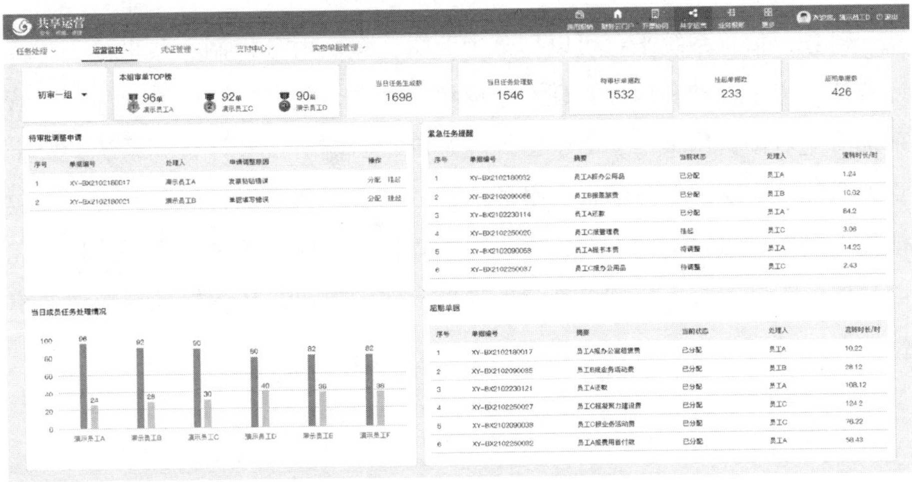

图 2－25　共享运营小组监控

➢　组员管理是指各小组组长可实时监控到各自组内的具体成员信息以及每个成员的当月累计已处理量、平均用时；当天已处理量、平均用时；当前在手单据量、最后处理单据时间等具体信息。同时还可以对请假的组员标识请假（系统会停止自动派单，也不允许手工派单），支持对在

数字化时代的财务中台——共享运营系统

手单据量少的组员进行单据分派操作。如图 2－26 所示。

图 2－26　共享运营组员管理

本章小结

财务云信息系统平台可以划分为业财连接、财务控制、共享核心、会计核算、资金管理和税务管理六个模块。其中，共享核心模块的共享运营系统前端对接费用报销、电子影像等系统，后端对接会计核算系统、资金管理系统，实现了业务流程和财务流程的融合。共享运营内部流程主要包括员工提单、领导审批、财务审核等步骤，涵盖任务处理、运营监控、凭证管理、支付中心、实物单据管理等多个功能模块，从而保证报账业务审核处理的时效和质量。

本章关键词

财务云平台　共享运营系统　信用管理　风险管理　满意度管理　质量管理　绩效管理　组织管理　服务管理　任务管理　会计工作台　出纳工作台

本章练习题

一、选择题

1. 组织管理是对共享运营系统内部组织的管理，主要涵盖（　　）。

A. 子中心定义　　B. 工作组定义

C. 板块定义　　D. 审核人员定义

2. 财务云平台中，属于共享核心模块的系统有（　　）。

A. 电子影像　　B. 电子档案

C. 会计核算　　D. 共享运营

3. 下列功能中，属于财务云平台中业财连接子模块的有（　　）。

A. 员工报销　　B. 采购付款

C. 销售收款　　D. 合同结算

4. 共享运营系统是财务共享中心稳定运行的重要支撑工具，是财务共享中心的（　　）。

A. 作业平台　　B. 业务统一处理平台

C. 人员运营管理平台　　D. 资金管理平台

5. 共享运营系统在信息系统整体架构中，实现了业务流程和财务流程的有机融合，该系统前端主要对接（　　）。

A. 电子影像系统　　B. 会计核算系统

C. 电子报账系统　　D. 资金管理系统

二、判断题

1. 共享运营系统在信息系统整体架构中实现了业务流程和财务流程的有机融合，其系统前端主要对接 OA、费用报销、采购付款等系统。

（　　）

2. 财务云平台框架中的财务控制模块主要负责智能化采集前端业务信息、打通业务与财务数据线上通道，以节省采集时间、提高采集效率，

便于业务人员操作。（ ）

3. 资金管理系统、电子档案系统、会计核算系统、智能审核系统都属于会计核算模块的范畴。（ ）

4. 在共享运营系统中，绩效管理的功能主要以运营监控系统的方式体现，包括中心监控、小组监控等。（ ）

5. 质量管理中的过程管理可以自动记录业务处理环节操作日志，以供问题分析、绩效分析以及效率跟踪使用。（ ）

三、思考题

1. 财务云平台框架中的各个模块分别有什么作用？
2. 共享运营系统对接的外部系统有哪些？它们分别有什么功能？
3. 共享运营系统的内部流程包括哪些节点？在系统中如何实现？

第 3 章　共享运营任务及其分配

本章学习目标

本章首先介绍了作业的概念，其次阐述了共享运营的任务分配，包含工作组管理、分配机制和任务调整三个部分。

通过本章的学习，应掌握：

◇　共享运营任务分配的主要方式

◇　共享运营任务调整的几种情况

本章知识结构图（见图 3－1）

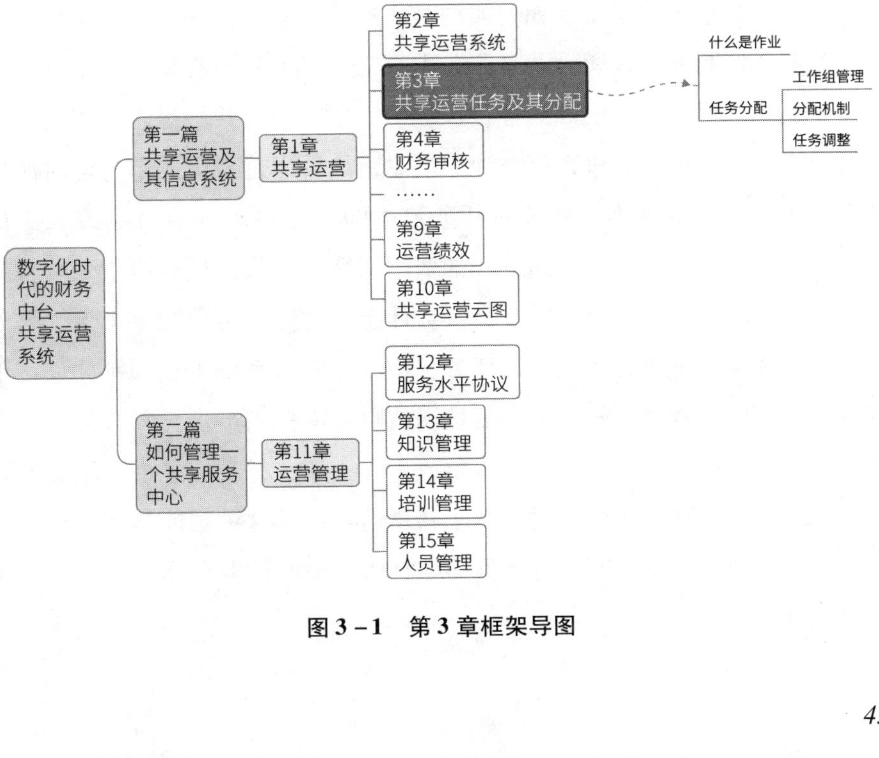

图 3－1　第 3 章框架导图

3.1 什么是作业

作业，即任务，是指为了完成生产、经营等方面的既定事务而进行的活动。从 IT 的角度来看，作业指在某些操作系统中由计算机操作者交给操作系统的执行单位。在财务领域，费用报销、采购付款、资产调拨、资金支付、收款认领等均可以看作是一项任务。

作业流转到共享运营系统后，经过统一分配、统一调度，在各组织与用户间进行专业化分工，从而实现共享运营任务处理的标准与高效。

3.2 任务分配

任务分配是指共享运营系统将各种待处理的业务以任务的形式存放在作业池或任务池中，由财务审核人员以自动或者手工方式从作业池中提取待处理单据，通过各类规则将系统内各类单据在组织与用户间进行分工的过程。

那么，共享运营系统是如何实现对任务的分配呢？共享运营系统的三级任务调动机制通过集团到共享服务中心、共享服务中心到组、组到个人的路径实现了财务审核的高效性，保证了审核质量。共享运营系统接收前端系统流转的单据，先进入任务池中汇总，然后通过自由派单、定时派单和人工派单的派单规则，系统对任务池中的任务自动完成推送或人工提取。单据先分配至各个工作组，比如费用核算组、收入核算组、采购核算组、总账核算组、资金核算组、资金会计组等，然后再分配至个人。财务初审人员登录共享运营系统获取任务，初审完成后系统生成预制凭证。单据及预制凭证流转至复核组，由复核岗的财务审核人员进行复核，复审完成后凭证信息推送至会计核算系统生成正式凭证，付款信息推送至资金管理系统或银企直联系统待支付。基于共享运营系统这种智能化和自动化的任务分配机制，共享运营系统被称为共享服务中心的调度指挥中枢。如图 3－2 所示。

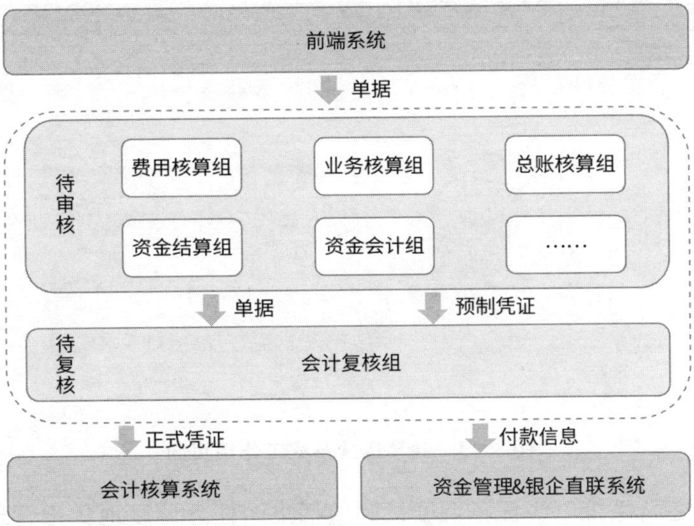

图 3－2　单据流转示意图

3.2.1　工作组管理

工作组管理可定义为共享服务中心财务审核小组的划分、审核任务量取单范围及任务取单量的设置。在企业财务审核中，不同的业务所审核的重点有所不同，共享运营系统通过对共享中心人员进行分组来实现财务审核的专业化。工作组管理通过成员管理、关联派单规则从而实现任务的分配，同时通过对任务量的安排可实现灵活高效的业务处理。企业可以按照不同标准对工作组进行划分，例如按照组类型可划分为初审组和复审组；按照业务类型可以划分为费用组、借款组、应收组、应付组、资产组等；按照区域可以划分为华北组、华中组、华南组、西北组等。如图 3－3 所示。

3.2.2　分配机制

任务分配机制是共享中心运作的核心功能之一。共享运营系统的分配机制是指对共享运营系统中的任务按照特定的流程机制进行划分，以保证任务的合理归属与处理。共享运营系统支持多种任务分配方式，可选择按照核算主体、报账金额等规则类型进行任务范围的划分。

数字化时代的财务中台——共享运营系统

图 3－3　共享运营系统工作组页面

共享运营系统三级任务调度机制包括集团任务调度池集中管理、多任务规则分配和多任务派发模式，三级任务调度机制可以全面实现灵活高效的业务处理。如图 3－4 所示。

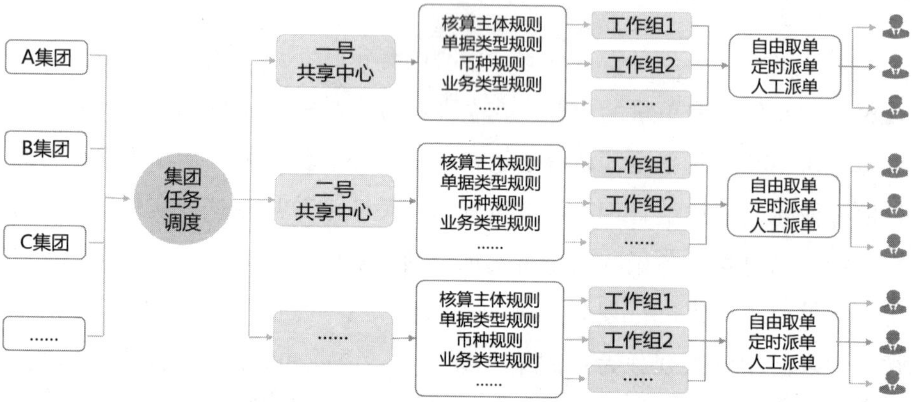

图 3－4　共享运营系统三级任务调度机制

（1）集团任务调度池集中管理

集团任务调度池集中管理是指任务从集团到共享服务中心分配，实现集团专业化分工、降低财务运行成本、提高审核效率与质量，使得共享中心运营更为高效。集团任务调度池可类比资金池，超级管理员将所有集团的任务汇总到一个任务调度池，由超级管理员按照最优化原则将任务向各个共享服务中心进行划分。目前集团任务调度池管理主要有两种模式：即按照区域进行任务调度或按照业务类型进行任务划分。通过对多个集团、多个共享服务中心制定统一的业务指引、作业流程和交付标准达到共享运营任务的可配置管理和实时驱动，共享运营系统能够实现在任何时间将某一集团下的任务向任一共享服务中心迁移。同时还可实现将某一共享服务中心的所有任务转移至另一共享服务中心。

（2）多任务规则分配

多任务规则分配是指任务从共享中心向组进行分配，即按照核算主体、单据类型、业务类型、报账金额、币种等多种任务规则在工作组间分配任务。任务流转到某一共享运营系统，财务共享中心负责人需要考虑各种业务场景，灵活根据任务规则进行任务范围的划分，从而使共享运营中心集中处理业务的人力资源调用更加均衡，提升人力使用效率。

（3）多任务派发模式

多任务派发模式是指通过多种派单规则将任务从组向个人分配，从而实现业务标准化和任务分派智能化。任务通过共享运营中心向小组分配后，不同的财务人员如何实现对业务的获取呢？我们知道，传统的任务抢单模式能充分调动员工的积极性，但是在机制不够明晰的时候会出现任务分配不均的情况，而单一的派单机制保证了相对公平，但财务审核量达到一定量级上才能保持财务审核人员的积极性。共享运营系统以自动分配为主、人工分配为辅的多任务派发模式对任务进行分配，解决了传统任务派发机制带来的弊端。

任务派发规则主要有以下几种方式：

➢ 定时派单：又称作按照工作量动态分配，系统可自行定义从数据中台向该任务组派单的时间和数量，自定义共享人员的单次提取数量。共享运营定时器遵循成员在手任务从低到高依次派发、员工在手量不得多于最大在手量等通用原则，同时对比工作组任务池、组员数量与单次取单量的大小关系，取较小数，从而避免派单时某个成员获取任务过多，而其他成员没有任务的情况，从而系统实现自动分配单据给待处理工作量少的财务审核人员。

➢ 自由取单：又称任务池自动抓取，待办业务统一提交到任务池后，共享运营系统通过工作组管理进行成员分配，实现共享人员自行抓取任务。自由取单的派单模式，使业务流程的处理时间缩短了一半以上，任务等待的时间缩短了约 70%。

➢ 人工派单：又称手工派单，待办业务除了可按照所属岗位等规则自动分配给相关的财务审核人员外，同时人工对任务可进行分配或者调整。共享中心主任可监控流转到下属工作组的所有任务，将任务进行分配到人、跨组调整等操作。例如某一财务人员离职，共享中心主任可以将该员工的待审任务手动分配给其他在岗员工。工作组组长也可将待分配任务强制从任务池中选择分配给某一位财务审核人员；或者可以根据财务审核人员任务在手量、审核效率及质量等将某位财务审核人员的任务池中的任务强制收回（包括申请调整任务）进行重新分配，从而避免工作量分配不均、任务超时等情况的出现。如图 3－5 所示。

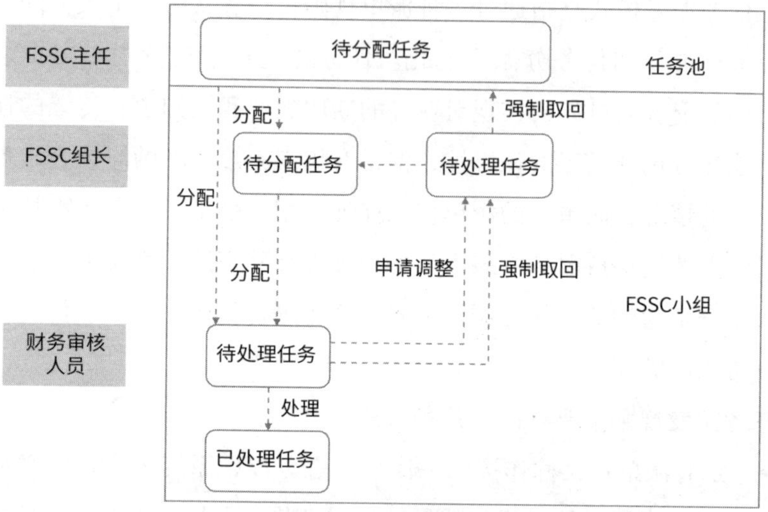

注：FSSC，Finance Shared Service Center，特指财务共享服务中心。

图 3－5 共享运营系统任务处理流程

3.3.3 任务调整

任务调整是指共享中心主任或者作业组组长将已经分配至某一工作组或者财务审核人员的任务重新分配到其他组或其他人的操作。在共享运营管理中，共享中心主任关注共享运营系统整体的运营情况，包括待完成任务、已完成任务、处理效率、退单和质量等，并根据每个组的任务完成情况进行任务调整，从而整合企业内部资源、提高运营效率、降低管理成本。充分考虑到共享中心主任、工作组组长和财务审核人员等不同用户的使用需求差异，共享运营系统支持个性化配置任务权限。任务调整根据主任、组长和财务审核人员的角色和权限分页面展示，不同角色可在各自权限范围内对相应任务进行分配、收回、调整、挂起、解挂等操作。

（1）共享中心主任

共享中心主任一般拥有财务共享中心的所有权限，包括分配到组、分配到人员、任务收回、挂起和解挂等权限。共享中心主任可以对已经进入共享服务中心任务池的单据进行任务管理和跟踪，当需要人工调整任务分配时，共享中心主任可操作某一组内或不同组别的任务池进行任务调整。共享中心主任还可将任务分配至特定组内的某一财务审核人员，从而实现共享任务的特定化审核。如图3－6所示。

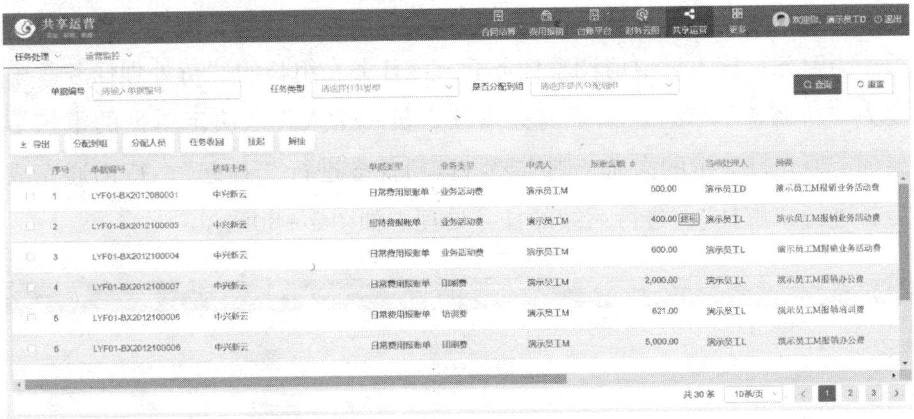

图3－6　共享中心主任任务调整界面

（2）工作组组长

共享运营系统通过派单规则将单据分配到不同工作组后，工作组组长可对进入各审核组任务池的单据进行任务管理和跟踪，当需要人工调整任务分配时，组长可对组内任务进行调整。工作组组长可以将任务池中待分配的任务强制指派给相关财务审核人员；也能将待处理的任务强制取回，以进行重新分配；也可以将组员退回的任务转交至其他组以及将其他组转交的任务分配给组员；还可以针对特殊单据设置优先级（加急）。如图 3 –7 所示。

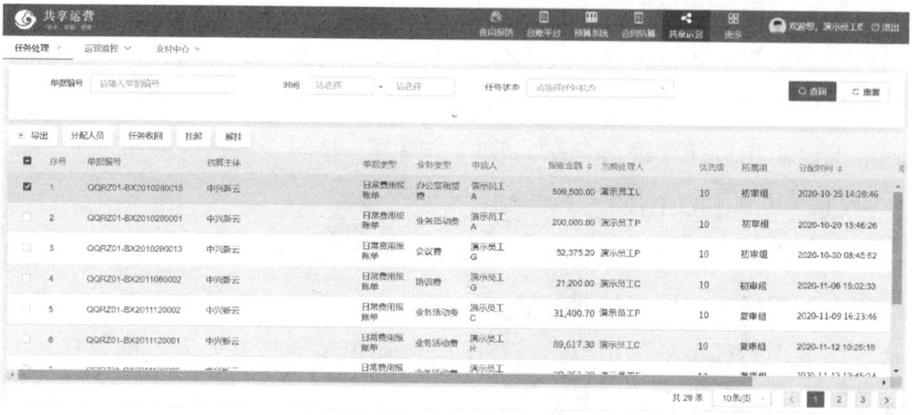

图 3 –7　工作组组长任务调整界面

（3）财务审核人员

财务审核人员可以根据情况进行任务的提取、挂起、解挂或者申请调整。当财务审核人员申请调整任务后，该任务在组长的“待处理任务”中变为“待调整”状态。如果财务审核人员一个人无法决定单据的审核结果，需要经过大量的沟通，则需要将该项任务进行“挂起”，待沟通完成后，进行“解挂”，进行后续的任务处理。如图 3 –8 所示。

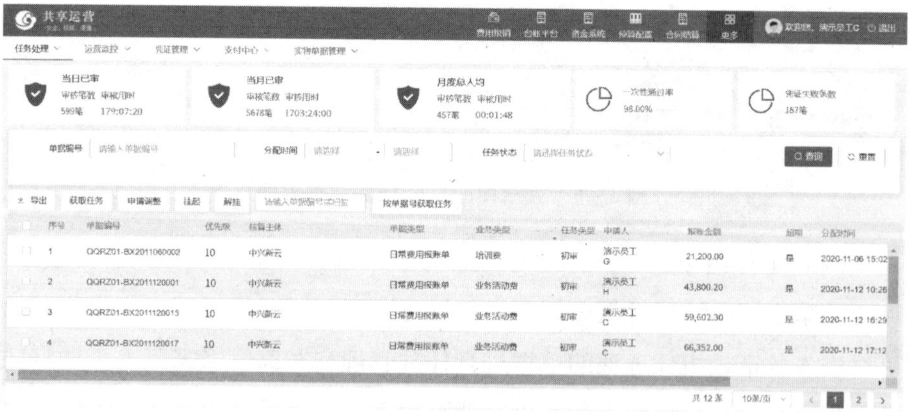

图 3 –8　财务审核人员任务界面

本章小结

共享运营系统是对其接收的工作任务进行统一分配、统一调度的管理平台。其运行机制是依据预先的权限设定，由作业组长进行任务分配，再交由财务审核人员进行处理。共享运营任务采用自动分配为主，人工分配为辅的方式，常见的任务分配规则有定时派单、自由取单和人工派单。

本章关键词

作业　任务分配　定时派单　自由取单　人工派单　任务调整

本章练习题

一、选择题

1. 在共享运营作业平台的单据流转过程中，生成最终的正式凭证前需要先生成（　　）。

A. 原始凭证　　B. 记账凭证

C. 中转凭证　　D. 预制凭证

2. 在共享运营系统中，常见的任务分配规则有（　　）。

A. 定时派单　　B. 自由取单

C. 人工派单　　D. 互相派单

3. 在定时派单的任务分配规则下，系统可自行定义的内容有（　　）。

A. 单据处理的优先级

B. 从数据中台向该任务组派单的时间

C. 共享人员的单次提取数量

D. 从数据中台向该任务组派单的数量

4. 在人工派单的任务分配规则下，当需要人工调整任务分配时，共享服务中心主任可操作（　　）的任务池进行任务调整。

A. 不同组别之间　　B. 组内

C. 不同财务审核人员　　D. 不同作业流程

5. 在人工派单的任务分配规则下，作业组长所拥有的操作权限有（　　）。

A. 将本组任务池中待分配的任务强制指派给相关财务审核人员

B. 针对特殊单据设置优先级（加急）

C. 将组员退回的任务转交至其他组

D. 将其他组转交任务分配给组员

二、判断题

1. 共享运营平台进行作业处理时，作业组长可以将本组任务池中待分配的任务强制指派给相关财务审核人员，但不能将待处理的任务强制取回进行重新分配。（　　）

2. 作业，即任务，是指为了完成生产、经营等方面的既定事务而进行的活动。（　　）

3. 共享运营系统搭建了一个全业务场景的、端到端的标准业务处理平台，实现了流程处理的标准与高效。（　　）

4. 共享运营系统接收前端系统流转的单据后，直接进行任务的分配。（　　）

5. 在人工派单的任务分配规则下，财务组组长可对进入各审核组任务池的单据进行任务管理和跟踪，当需要人工调整任务分配时，组长可操作组内任务，进行调整。（　　）

三、思考题

1. 共享运营系统中的单据是如何流转的？

2. 共享运营的任务分配规则有哪些？

3. 共享运营的任务派单规则有哪些？

第 4 章　财务审核

本章学习目标

本章首先介绍了财务审核控制点的基本概念及具体内容，包括报账单规范性、票据合规性等七个方面，然后以不同的费用为例，展示了各类费用的审核控制点，最后阐述了智能审核的业务流程及其应用价值。

通过本章的学习，应掌握：

◇　财务审核控制点的七个方面

◇　智能审核系统的业务流程

本章知识结构图（见图 4－1）

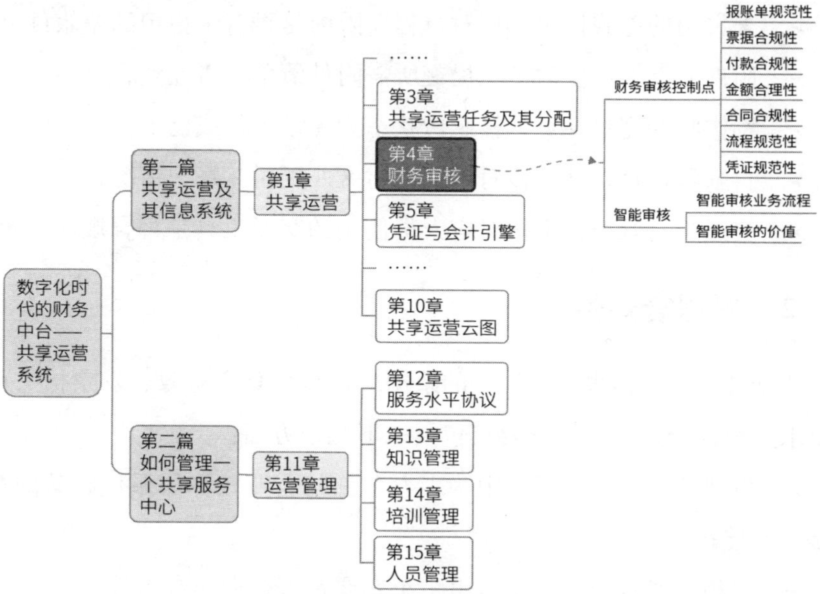

图 4－1　第 4 章框架导图

4.1 财务审核控制点

财务审核是企业内部控制的重要组成部分，财务审核是指企业的财务人员对业务人员提交的报账信息进行核对。

财务审核控制点主要包括报账单规范性、票据合规性、付款合规性、金额合理性、合同合规性、流程规范性、凭证规范性七个方面，不同控制点涉及的部分细则列举如下，以供参考：

4.1.1 报账单规范性

报账单规范性是指单据填写完整、信息正确且符合企业报销制度，报账单规范性的审核要点包含以下几个方面：

➢ 单据合规敏感词：对敏感词（如“礼品”“特产”等）进行审核；

➢ 实际行程与差旅申请：核对出发地、开始日期、结束地、结束日期、交通工具等信息的一致性；

➢ 未报销的差旅订单：核对行程期限内是否有未报销的差旅订单；

➢ 附件完整性：核对员工提交所需附件清单是否完整；

➢ 影像状态完整性：审核影像状态为无须上传或已上传；

➢ 付款账户存在性：核对单据支付区匹配付款账户情况；

➢ 交通工具管控：审核对应人员使用的交通工具是否合规。

4.1.2 票据合规性

票据合规性是指报账人提交的票据应该符合真实有效、发票抬头正确等要求，票据合规性的审核要点包括以下几个方面：

➢ 发票抬头：审核发票中购买方名称与企业核算体系代码基础数据库是否匹配；

➢ 出租车发票连号：核对出租车发票是否存在异常连号；

➢ 发票重复报销：根据发票号码、代码等信息与企业发票池数据进行比对，判断是否存在重复报销；

➢ 增值税发票验真：对接税局/电子底账库，进行发票查重验真；

➢ 发票日期：核对发票开具日期是否为节假日；

➢ 发票合规敏感词：对敏感词（如“礼品”“特产”等）进行审核；

➢ 发票敏感开票单位：对敏感开票单位（如“洗浴中心”等）进行审核；

➢ 发票有效期：核对发票是否在报销有效期内；

➢ 城市间交通费发票乘客姓名：核对火车票、行程单、车船票（实名制）三类发票，校验乘车/机/船人字段是否为报销人；

➢ （发票地点）常驻地：审核员工是否发生常驻地住宿费；

➢ 发票专用章：审核发票专用章是否与购买方名称一致。

4.1.3　付款合规性

付款合规性是指付款账户、付款金额等信息必须保持正确，付款合规性的审核要点主要包含以下几个方面：

➢ 付款金额：审核付款金额与报账金额是否一致；

➢ 明细分摊金额：若单据存在费用分摊，单据金额与分摊明细金额汇总数需保持一致；

➢ 员工借款：核对员工是否存在未核销的借款；

➢ 超期核销管控：若待核销金额超期，下一单必须先核销，不能直接支付；

➢ 超额借款管控：设置不同员工借款额度，严格管控员工借款金额；

➢ 对私支付收款人管控：核对报销人和收款人信息是否一致；

➢ 对公支付收款人管控：核对开票单位与收款人信息是否一致。

4.1.4　金额合理性

金额合理性是指报账人提单的每笔费用金额都应当符合制度规定，金额合理性的审核要点主要包含以下几个方面：

- 住宿费标准：审核住宿费总额是否超标；
- 重复报销差旅补贴：审核同一员工是否重复报销差旅补贴；
- 补贴总额标准：审核住宿费总额是否超标；
- 差补期间包含节假日：审核申报差补的期间是否包含节假日；
- 会议费标准：审核会议费总额是否超标；
- 招待费标准：审核招待费总额是否超标；
- 付款计划付款金额：对于关联付款计划的单据，核对每期金额是否准确。

4.1.5 合同合规性

合同合规性是指合同内容及重要信息应当真实有效，并符合法律和企业相关制度的规定，合同合规性的审核要点主要包含以下几个方面：

- 合同总金额：审核合同是否超金额报销；
- 合同存在性：审核单据关联合同是否处于可正常关联状态；
- 合同收付款计划存在性：核对关联合同收付款计划是否关闭、计划执行时间是否变更；
- 合同的收款方、收款账户存在性：核对单据收款方与合同收款方账号是否一致。

4.1.6 流程规范性

流程规范性是指流程设置应当符合企业内部控制的要求，审批流程中的各个节点应由不同的人员负责，即不相容职务分离，流程规范性的审核要点主要包括以下几个方面：

- 单人报销风险：审核提单人与审批人是否为同一人；
- 审批节点审批人真实性：核对审批流节点人员与审批人是否为同一人；
- 审批节点审批人完整性：核对审批流节点审批人是否可以正常联系；

➢ 预算异常：调取并审核报销单据冻结预算情况。

4.1.7 凭证规范性

凭证规范性是指根据业务生成的会计凭证应当符合业务的真实情况，并且记录完整的信息，凭证规范性的审核要点主要包含以下几个方面：

➢ 进项税额凭证完整性：审核可抵扣税额科目是否完整；

➢ 凭证分录信息完整性：审核凭证分录信息是否完整，如记账科目、汇率、辅助核算项等。

4.2 智能审核

4.2.1 智能审核业务流程

在传统的人工审核过程中，所有的审核任务是由不同的审核人员完成的，而不同的审核人员对审核尺度的把握不完全一致，导致企业内部审核标准难以统一；同时人工审核错误率较高，影响审核效率。而智能审核的应用能够在一定程度上代替人工审核，提高审核效率与质量。

智能审核，即通过智能识别技术获取结构化数据后，根据系统预设的审核规则进行全方位智能判断，辅助审核会计完成单据审核，并在审核结束后，将审核结果同步至共享运营系统中。

整体来说，智能审核流程分为两步。一是通过报账系统接口、电子影像系统接口、报账系统/税局接口、智能审核系统预设等信息渠道获取单据数据、影像数据、外来电子数据、管控数据等，形成数据库。二是系统根据既定规则库的审核规则（即上述的通用规则、类型规则和特殊规则）对相应数据进行智能审核，得出审核通过或审核异常的智能判断结果。对于少部分的异常数据，可以通过人工方式进行进一步的补充审核。如图 4－2 所示。

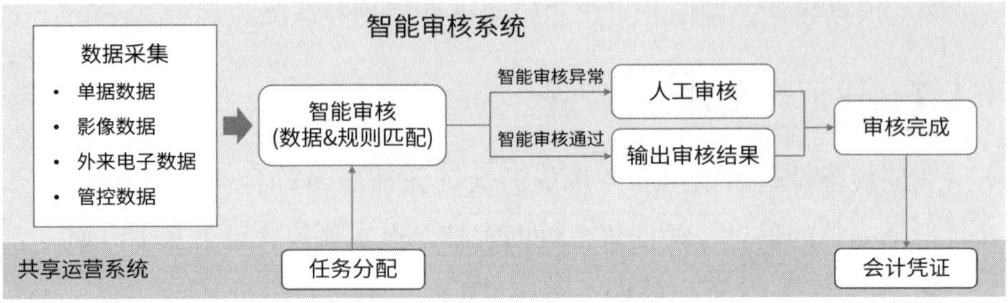

图 4－2　财务智能审核流程

具体来说，智能审核业务流程的第一步是进行结构化数据采集。在数据采集环节，系统主要采集四类结构化数据，分别是单据数据、影像数据、外来电子数据及管控数据。其中，影像数据通过电子影像系统的采集模块获取，管控数据通过系统后台预先配置数据进行管控，然后再参与智能审核系统的校验。

第二步是在对应规则库下的智能化财务审核，主要包括三个子步骤：

（1）共享运营系统生成待财务审核任务，并根据规则进行任务分配，分配完成的单据同步至智能审核模块。

（2）智能审核依据明确的审核规则，进行数据与规则的校验，完成智能审核。

（3）对于审核异常及无法判定的特殊情况，系统会自动提示，此时由审核人员对异常单据进行人工复核。

第三步，如果单据通过智能审核系统校验，共享运营系统将根据报账单据的业务类型自动生成会计凭证信息，推送至会计核算系统完成账务的处理。

4.2.2　智能审核的价值

智能审核的应用，能够提高财务审核效率与质量，降低财务运行成本，为企业相关业务分析提供数据基础，提升财务管控力度，其应用价值具体体现在三个方面。

➢　提质增效、降低成本。智能审核能够对结构化数据进行全方位智能审核，固化审核标准，大幅减少人为因素造成的审核失误。业务处理质量和处理时效均可实现大幅度提升，帮助企业提高财务服务水平，提升员工满意度。

➢ 解放人力、赋能财务。智能审核将低增值的基础工作交给技术和机器，帮助企业减少基础财务工作人员，使财务人员从事高附加值工作，同时减少人员流失。

➢ 强化费用管控，创造数据价值。智能审核能够对审核结果数据进行多维度分析，展示企业存在的费用报销问题，以此规范前端报销，发掘数据潜力，强化费用管控。

本章小结

财务审核控制点主要涉及报账单规范性、票据合规性、付款合规性、金额合理性、合同合规性、流程规范性、凭证规范性七个方面。在智能审核系统中，可以通过各类型外部接口进行结构化数据采集形成数据库，并由系统根据既定的审核规则对相应单据进行智能化审核，得出审核通过或审核异常的智能判断。

本章关键词

财务审核控制点　报账单规范性　票据合规性　付款合规性　金额合理性　合同合规性　流程规范性　凭证规范性　智能审核

本章练习题

一、选择题

1. 智能审核系统的主要功能模块有数据采集功能、审核引擎和（　　）。

A. 对接管理　　B. 数据复核

C. 后台设置功能　　　　D. 结果汇总功能

2. 财务审核控制点主要有（　　）。

A. 成本可控性　　　　B. 付款合规性

C. 报账单规范性　　　　D. 凭证规范性

3. 在进行报账单规范性查验时，需要查验的项目有（　　）。

A. 单据合规敏感词审核　　　　B. 未报销的差旅订单核对

C. 发票抬头审核　　　　D. 发票日期审核

4. 超期核销管控属于财务审核控制点中的（　　）。

A. 金额合理性　　　　B. 付款合规性

C. 报账单规范性　　　　D. 凭证规范性

5. 智能审核系统的审核引擎模块涉及的主要功能有（　　）。

A. 审核规则配置　　　　B. 标准单接口

C. 智能审核　　　　D. 单据查询

二、判断题

1. 交通工具管控检验属于对票据合规性的检验。（　　）

2. 付款合规性中的超期核销管控是指设置不同员工借款额度、严格管控员工借款金额。（　　）

3. 金额合理性中的付款计划、付款金额审核是指对于关联付款计划的单据，核对每期金额是否准确。（　　）

4. 提单人与审批人为同一人违反了合同合规性的要求。（　　）

5. 在智能审核系统中，对于少部分的异常数据，可以通过人工的形式进行进一步的补充审核。（　　）

三、思考题

1. 财务审核控制点主要包括哪些方面？

2. 智能审核系统的业务流程是什么？

第 5 章　凭证与会计引擎

本章学习目标

本章首先介绍了凭证的基础知识，包括凭证的分类和作用，然后阐述了会计引擎的具体原理，最后解释了会计核算系统中凭证的格式及特点。

通过本章的学习，应掌握：

◇　凭证的分类及作用

◇　会计引擎的原理

◇　电子凭证的格式及特点

本章知识结构图（见图 5－1）

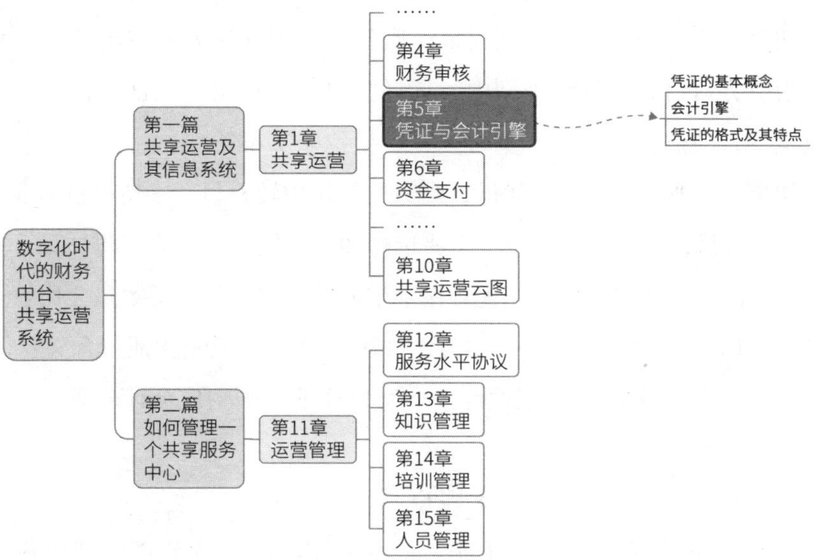

图 5－1　第 5 章框架导图

5.1 凭证的基本概念

会计凭证是记录经济业务、明确经济责任、按一定格式编制的据以登记会计账簿的书面证明。会计凭证按其编制程序和用途的不同，分为原始凭证和记账凭证。

原始凭证是在经济业务发生时取得或填制的，用以记录和证明经济业务发生或完成情况的凭证。原始凭证的基本内容包括：凭证名称、填制日期、凭证编号、填制和接受凭证的单位名称、业务内容、业务数量等。原始凭证种类较多，包括发票、收货单、领料单、银行结算单等。原始凭证按照来源可以分为外来原始凭证和自制原始凭证；按照格式可以分为通用凭证和专用凭证。

记账凭证是以审核无误的原始凭证为依据，按照经济业务的事项的内容加以归类，并据以确定会计分录后所填制的会计凭证。它是登记入账的直接依据，常用的记账凭证有收款凭证、付款凭证、转账凭证等。

在财务信息系统中，会计凭证特指记账凭证。在系统中，记账凭证可分为实付凭证、付款凭证以及应付凭证三类。

如果一笔业务只生成一笔凭证，则贷方使用支付方式中配置的会计科目作为贷方科目，在凭证类别中，选择实付凭证；实付凭证的优势在于凭证数量少，缺点在于记账不及时，容易导致账实不符。

如果一笔业务生成两笔凭证，则需要使用中转科目，中转科目为业务大类的贷方科目，在凭证类别中，需要选择两条类别，一条为应付凭证，一条为付款凭证。生成两笔凭证的优势在于记账及时，但是凭证数量会比较多。

下面以企业发生的办公费用为例，解释这三类记账凭证的含义：

（1）如果配置的是一笔凭证——实付凭证，则生成会计分录

借：管理费用——办公费

　　贷：银行存款——××账户

（2）如果配置的是两笔凭证——应付凭证与付款凭证，则生成会计分录

借：管理费用——办公费　　}应付凭证
　　贷：应付账款

借：应付账款　　　　　　　}付款凭证
　　贷：银行存款——××账户

在共享运营系统中，凭证的创建环节可选择财务初审、审核完成或付款成功等动作节点。财务初审表示初审时凭证即可生成，审核完成表示单据审批完成时凭证生成，付款成功表示在系统付款成功时凭证生成。一般情况下，实付凭证在单据审批结束/付款成功后生成并导入会计核算系统；应付凭证在财务审核环节生成（借费用；贷应付科目），审核结束后导入会计核算系统；付款凭证在支付成功后生成（借应付；贷银行存款）并导入会计核算系统。

5.2　会计引擎

在传统的会计账务处理中，会计凭证并不是自动生成的，而是财务人员根据发生的业务将会计凭证手动填写到账簿上或登记到会计核算系统中去，由于财务人员判断失误等因素，很容易造成凭证与业务不符的情况。而会计引擎的出现很好地解决了这一问题，大幅度降低了凭证出错概率。

会计引擎是一种按照统一的、独立的会计核算规则，基于交易信息和计量信息，能够自动生成会计分录、输出会计凭证，满足会计准则和信息披露要求的处理模式，是共享运营系统的重要功能之一。如图 5-2 所示。

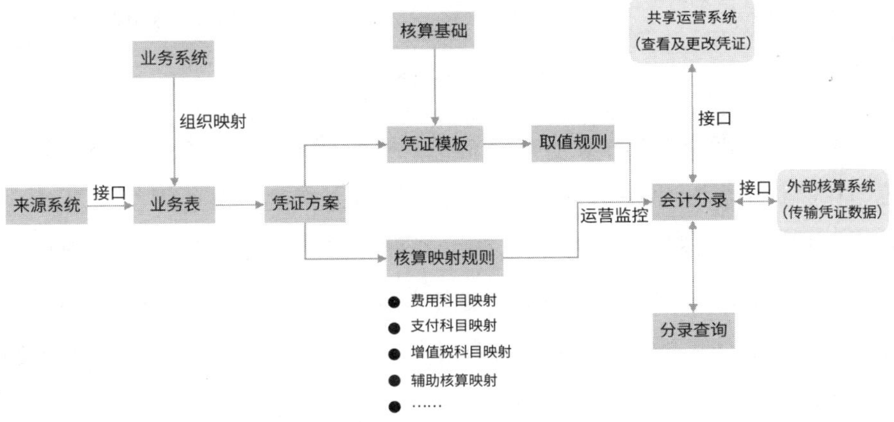

图 5-2　会计引擎流程

会计引擎可以看作是将业务语言转换为财务语言的翻译器，它可以从各个业务系统获取相关业务数据，经过预先设定的业务语言向会计语言转换规则的处理，最终生成预制凭证。会计引擎的工作流程主要包含以下几个步骤：

第一步，按照来源系统定义业务表，每个来源系统对应一个业务表，便于将来源系统的数据进行分类存放。业务表是指对业务内容和数据做统计分析的表格，根据不同企业不同业务的需要，会产生多种形式的业务表。如图 5－3 所示。

头表：

来源系统	业务分类	头id
报账系统	费用类	

行表：

来源系统	头id	b1	b2	b3	b4	…
报账系统	费用类					

按照来源系统定义业务表，以报账系统业务表为例：

业务头表：

业务分类	表编码	表字段	业务表头编号
费用类	Billno	单据编码	a1
费用类	Billdate	单据日期	a2
费用类	comp	公司	a3
……			

业务行表：

表编码	表字段	业务表头编号
dept	费用承担部门	b1
Item	费用项目	b2
Amount	金额	b3
……		

图 5－3　业务表示例

第二步，定义组织映射，便于来源系统数据传输到会计凭证后能够区分出对应的财务组织。以中兴新云为例，按图 5－4 的方式维护组织映射。

来源系统	来源名称（组织）	目标名称（财务组织）
报账系统	新云服务	中兴新云服务有限公司

图 5－4　维护组织映射表

第三步，准备核算基础资料，按照核算系统的账套、会计结构、汇率表等在会计引擎中维护对应数据，具体包括：账套、财务组织（成本中心）、科目体系（科目）、会计结构、辅助核算、汇率方案、特殊总账标识、现金流、记账代码、特殊总账类型、凭证类型（新增）、维度、币别、计量单位等。如果一个外部核算系统中存在多个账套，那么就建立同样数量的账套和科目体系。

第四步，设置凭证方案，包括选择凭证方案使用的来源系统、选择来源系统中的业务分类，方便定位到业务表、选择凭证方案使用的账套和与之相匹配的凭证模板、设置凭证状态（暂存凭证、已提交凭证）以及生成时效（实时生成、事后生成、调度生成）。

第五步，基于凭证方案定义映射表（见图 5－5），根据目标值及业务、财务两大影响因素，配置对应的取值规则。

目标值	业务因素	财务因素	
会计科目	部门属性、业务类型……	核算主体、币别……	→ 配置取值规则
辅助核算	费用项目……	……	→ 配置取值规则
现金流	业务类型、结算方式……	借贷方向……	→ 配置取值规则
……			→ 配置取值规则

图 5－5　基于凭证方案定义映射表示例

第六步，配置凭证模板，即设置凭证头和凭证行的取值规则。

凭证头包括核算主体、账套、摘要、凭证编码、凭证类型、业务日期、记账日期等。凭证头通常设置如图 5－6 所示。

凭证头	核算主体	账套	摘要	凭证编码	凭证类型	业务日期	记账日期
取值	业务表对应字段	根据核算主体推断，从而确定本位币	1.字段拼接； 2.直接录入文本	会计引擎定义的编号	1.取固定值； 2.指定映射表； 3.SQL语句	指定业务字段	1.指定业务字段； 2.SQL语句

图 5－6　凭证头设置示例

凭证行包括行类型、借贷方向、会计科目、辅助核算、现金流、计量单位、数量等。凭证行通常设置如图 5－7 所示。

摘要	行类型	方向	科目	辅助核算	现金流	计量单位	数量	币别	原币单位	本位币单价	原币金额	本位币金额	条件设置

图 5－7　凭证行设置示例

➢ 行类型：根据需要设置为费用行、核销行、支付行等；

➢ 方向：指该项交易对应的借贷方向；

➢ 科目：利用 SQL 语句（结构化查询语句）与指定的相关科目映射表关联；

➢ 辅助核算：利用 SQL 语句与指定的业务字段和相关辅助核算映射

表关联；

➢ 现金流：利用 SQL 语句与相关现金流映射表关联；

➢ 数量、计量单位、币别、原币金额、本位币单价、本位币金额：如果需要核算数量或者核算外币数据，可以在会计结构中定义这些字段；

➢ 条件设置：if 语句。

第七步，生成凭证，并对生成过程进行运营监控，以便使用者能根据来源系统、核算组织等字段信息进行凭证查询。

以招待费报账单为例，通过上述步骤，生成会计凭证如下：

借：管理费用——招待费——需求部/A 项目　　　　　1500

　　贷：银行存款——张三/12334554540909　　　　　1500

第八步，会计引擎与相关系统的对接及后续操作。

对接共享运营系统，将需要审核的会计分录传递到共享运营系统，共享运营系统需要回传审核后的状态；对接外围核算系统，传输已经通过共享运营系统审核的会计分录；对接来源系统，返回凭证生成的结果，防止重复生成凭证。如图 5－8 所示。

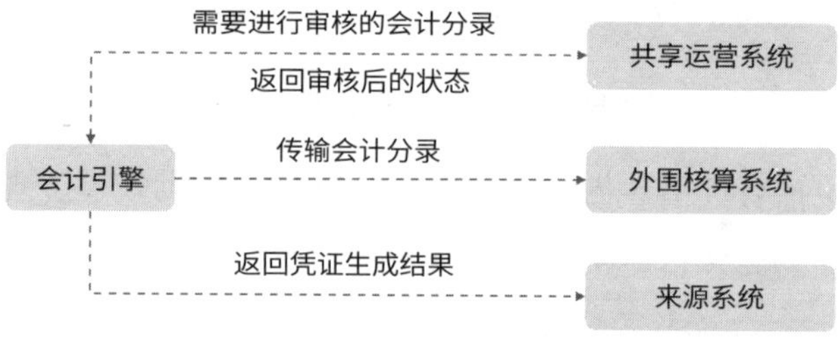

图 5－8　会计引擎与相关系统对接示意图

【延伸阅读】

某企业会计引擎应用案例

某企业实施的会计引擎成为数据中台的一部分，支持建立模板、调取公式，并根据模板和公式自动生成会计凭证。会计引擎前端对的信息系统包括财务系统、支付平台、费用管理系统和资金结算系统，前端各系统可以建立组织映射，并且将业务信息传输至会计引擎。会计引擎后端对接会计核算系统，会计核算系统内嵌多个账套和科目体系，具有接受凭证数据、校验总账逻辑的功能。如图5-9所示。

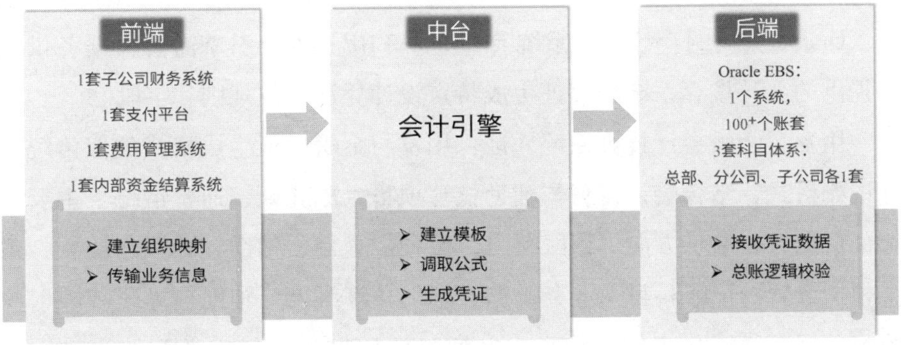

图5-9 会计引擎的应用

其会计引擎具体的工作流程可以分为四个步骤，第一步是获取对接系统的表格或视图；第二步是建立凭证生成模板，调取对应的规则生成凭证，通过会计引擎预制的公式获取摘要、辅助核算、金额等信息，通过数据对照表找到凭证科目信息等；第三步是查看预制凭证；第四步是生成正式凭证并推送至会计核算系统。如图5-10所示。

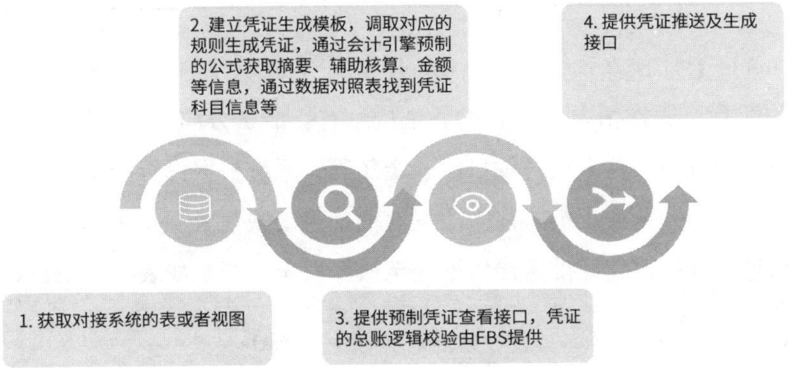

图5-10 会计引擎的工作流程

5.3 凭证的格式及其特点

不同信息系统供应商的会计核算系统凭证格式不同，市场上主流的系统供应商有用友、金蝶、SAP 以及 Oracle。用友公司的会计核算系统主要包括 U8 和 NC；金蝶公司的会计核算系统主要包括 EAS 和 KIS 系统；SAP 公司的会计核算系统主要有 SAP S/4HANA 和面向中小型企业的 ERP 软件；Oracle 公司的会计核算系统有 Oracle ERP。会计引擎需要根据各供应商提供的会计核算系统的凭证生成特点设计凭证生成规则和字段。

用友、金蝶会计核算系统凭证：用友与金蝶凭证生成格式类似传统会计记账格式，结合会计科目与辅助核算项目生成凭证，通常情况下主要的凭证信息有：借贷方向、记账科目、币种、金额、辅助核算段与摘要，系统根据设置的记账科目—业务类型、辅助核算维度—辅助核算段等映射关系将单据字段转化为凭证信息，并通过凭证推送接口推送至核算系统入账。如表 5－1 所示。

表 5－1　　单据映射规则示例——用友、金蝶

用友、金蝶凭证与系统单据映射规则							
凭证信息	核算主体	借贷方向	记账科目	币种	金额	辅助核算	凭证摘要
单据信息	核算主体	单据类型、业务类型、支付方式	业务类型	币种	金额	辅助核算维度、账户信息、客商信息	单据备注

Oracle 会计核算系统凭证：Oracle 凭证生成基于科目段及其他段组合关系的配置，通常情况下主要的凭证信息有：借贷方向、公司段、部门段、科目段、明细段、往来段、项目段、金额等，系统根据设置的科目段—业务大类、明细段—业务小类、往来段—客商信息等映射关系将单据字段转化为凭证信息，并通过凭证推送接口推送至核算系统入账。如表 5－2 所示。

表 5－2　　单据映射规则示例——Oracle

Oracle 凭证与系统单据映射规则									
凭证信息	借贷方向	公司段	部门段	记账段	明细段	往来段	项目段	金额段	摘要
单据信息	单据类型、业务类型、支付方式	核算主体	责任部门	业务大类	业务小类	客商信息	辅助核算维度－项目	金额	单据备注

SAP 会计核算系统凭证：SAP 凭证生成格式区别于一般的会计凭证格式，在一般会计凭证格式的基础上增加了记账代码与特殊总账类型，记账代码与特殊总账类型不能与单据字段一一对应，需要在基础数据平台配置具体映射规则。系统根据设置的业务类型—会计科目、辅助核算维度—辅助核算段、配置的记账代码、特殊总账类型映射规则等映射关系将单据字段转化为凭证信息，凭证生成后通过凭证推送接口推送至核算系统入账。凭证的编号范围是由凭证类型决定的，系统通过不同的凭证类型编号范围存储某种类型的所有凭证，编号范围可以是外部定义，也可以是内部定义。如表 5－3 所示。

表 5－3　　单据映射规则示例——SAP

SAP 凭证与系统单据映射规则							
凭证信息	核算主体	借贷方向	记账科目	记账代码	特殊总账类型	金额	凭证摘要
单据信息	核算主体	单据类型 业务类型 支付方式	业务类型	基础数据平台配置映射规则	基础数据平台配置映射规则	金额	单据备注

需要说明的是两点：

一是记账代码是 SAP 系统中控制凭证信息录入的两位数代码，它可以决定凭证的借贷方向、账户类型与输入凭证的格式。

二是特殊总账类型，在 SAP 系统中一个客商最经常发生的业务对应的总账科目为统驭科目，当发生其他类型不需要通过总账科目的业务时需要为该业务配置特殊总账标识，SAP 系统根据不同的标识匹配不同记账规则。

本章小结

会计凭证是记录经济业务、明确经济责任、按一定格式编制的据以登记会计账簿的书面证明。在共享运营系统中，可以利用会计引擎从各个业务系统获取相关业务数据，通过预先配置的凭证方案、凭证模板和核算映射规则自动生成会计分录、输出会计凭证，并与企业的核算系统进行对接，将会计凭证传递至会计核算系统中。

本章关键词

实付凭证　付款凭证　应付凭证　会计引擎　凭证模板　映射规则

本章练习题

一、选择题

1. 凭证引擎需要对接的系统有（　　）。

A. 共享运营系统　　B. 外围核算系统

C. 来源系统　　D. 档案系统

2. 凭证的基本特点有（　　）。

A. 记录经济业务　　B. 明确经济责任

C. 按一定格式编制　　D. 用于外部交易

3. 在对凭证引擎进行凭证模板配置时，凭证头涵盖的字段一般有（　　）。

A. 借贷方向　　B. 凭证编码

C. 业务日期　　D. 凭证类型

4. 在基于凭证方案定义映射表时，配置对应的取值规则所主要参考的依据有（　　）。

A. 业务因素　　B. 财务因素

C. 法务因素　　D. 时间因素

5. SAP 凭证生成格式区别于一般的会计凭证格式的点有（　　）。

A. 增加了记账代码与特殊总账类型

B. 需要在基础数据平台配置具体映射规则

C. 记账代码与特殊总账类型不能与单据字段一一对应

D. 生成基于科目段及其他段组合关系的配置

二、判断题

1. 凭证引擎生成预制凭证时，一般按照来源系统定义业务表，每个来源系统可对应多个业务表，方便将来源系统的数据进行分类存放。（　　）

2. 实付凭证的优势在于记账及时，但是凭证数量会比较多。（　　）

3. 一般情况下，实付凭证在单据审批结束/付款成功后生成并导入会计核算系统；应付凭证在财务审核环节生成（借费用；贷应付科目），审核结束后导入会计核算系统；付款凭证在支付成功后生成（借应付；贷银行存款），生成后即导入会计核算系统。（　　）

4. 在凭证引擎的流程中，应先准备核算基础资料，再定义组织映射。（　　）

5. 凭证引擎流程的第一步是按照来源系统定义业务表。（　　）

三、思考题

1. 会计凭证按其编制程序和用途不同可以分为几类，各自的特征是什么？

2. 什么是会计引擎？

第6章　资金支付

本章学习目标

本章首先介绍了企业常见的资金支付方式，然后阐述了共享运营系统出纳工作台和支付网关，最后说明了资金支付存在的风险和相应的解决方案。

通过本章的学习，应掌握：

◇　出纳工作台及支付网关的具体内容

◇　资金支付风险及对应方案

本章知识结构图（见图6－1）

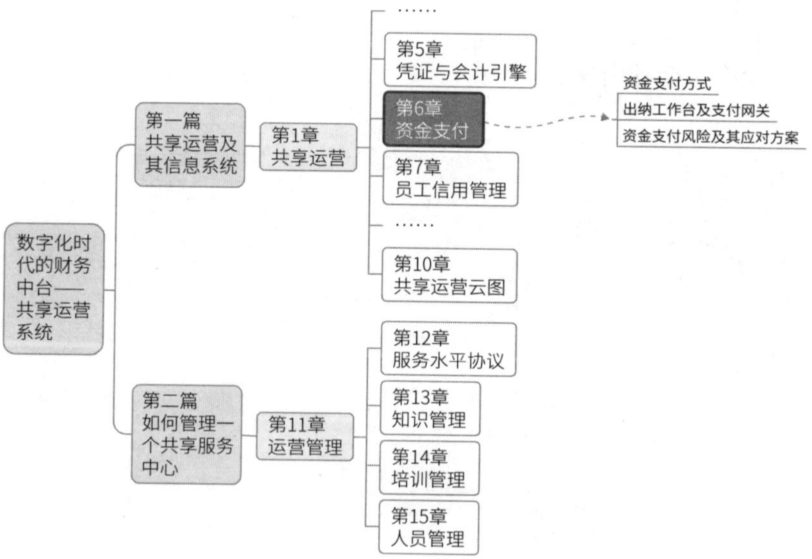

图6－1　第6章框架导图

6.1　资金支付方式

报账单据财务审核结束之后，就会进入付款流程。企业常见的资金支付的形式有直接支付、银企直联和票据支付。

（1）直接支付

直接支付指的是企业以现金或者网银转账的方式进行资金支付。

其中，现金支付是交易中最简单的支付方式，企业现金支付适用范围包括[①]：

- 支付职工个人的工资、奖金、津贴；
- 支付职工的抚恤金、丧葬补助费以及各种劳保、福利，国家规定的对个人的其他支出；
- 支付个人劳务报酬；
- 根据国家规定发给个人的科学技术、文化艺术、体育等奖金；
- 支付向个人收购农副产品和其他物资的价款；
- 出差人员随身携带的差旅费；
- 结算起点（1000 元）以下的零星支出；
- 经中国人民银行确定需要支付现金的其他支出。

网银转账，是指不直接使用现金，而是通过网上银行把账户资金由付款单位（或个人）银行账户划转到收款单位（或个人）银行账户的货币结算方式。在银行或其他金融机构开立账户的单位和个人经济活动中，国家鼓励采用转账方式进行结算，除按《现金管理暂行条例》规定的范围可以使用现金外，其余应当通过开户银行进行转账结算。

（2）银企直联

银企直联是一种新型的网上银行系统与企业的财务软件系统在线直接联接的接入方式。银企直联通过互联网或专线连接方式，实现了银行和企业计算机系统的有机融合和平滑对接。企业通过财务系统界面就可以直接

① 国务院．中华人民共和国现金管理暂行条例．1988－9－8．http：//www.people.com.cn/。

完成对银行账户以及资金的管理和调度，进行信息查询、转账支付等各项业务操作。同时，银企直联可以为企业在财务系统中开发和定制个性化功能提供支持，具有信息同步、高效简便、个性服务和安全可靠等鲜明特点。银企直联能够做到与企业计算机系统的对接，方便完成企业与银行有关的交易。

银企直联适用于所有使用网上银行的企业，特别是希望实现资金集中管理，对企业财务信息与银行账户信息的实时性、一致性要求较高，注重财务工作效率，且具有会计核算系统或财务软件系统的大型集团企业，例如部队、公共事业企业、大型集团公司、财务公司、结算中心等。

（3）票据

除现金支付和网银转账之外，企业在费用支付时，还经常使用票据进行付款，常见票据形式有银行承兑汇票、商业承兑汇票、银行本票、支票。

其中，银行承兑汇票是由付款人委托银行开据的一种延期支付票据，票据到期，银行具有见票即付的义务；银行承兑汇票是企业用来推迟支付的一种手段，可缓解企业资金压力。

商业承兑汇票是由出票人签发的，委托付款人在指定日期支付确定的金额给收款人或者持票人的票据。商业承兑汇票不由银行信用产生，而是由购货方的商业信用产生的，是依托于购货方的商业信用，直接向销货方进行延期付款的方式。商业承兑汇票手续简便，无须在银行柜台办理出票，也无须向银行缴纳手续费及保证金，不仅可以延迟其支付货款的时间，降低资金的流动性风险，还能节约资金使用的费用，有效提高资金使用效率。

支票是由出票人签发的，委托办理支票存款业务的银行或者其他金融机构在见票时无条件支付确定的金额给收款人或者持票人的票据。支票携带方便，相对现金支付也更加安全。

银行本票是申请人将款项交存银行，由银行签发的承诺自己在见票时无条件支付确定的金额给收款人或者持票人的票据。银行本票也是企业用来延期支付的一种手段，提高企业资金使用效率。

6.2　出纳工作台及支付网关

（1）出纳工作台

出纳是按照有关规定和制度，办理本单位的现金收付、银行结算及有关账务，保管库存现金、有价证券、财务印章及有关票据等工作的总称。出纳工作台处于共享运营系统的基础功能层面，是企业完成出纳相关任务的工作平台，企业通过出纳工作台可以完成线上、线下的支付活动以及对支票台账、汇票台账的管理。

出纳工作台的功能主要有转账支付、汇票支付、支票支付、现金支付和台账管理五个方面。如图6－2所示。

图6－2　出纳工作台功能

➢ 多种支付方式：系统支持线上线下多种支付方式，包括转账支付、汇票支付、支票支付、现金支付，线上支付可通过接口平台自动推送支付信息至银企直联系统。

➢ 台账管理：针对汇票、支票等票据设置专门的台账进行管理，其中汇票台账又分为应收票据台账、应付票据台账，用于管理公司收到及开具的各类汇票，记录内容包括核算主体、汇票编码、汇票类型、出票方、出票金额、背书人、背书日期等汇票详细信息及使用状态；支票台账用于管理公司支票购买、领用、开具等详细使用状态。

（2）支付网关

网关的作用是实现网络之间的通信链接，包含两个基本功能：网间连接和协议转换。企业通过建立一个支付通道，实现业务系统与银行支付系统之间的链接，即为支付网关，与银企直联类似。在电子支付还未普及时，企业与银行之间的支付活动是通过该银行提供的系统接口来完成的。随着企业的不断发展、经营业务的扩张，银行提供的系统接口无法满足企业的交易需求，因此支付网关应运而生。支付网关包含了渠道接入模块、互联网商户接入模块、支付核心系统、清算子系统等不同系统功能。

➢ 支付网关可以帮助企业（银行或者保险企业等）快速对接其他银行和第三方支付的支付渠道，协助银行搭建一个支付方便快捷、资金安全有所保障、结算诚信可靠的电子支付平台。

➢ 支付网关可以方便快捷地连接本行网上银行系统，同时和银联UOP平台以及第三方支付对接，为行内商户提供统一的网上支付和清算功能，实现个人到商家的B2C或者B2B网上支付服务，提供一个安全、诚信、和谐的交易通道。支付网关对接的银行包含中国银行、中国建设银行、中国农业银行、交通银行、招商银行、兴业银行、平安银行、中国光大银行、中信银行、华夏银行、中国民生银行等多家主流商业银行，以此满足企业和个人的多样化交易需求。

6.3 资金支付风险及其应对方案

银企直联模式下，企业资金管理系统与合作银行相关系统实时对接，操作便捷的同时也带来了巨大风险，不合理操作或者失误操作都可能给企业造成经济损失。企业资金支付岗在进行资金线上支付时，主要面临以下三方面的风险：

➢ 重复支付和误支付：由于业务审批权和资金支付权分离，资金支付人员往往无法知悉支付单对应的业务详情，只能机械地进行支付操作。当业务单据重复发起、多次退回、信息及流程错误时，资金支付系统无法有效及时地进行预警，容易造成重复支付、误支付。

➢ 无法准确及时拦截支付：集团资金集中支付管理后，每日发生的支付业务笔数较多，资金支付人员在批量支付时容易将需要停止支付的、慎重支付的、临时暂缓支付的业务直接支付完成，而从众多支付业务中寻找拦截其中一条支付业务耗时耗力，大大影响支付效率。

➤ 累计支付资金：为了避免资金支付风险，合理规划安排资金，集团需要将对公、对私账户支付的笔数及金额进行实时监控，当达到累计笔数或金额时，需要对支付业务人员进行提醒，是否需要干预。

针对资金支付风险，企业可以在资金管理系统中从支付前和支付中入手，通过业财一致完整性和支付预警规则的设置，整体提升资金支付的安全性，以降低资金支付风险，主要体现在以下几个方面：

第一，在共享运营系统、资金管理系统（或银企直联系统）、会计核算系统集成的情况下，业务单据及附件经过扫描岗扫描、业务领导审批、审核会计审核后自动生成资金支付指令，经资金会计审核并支付成功后，系统自动生成会计凭证，形成业财完整的流转过程。如图6-3所示。

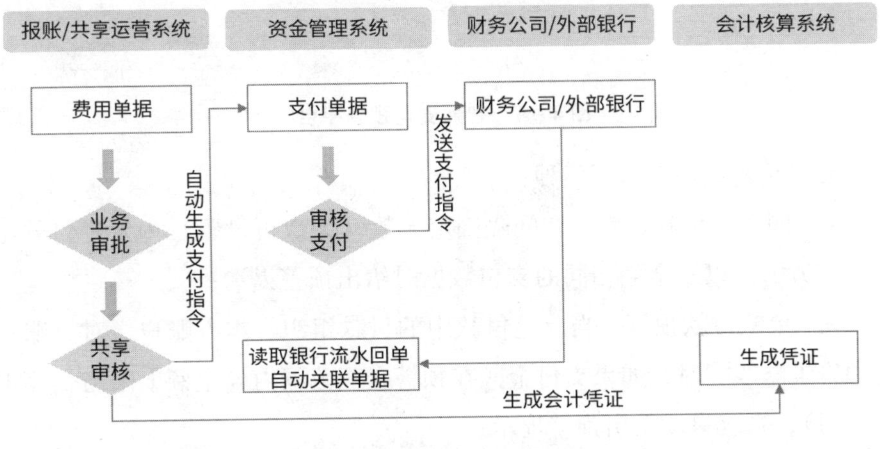

图6-3 资金支付数据流转

第二，支付指令在业务单据符合条件的情况下由系统自动生成，确保每笔支付都有业务数据和业务审批流程的支撑，并且在支付过程中可随时查看业务单据的详细信息和审批流程；

第三，资金支付需要符合银企直联接口的规范，比如对方户名和对方账号的正确性、对方开户行和联行号的一致性；

第四，资金会计慎重确认银企直联最终支付结果，由于支付时存在同行与跨行、同城与异城以及是否录入联行、开户行等信息，支付成功的时间不尽相同，只有当银行返回的支付状态为“支付成功”，且读取到银行流水时，才能给对应的业务单据发送指令并生成会计凭证。

第五，在对支付单进行线上审核和支付时，根据设置的支付预警规则，对违反预警规则的支付单提前进行预警提示，可对支付数据进行继续支付、停止支付、不处理三种操作。其中，停止支付作为预警支付单的专属管理口径，严格设置恢复支付的权限。如图 6－4 所示。

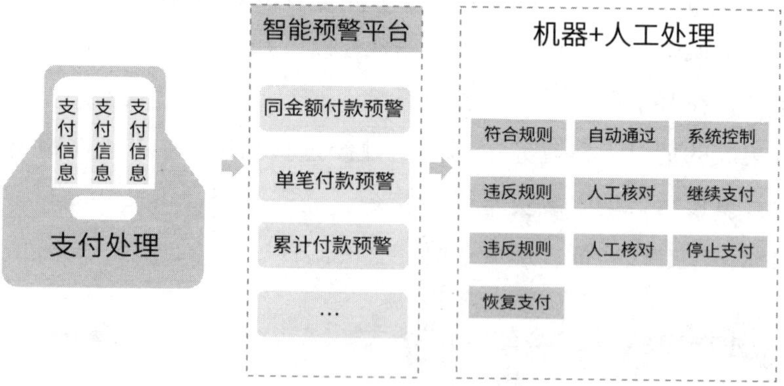

图 6－4　智能支付预警平台

支付预警策略有以下三种：

➢ 同金额付款预警。在间隔固定天数（天数可设置）内发生付款组织、对方账户以及金额相同的支付数据时给出预警提示；

➢ 单笔付款预警。当单笔付款中的付款组织、本方账户、对方账户与预警策略匹配时，如果支付金额在预警金额范围内（金额上限与金额下限之间），系统自动发出预警提示；

➢ 累计付款预警。对方账户进行付款时，按照累计周期（年或月）进行汇总已付款金额和已付款笔数，超过上限时给出预警提示，可按照支付属性分为对公、对私两类，并分别设置支付笔数和支付金额上限。

本章小结

企业常见的资金支付方式有直接支付、银企直联和票据。在进行资金支付时企业通过出纳工作台完成线上、线下的支付活动以及支票台账、汇票台账的管理，建立支付网关能够实现业务系统与银行支付系统之间的连接。常见的资金支付风险有重复支付和误支付、无法准确及时拦截支付和累计支付资金风险，企业应通过业财一致完整性和支付预警规则的设置来提升资金支付的安全性。

本章关键词

资金支付　直接支付　银企直联　票联　出纳工作台　台账管理　支付网关　支付风险　业财一致　支付预警

本章练习题

一、选择题

1. 常见的企业资金支付的形式有（　　）。

A. 直接支付　　B. 银企直联

C. 定期结算　　D. 票据支付

2. 出纳工作台处于共享运营系统的基础功能层面，是企业完成出纳相关任务的工作平台，其功能主要有（　　）。

A. 转账支付　　B. 台账管理

C. 现金支付　　D. 投资管理

3. 银企直联模式下，企业资金支付岗用户在进行资金线上支付时，主要面临以下（　　）方面的风险。

A. 重复支付和误支付　　B. 无法准确及时拦截支付

C. 累计支付资金风险　　D. 支付资金无法按时到账风险

4. 在智能支付预警平台中，支付预警策略主要有（　　）。

A. 不同金额付款预警　　B. 同金额付款预警

C. 单笔付款预警　　D. 累计付款预警

5. 由于业务审批权和资金支付权分离，资金支付人员往往无法知悉支付单对应的业务详情，只能机械地进行支付，这容易导致（　　）。

A. 累计支付资金风险　　　　B. 无法准确及时拦截支付
C. 重复支付和误支付　　　　D. 支付资金无法按时到账风险

二、判断题

1. 网关的作用是实现网络之间的通信链接，包含两个基本功能：网间连接和协议转换。企业通过建立一个支付通道，实现业务系统与银行支付系统之间的链接即为支付网关，类似银企直联聚合。（　　）

2. 智能支付预警策略包括相同金额付款预警、单笔付款预警、定时付款预警。（　　）

3. 没有对应信息系统支持的收款流程很多环节需线下手工完成，尽管存在收款流水数据多源、分散管理低效无序的缺点，但是收款认领是纯手工的、相对不易出错。（　　）

4. 收款认领系统包括流水管理、流水清分、来款确认、流水认领、系统配置功能模块，对接公司部门信息、员工信息、用户权限、客户信息、公司账户和系统编码等，提升了财务流程自动化水平。（　　）

5. 商业承兑汇票是由付款人委托银行开据的一种延期支付票据，票据到期，银行具有见票即付的义务。（　　）

三、思考题

1. 出纳工作台主要包含哪些功能？
2. 什么是支付网关？
3. 企业如何应对资金支付风险？

第 7 章　员工信用管理

本章学习目标

本章首先阐述了员工信用管理机制的三个方面，然后展示了信用管理系统的具体功能。

通过本章的学习，应掌握：

◇　员工信用管理机制

◇　员工信用管理系统配置

本章知识结构图（见图 7－1）

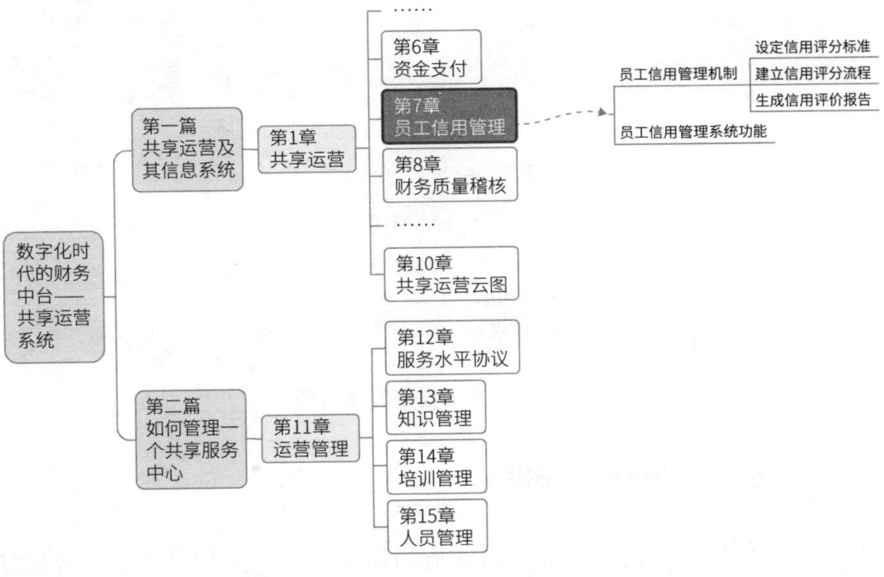

图 7－1　第 7 章框架导图

7.1 员工信用管理机制

员工信用管理是指为员工建立个人信用档案，定期或不定期对员工的职业信用进行评价，并根据员工信用等级或员工信用评价结果进行相应的管理决策。员工信用管理模式可以约束和防范员工相关道德风险。

如图7－2所示，业务人员提交单据，业务领导在审批时可以根据单据情况对员工信用分数进行调整。业务领导审批通过后，财务人员审核时也会根据报销情况对员工信用分数进行调整，信用统计结果同步记入员工信用记录表。员工信用记录表会定期更新，生成员工信用记录流水并对员工信用进行等级划分，员工信用情况将会影响到企业的管理决策。

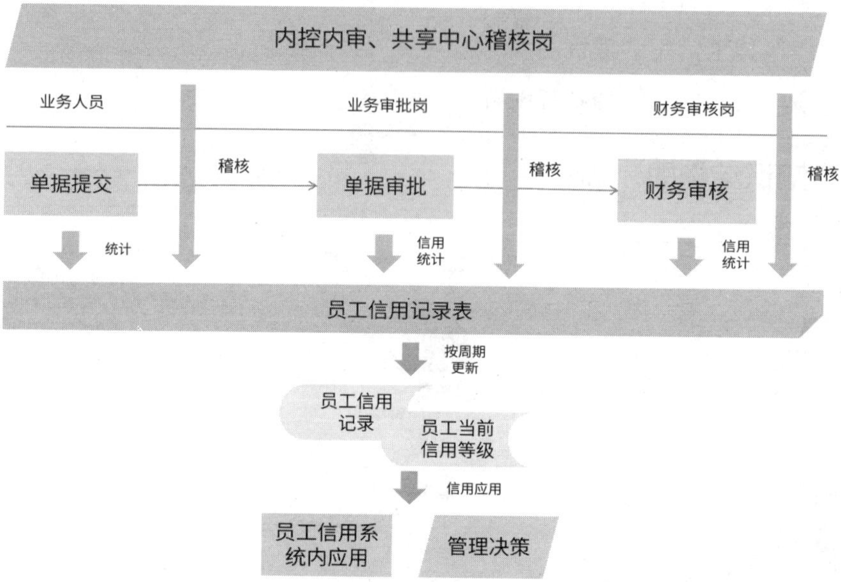

图7－2 员工信用管理模型

7.1.1 设定信用评分标准

在进行信用评分之前，企业首先应当建立信用评分标准和信用评级体系。一方面给系统的功能设计清晰的逻辑标准，另一方面也可以通过设定并发布相关标准提示业务人员在业务报账过程中保证应有的诚信、必要的操作谨慎性，降低企业因为违规业务的频繁发生导致额外的风险管控成本。

信用的评分建议以 FSSC 综合报账平台的单据为评价基础，而评级结果则可以基于单据的评分结果综合计算得出，被评级的主体可以是个人也可以是部门。不同信用等级的个人和部门在进行相关业务申请、报账时将会面对不同的审查等级；对于信用评级等级较低的个人，可以采取更为严格的费用报销审核流程。表 7－1 为某集团的员工信用评级标准。

表 7－1　　　　某集团员工信用评级示例表

信用类别	对应权益	升级条件（符合全部所列项）	降级条件（符合任意项）
A^{+}	付款期 1 天：费用票据交财务后可立即打卡充值，票据后审	不适用	➢ 降至 A 级： ➢ 报销中发现假票 ➢ 费用违规 ➢ 个人借款超期不还
A	付款期 5 天：费用票据交财务审核后逢结算日打卡充值	➢ 升到 A^{+}级： ➢ 连续 6 个月费用报销无虚假票据，无违规事项 ➢ 报销单据填写、粘贴规范，准确无误 ➢ 无超期欠款	➢ 降至 B 级： ➢ 报销中发现假票 ➢ 报销费用违规单次 1000 元以上或 1000 元以下累计 10 次 ➢ 个人借款超期不还
B	因公出差，向公司指定供应商购买机票、个人垫付的机票、住宿费、出租车、火车票、汽车票、出差补助	升到 A 级： ➢ B 类员工自降级之后连续报销 50 笔费用无票据违规事项 ➢ 无超期欠款	降至 C 级： ➢ 报销中第二次发现假票或费用违规、违规操作 ➢ 个人借款超期不还
C	列入黑名单 C 类，取消费用报销权利，冻结个人工资账户，建议人力给予辞退处理	不适用	不适用

7.1.2　建立信用评分流程

信用评分流程是员工信用管理的重要支撑工具，各企业可以根据内部不同管理需求，制定一套最为适用的信用评分流程。完整的信用评分流程主要包括业务填单与审批、单据审核与信用评分以及定期更新信用档案三个步骤。

➢ 业务填单与审批：业务人员按照报账系统的单据页面进行单据的填写，相关审批人完成对应的审批流程。

➢ 单据审核与信用评分：共享服务中心审核会计在审核费用报销单等报账单据时，如果发现有不合规的地方，需要选择相应的扣分选项，系统可以记录到单据对应的员工信用评分表中。

➢ 定期更新信用档案：根据企业设定的信用评分更新周期，基于单据的信用评分结果对该周期内的员工信用档案进行集中更新，评分的基础可以按照年度为周期进行滚动，即按照一年以内的所有评分记录计算信用等级，对于超过一年期的信用评分记录则视为自动失效，不纳入当前信息档案数据的采集范围。

如图 7－3 所示，某集团在进行信用管理时，对于进入共享服务中心的业务，如果在审核中发现问题，将根据具体情况选择退单原因，不同的退单原因设置对应的扣分项，每次退单将影响员工的信用评价分数。对于因不合理的退单原因导致员工信用分数扣减，员工可以通过信用申诉要求共享服务中心核查并修正。最终生成的信用报表中包括退单原因、信用指标、信用评价等内容，以便公司进行相应的管理决策。

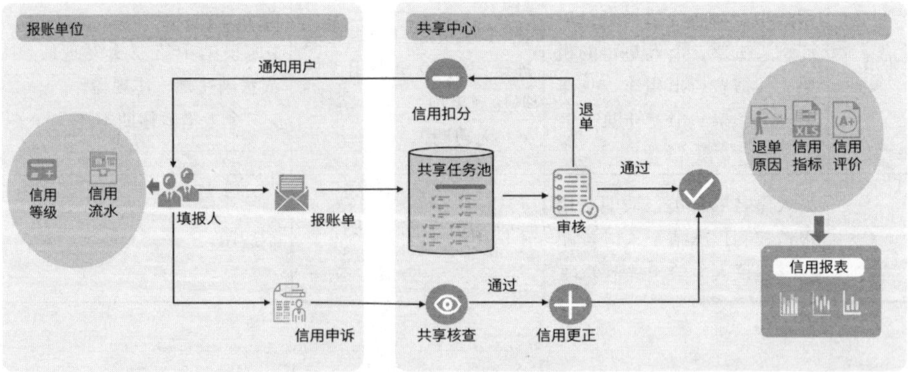

图 7－3　某集团信用管理流程

7.1.3　生成信用评价报告

由于信用评分是基于业务单据开展的，每一张业务单据都可以对应到业务提单人、提单人对应的 HR 组织，因此可以基于单据的信用评分结果综合取得针对个人的信用评价结果和针对部门的信用评价结果。

通常，企业会设定信用失效时间，比如将过去一年的业务单据记录作为信用评价的基础，超出范围内的信用评价结果则自动失效。信用评分表报告示例如表 7－2 所示。

表 7－2　　信用评分表报告示例

姓名	所属部门	当前信用评级	累计信用得分	季度信用减分	年度信用减分
27010001 潘 **	生产	A	95	1	5
27010000 陈 **	生产	A	97	0	3
27011258 涂 **	销售	A	96	0	4
27011259 张 **	销售	A	95	0	5
27011260 卫 **	市场	A	99	0	1
27011261 张 **	市场	C	74	3	26
27011292 李 **	采购	B	88	2	12
27011293 王 **	采购	B	79	5	21
27010002 梅 **	行政	A	99	1	1

7.2　员工信用管理系统功能

企业可以通过员工信用管理系统来保障员工的信用管理能够处于合理、高效的运营模式下，对员工工作质量进行全面、实时的监控及评价。员工信用管理系统可以作为一个单独的系统进行应用管理，也可以作为共享运营系统的一个模块。员工信用管理系统功能主要包括配置违规事项、设置信用等级和事后打分。

➢　违规事项：企业应先根据日常经营管理活动中常见的问题在信用管理系统中配置违规事项，如违规项目有重复报销、报销单据问题、发票问题和还款问题等。在系统中新建违规事项时需要根据项目名称关联对应的项目类型，比如还款问题包括还款不及时；报销单据问题包括填单混乱；发票问题包括违规发票、发票号码跳号、发票盖章不规范、发票品名错误等。如图 7－4、图 7－5 所示。

图 7－4　员工信用管理系统“违规事项”配置界面

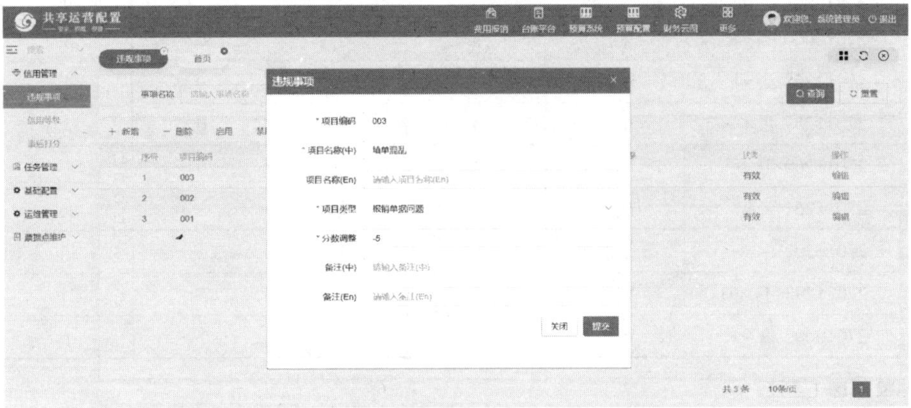

图 7－5　员工信用管理系统新建“违规事项”界面

初审会计进行单据审核时，在共享运营系统的任务处理模块下选择待审核的单据，并在下方信用管理区选择该笔单据的违规事项类型，便可以根据前期设置的规则，自动带出调整分数。如图 7－6 所示。

信用等级，将员工的信用分数划分为不同的区间，并设置相应的信用等级名称，以实现对员工审核优先级的管理。员工的信用等级越高，在单据审核时其优先级越靠前。即通过员工信用管理系统配置不同的信用等级，进行差异化的管理，能够在一定程度上起到约束员工和激励员工的作用。例如企业可以设置 84～100 分为优秀；70～83 分为良好；60～69 分为一般；60 分以下为不合格。如图 7－7、图 7－8 所示。

数字化时代的财务中台——共享运营系统

图 7－6　员工信用管理界面

图 7－7　员工信用管理系统“新建信用级别”界面

图 7－8　员工信用管理系统“信用等级”设置界面

事后扣分。若在稽核过程中发现会计人员在初次审核中未发现的违规事项，系统提供事后打分功能，可以在审核完成后对员工的信用分数进行调整。点击“扣分”操作，选择违规事项，进行信用分数扣减，做到对员工信用的事后控制，发现问题并及时调整信用分数，实现全方位、实时的监控。如图 7－9 所示。

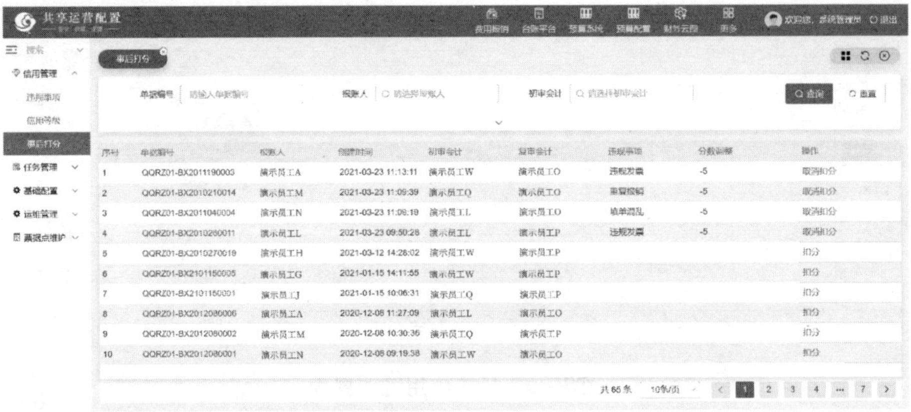

图 7－9　员工信用管理系统“事后打分”界面

【延伸阅读】

某 H 集团员工信用管理

某 H 集团是一家多元化的控股企业集团，业务涵盖大消费、大健康、城市建设与运营、能源服务、科技与金融五大领域，下设七大战略业务单元、19 家一级利润中心，实体企业约 2000 家，在职员工 40 余万人。

基于多业态发展、多利润中心、多地域经营的特点，在“集团多元化、利润中心专业化”的整体战略指导下，该集团采用了“集团统一规划指导，各业态分开实施”的模式，由集团以“整体规划、问题导向、效益驱动、系统集成”为原则进行统一部署规划，各利润中心综合自身差异化发展特点分别建立了共享服务中心。在此主要介绍该集团的信用管理系统和信用管理体系。

（1）某 H 集团的员工信用管理系统

某 H 集团信用管理的系统功能包括信用等级、分值事项、信用评分、信用管理和信用报表。业务人员提交单据，业务领导在审批时根据单据情况对员工信用分数进行调整，业务领导审批通过后，财务审核时也会根据报销情况对员工信用分数进行调整，信用统计结果同步记入员工信用记录表。员工信用记录表会定期更新，形成员工信用记录并对员工信用进行等级划分，员工信用情况将会影响到企业的管理决策。如图7-10所示。

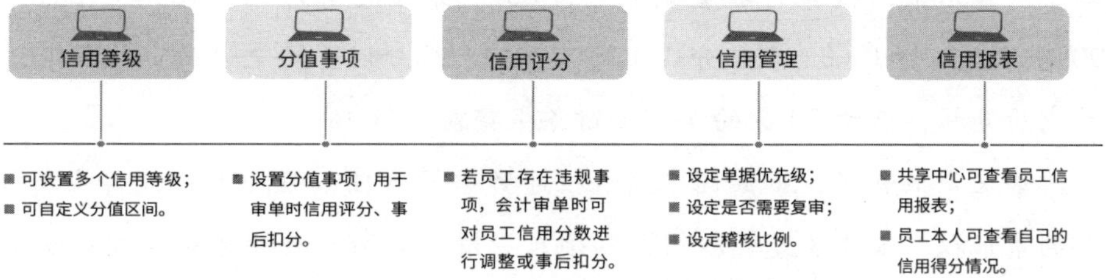

图7-10 某H集团信息管理系统功能示意图

➢ 信用等级设置：自定义设置信用等级，例如设置：优秀、良好、一般三个级别，支持按照每个信用等级设置自定义分值区间。

➢ 分值事项设置：自定义事项类型，例如设置重复报销、报销单据问题、发票问题、还款问题、填报问题；在事项类型下可以设置明细扣分事项，例如在发票问题类型下设置发票盖章不规范、发票品名错误，并针对扣分项设置扣减分数。

➢ 信用评分操作：会计单据审核时，审核界面显示信用分数、信用等级、违规事项、信用得分等选项框。当员工出现违规报销时，会计可在相关界面勾选违规事项并进行扣分，并支持手工录入详细调整原因。

➢ 信用管理设置：可以根据信用等级设置单据优先级、是否需配置复审节点、可按照信用等级设定稽核抽取比例。

➢ 信用报表：共享服务中心可以查看所有员工的信用情况，并可查看明细扣分事项，员工个人中心也可查看本人信用得分具体情况。

(2) 某H集团的信用管理体系

某H集团为实现对员工信用的精确化管理，构建了一套完善的信用审核机制和管理解决方案，某H集团员工信用管理方案的核心是“信用分体系”。

系统设定员工基础分数，在此基础上根据员工的报销行为，财务可以给予信用分加减。信用分良好的抽审，信用分低下的详审，人性化地监管虚假报销过程。

举例来说，每位员工拥有一个初始分为80分的诚信档案，后续每报1

笔无误或有误的费用就加1分或减1分，最高加到120分。这个分值会决定个人费用报销被审计抽查的概率。80～90分的审计抽查比例为20%，90分以上的为10%，100分以上的为5%。80分以下的全部由审计在报销结束后复核，低于70分的全部由财务报销前审核。

如果审批有误，审批领导须承担连带赔偿责任，且还有可能停止其3年的审批权。如要恢复其权力，则须自费请2名注册会计师对其过去3年所审批的报销单做审计，并承担不当报销的连带赔偿责任。

员工可以在移动端的个人信用分页面随时查看信用分等级和基本规则，在潜移默化中约束了自身的不良报销行为，形成良好的报销习惯。信用体系中还有升分秘籍提示，如每完成一张普通报销单奖励2分，单月最高累计奖励为10分；在一个自然月内，未发生任何违规报销行为时，在月末可得到信用分奖励等。

信用分高的员工，审批流程环节缩短，财务审核环节免详审、抽审。反之，信用分低的员工审批流程长、需要详审，而且支付优先级低。这一信用奖惩机制都可在系统内完成，自动与员工报销行为关联，减少了财务手动操作和统计的烦恼。智能化的信用体系，还能减少人为干预，为企业打造良好的报销生态。

本章小结

企业通过设定信用评分标准、建立信用评分流程、生成信用评价报告的方式建立起员工信用管理机制，根据员工的信用等级和信用评价结果来进行相应的管理决策，以实现约束和防范员工道德风险的目的。员工信用管理系统功能包括违规事项的配置、信用等级的设定和事后打分，通过员工信用管理系统可以辅助企业根据员工信用情况进行有效决策。

本章关键词

信用管理　信用评分　信用等级　信用评价报告　信用管理系统　违

规事项　事后扣分

本章练习题

一、选择题

1. 业务单据提交到 FSSC 后，信用评分的流程节点主要可以分为（　　）大的步骤。

A. FSSC 信用初审　　B. 员工复核

C. FSSC 内审复核　　D. 信用档案更新

2. 企业通过对信用管理系统的配置，来保障对员工的信用管理能够处于合理、高效的运营模式下，信用管理的系统功能主要包括（　　）。

A. 配置违规事项　　B. 设置信用等级

C. 事前评估　　D. 事后打分

3. 建立企业的信用评分标准和信用评级体系的意义有（　　）。

A. 通过相关标准的提前发布确保业务人员在业务报账过程中保证应有的诚信

B. 降低企业因为违规业务的频繁发生导致的额外风险管控成本

C. 通过相关标准的提前发布简化业务人员的工作流程

D. 给信用管理系统的功能设计清晰的逻辑标准

4. 信用评分的流程主要有（　　）。

A. 建立评分机制　　B. 业务填单与审批

C. 单据审核与信用评分　　D. 定期更新信用档案

5. 在信用管理系统中，信用分高的员工可享受的福利一般有（　　）。

A. 审批流程环节缩短　　B. 支付优先级高

C. 免详审、抽审　　D. 提升报销额度

二、判断题

1. 员工信用管理是指为员工建立个人信用档案，定期或不定期对员

工的职业信用进行评价，然后根据员工信用等级或员工信用评价结果来进行相应的管理决策。（ ）

2. 员工信用管理中，评级建议基于单据的评分结果综合计算得出，被评级的主体只能是个人，不同信用等级的个人在进行相关业务申请、报账时将会面对不同的审查等级，对于信用评级等级较低的个人，可以采取更为严格的费用报销票据审核流程。（ ）

3. 信用的评级建议以报账系统的单据为评价基础，而评分则建议基于单据的评级结果综合计算得出。（ ）

4. 可以将员工的信用分数划分为不同的区间，并设置相应的信用等级名称，以实现对员工审核优先级的管理，员工的信用等级越低，在单据审核时其优先级越靠前。（ ）

5. 对于因不合理的退单原因导致扣减员工信用分数，员工可以通过信用申诉要求共享服务中心核查并修正。（ ）

三、思考题

1. 员工信用管理机制包含哪些方面？

2. 员工信用管理系统包含哪些功能？

第 8 章　财务质量稽核

本章学习目标

本章首先阐述了质量管理和质量稽核的相关概念，然后介绍了质量稽核系统的主要功能。

通过本章的学习，应掌握：

◇　质量管理机制和质量稽核的概念

◇　质量稽核系统的功能及配置

本章知识结构图（见图 8 – 1）

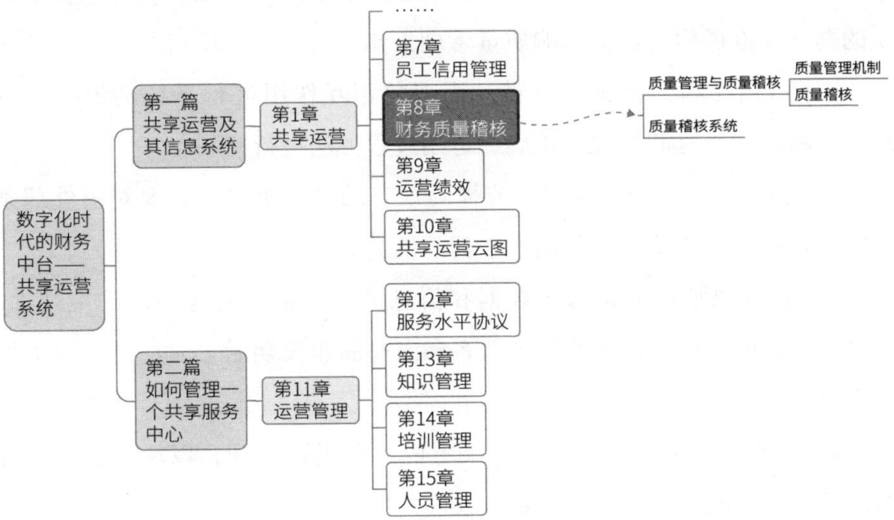

图 8 – 1　第 8 章框架导图

8.1 质量管理与质量稽核

8.1.1 质量管理机制

质量管理自诞生至今，经历了质量检验、统计质量管理、全面质量管理三个阶段。依据ISO9000《质量管理体系》[①] 中的定义，质量管理是指质量方面的指挥和控制组织活动，也是确定质量方针、目标和职责，践行管理职能的全部活动。质量管理是企业或组织制定计划，并通过实施质量计划、质量控制和质量保证等质量活动来实现质量目标的过程。践行质量管理理念，企业需要遵循一定的指导原则，具体包括：

➢ 顾客焦点：企业需要针对顾客的现在和未来，全面了解客户需求。

➢ 领导作用：领导需要统一质量工作的方向和宗旨，并创造全员积极参与实现组织目标的条件。

➢ 全员参与：全体员工的工作都与质量管理活动相关，并且员工素质的高低及重视程度也会影响质量管理工作。

➢ 过程控制：企业需要对过程间的相互作用进行系统的识别与管理，清晰认知所有的过程，正确地运用过程方法进行控制。

➢ 持续改进：企业要保持或提高现有的绩效水平，需要对内外部条件的变化做出迅速反应，从而创造新的机会。

➢ 征询原则：企业基于数据和信息进行决策，包含一定的主观性，适当的征询能够更好地理解因果关系和潜在的非预期后果，使得决策更加客观可信。

➢ 关联管理：企业应当对相关方的关系进行管理，以尽可能地发挥组织绩效的协同作用，实现持续和共同的成功。

质量是共享服务中心的生命线，共享服务中心必须通过质量管理的加

---

① ISO9000，质量管理体系［S］. 瑞士日内瓦：国际标准化组织，1987。

强来保障产品输出过程及其产品的完整性、可靠性。

共享服务中心的全面质量管理机制，需要设定明确的质量管理目标和完善的质量管理组织，通过操作标准化、检查体系化、评价显性化的管理体系，配合制度政策、质量宣传、质量培训、主题活动等，依赖有效的系统工具，共同完成对共享服务中心业务有效的质量管理。

共享服务中心的质量管理机制可以基于PDCA的全面质量管理机制来建立，基本方法可以概括为：一个过程，四个阶段，八个步骤。如图8－2所示。

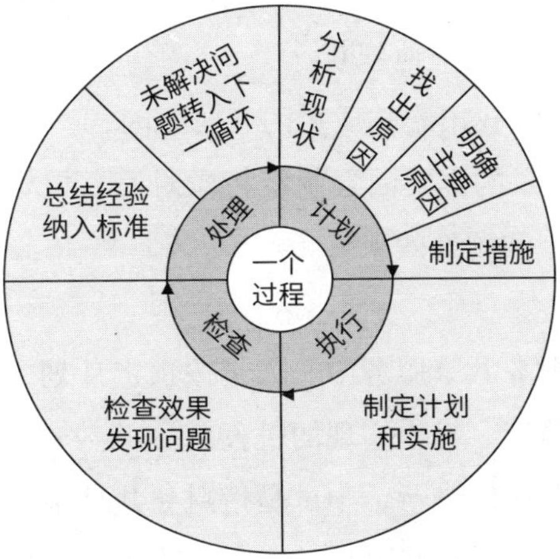

图8－2　PDCA全面质量管理机制

一个过程，即企业管理的过程。企业在不同时间内，应完成不同的工作任务。企业的每项生产经营活动，都有一个产生、形成、实施和验证的过程。

四个阶段。根据管理是一个过程的理论，美国的戴明博士把它运用到质量管理中来，总结出“计划（Plan）—执行（Do）—检查（Check）—处理（Action）”四阶段的循环方式，简称PDCA循环，又称“戴明循环”。

八个步骤。为了解决和改进质量问题，PDCA循环中的四个阶段还可以具体划分为八个步骤。①计划阶段：分析现状，找出存在的质量问题；分析产生质量问题的各种原因或影响因素；找出影响质量的主要因素；针对影响质量的主要因素，提出计划，制定措施。②执行阶段：执行计划，落实措施。③检查阶段：检查计划的实施情况。④处理阶段：总结经验，巩固成绩，工作结果标准化；提出尚未解决的问题，转入下一个循环。

（1）计划阶段

计划阶段是指财务共享服务中心进行市场调研、业务研究、服务产品设计等预生产前的全部准备工作的质量管理，用于确定质量目标、质量计划、管理项目和拟定措施。计划阶段可分为以下四个步骤：

➢ 分析质量现状，找出存在的质量问题；

➢ 分析产生质量问题的各种原因或影响因素，逐个对问题或影响因素加以具体分析，不能笼统地判断；

➢ 从各种原因中找出影响质量的主要原因；

➢ 针对影响质量的主要因素制定相应对策，拟定管理、技术和组织措施，提出执行计划和预计效果。

（2）执行阶段

执行阶段是指财务共享服务中心人员按预定计划、目标、措施及其分工，实实在在地去执行、努力实现的过程。

产品中试即在此阶段进行，中试是指财务共享服务中心在形成初步设计后对产品的预研以及对初步设计的优化和改进，并最终形成标准产品用于转产的过程。中试对于共享服务中心新接纳一个公司的业务有着重要的意义，通过中试，由专业的人员对客户的情况进行详细的研究分析，并按既定方案进行项目的试运作，待项目稳定并标准化后，可以转移到二线的运营单位进行后续处理。这个阶段质量管理的好坏直接关系到移交运营部门项目的成败。如图 8－3 所示。

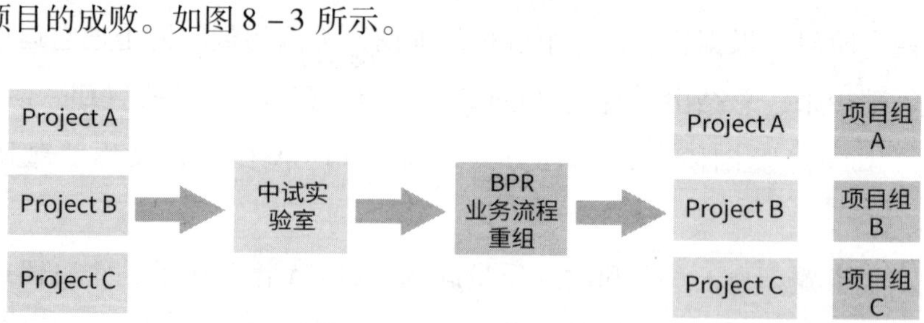

图 8－3　中试环节示意图

（3）检查阶段

检查是财务共享服务过程中不可或缺的工序，同时也是质量管理的重要组成部分。企业可以借助某些技术手段和方法，测定信息的质量特征，并与既定的技术标准比较，做出合格与否的判断。在质量管理中，检查不仅是事后的质量把关，而且要搜集和积累反映质量状况的数据和资料，为采取预防措施提供质量信息情报，实行严格把关与积极预防相结合。检查的范围也不限于制造阶段，而是包括信息质量形成的整个过程。

对财务共享服务中心而言，检查包括票据、对账单、合同等原始资料的检查，防止由于输入错误数据带来的输出错误结果。不合格的原始资料通常需要和客户进行积极的沟通，由其协助修正或重新提供；对信息产生过程中的关键工序进行质量监督能够防止不合格的半成品流入下一道工序；对财务信息的输出进行检查把关，能够防止不合格信息流入客户。检查是全面质量管理的信息源，它为质量分析和质量控制提供大量的原始资料和数据。

（4）处理阶段

处理阶段包括总结经验教训以及将未解决问题纳入下一个循环。

总结经验教训阶段即把成功的经验和失败的教训都纳入相应的标准、制度或规定之中，进行标准化。共享服务的制度和流程需要经过不断打磨，才能实现标准化和最佳实践，不断提升服务的效率和效果。

所有问题不可能在一个 PDCA 循环中全部解决，未解决的问题会自动转进下一个 PDCA 循环，并为下一阶段制定计划提供资料和依据。PDCA 首尾相连，完成了一个完整的循环，而财务共享服务中心的质量也在不断循环中得以提升，如此周而复始，螺旋上升，逐步达到高标准的服务质量。

8.1.2　质量稽核

财务共享服务中心应依据业务流程建立科学有效的会计稽核管理体系，规范日常工作，防范会计差错与疏漏，持续提升会计核算质量。

质量稽核工作所覆盖的范围是业务处理的全过程，包括账务处理及相关附件单据的真实性、准确性及完整性。质量稽核的主要方法可以按照检测阶段分为过程检测和事后检测。如图 8 -4 所示。

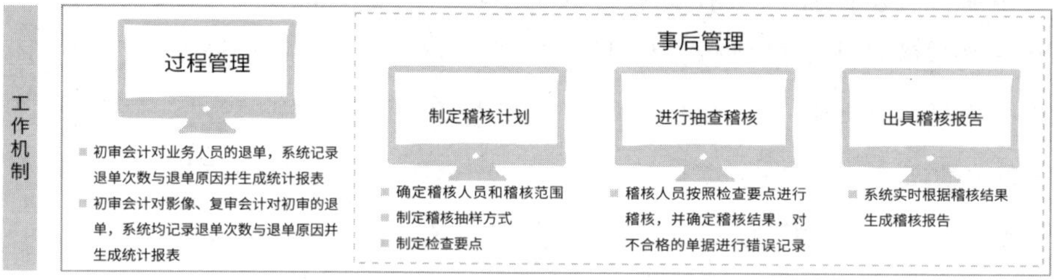

图 8 -4　质量管理工作机制

过程检测是指对会计核算业务进行过程的质量检测。检测内容应涵盖所有共享业务流程中涉及的凭证和其他会计资料流转的各个操作环节。过程检测的基本要求是标准规范、工序检测日常化。质量管理岗可以在系统中导出各个工序操作过程中出现的退单情况及原因分析。上一工序的质量要求是保证下一工序工作顺利进行的前提，所以下一工序工作的正常进行可以实现对上一工序的 100% 检测。

事后检测是指根据特定的目的和要求，在一定范围和时间内，对会计核算业务进行事后稽核。事后检测主要使用分析检测法，是通过数据的逻辑性判断检查质量、工序问题，即通过抽样稽核、专项检查、专项统计、专项分析、流程梳理等方法，定期或定向对质量和工序等指标、新业务流程进行逻辑性、合理性、实操性、规范性等方面的检测。

（1）定期检测

定期检测是指对过程检测的质量检测点进行月度/季度/半年度/年度检测，检测范围与过程检测质量重点一致，质量管理岗负责定期组织检测实施。各组质检人员或者质量管理岗负责进行月度/季度/半年度/年度质量分析性检测，如发现问题需反馈至操作岗进行差错更正，同时根据检测结果生成月度/季度/半年度/年度质量报告。

（2）定向检测

定向检测是指对工序中的某一环节进行的专项分析性检测。适用定向检测的主要情况有：新增的业务或流程、某段时期内出错率较高的业务或人员等，定向检测可定期进行也可根据需求进行。定向检测团队由质量管理岗和各组质检人员组成，质量管理岗提出定向检测需求，经财务共享服务中心负责人审批同意后，质量管理岗制定定向检测方案并牵头执行，各组配合实施，最后质量管理岗根据检测结果主导编制报告。

8.2　质量稽核系统

质量管理作为管理控制层的重要组成部分，需要满足一定的功能需求。企业的质量稽核工作可以借助一个单独的质量稽核系统进行，该系统与财务共享服务中心的其他信息系统以接口的方式进行集成，也可以将质量稽核的相关功能嵌入共享运营系统，作为共享运营系统的一个功能模块。

质量稽核系统的功能主要包括以下几个方面：

➢　配置稽核计划：共享服务中心稽核组的组长可以在质量稽核系统中配置稽核计划，安排相应的稽核人员和稽核范围，以便进行任务稽核。系统可以按照核算主体、业务类型、审核组、审核会计、期间范围等不同维度的组合进行抽检范围确定。系统支持单据抽检量自定义设置，并且能够智能计算稽核人员每次提取稽核任务系统推送的任务量。如图 8－5 所示。

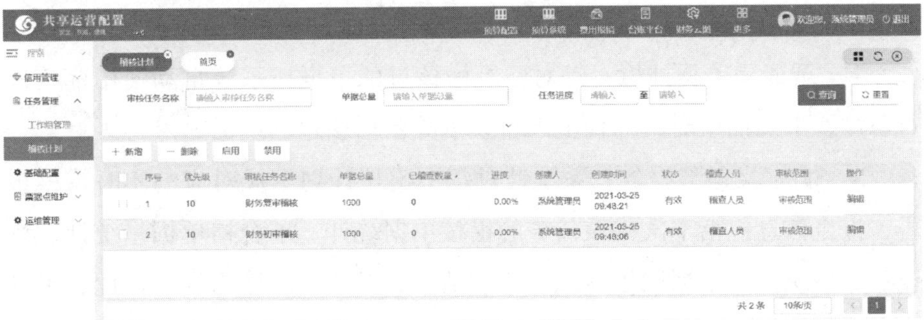

图 8－5　配置稽核计划

➢　自定义抽样方式：系统按单据随机、金额随机、金额排序、信用度排序等方式抽取单据。按单据随机能够实现随机抽取；按金额随机能够

数字化时代的财务中台——共享运营系统

实现金额越大抽取概率越大的目的；按信用度排序能够抽取信用度较低的报账人单据。

➢ 自定义检查要点：系统支持在稽核计划中针对此次计划设置检查要点，稽核人员在进行单据稽核时，稽核要点可同步展示查看，对不合格的单据需选择错误类型，备注错误信息。

➢ 任务稽核：稽核人员点击提取任务，可以根据后台配置的稽核计划和稽核范围，自动获取任务列表。稽核人员可以对“单据信息”“会计信息”“电子影像”等内容进行稽核，若无任何问题，则点击“合格”；若存在问题，则点击“不合格”，选择错误类型，稽核结果将体现在稽核报告内。如图 8 –6 所示。

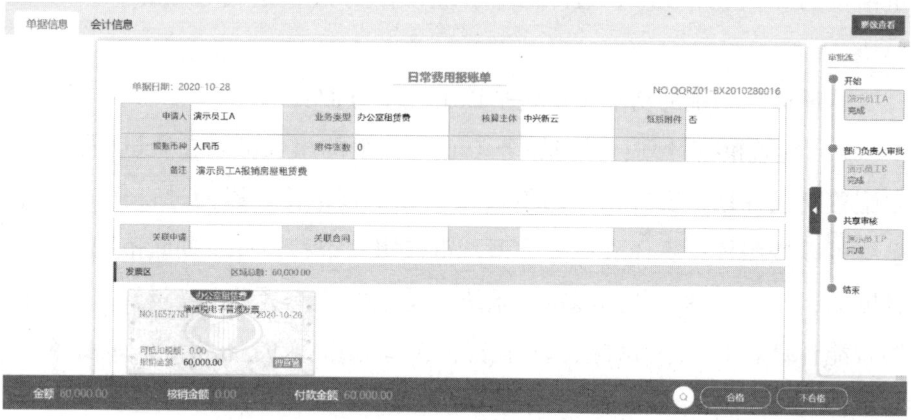

图 8 –6 任务稽核

➢ 智能化单据抽检：针对已经稽核过的单据，系统自动使用标签进行备注，下次抽检时，抽检范围自动剔除已稽核过的单据。

➢ 自定义稽核报告：系统针对每个稽核计划生成对应的实时稽核报告，报告信息包括本次稽核任务的稽核单据统计、不合格单据量统计、按业务类型统计的单据稽核情况、稽核结果为不合格的原因统计占比、审核组单据稽核情况、审核会计单据稽核情况以及详细的稽核查询报表。

质量管理功能，将大量统计数据通过形象化图表进行展示，让管理者能够实时了解企业各环节退单率。以某综合性企业为例，企业管理者能够实时查看业务退单情况、扫描退单情况、初审退单情况及稽核报告。

在业务退单率图表中，系统根据初审会计对业务人员的退单次数自动生成实时图表。管理者能够掌握各单位退单率、各单位退单原因，并可以根据核算主体、起止时间等要素查询各单位退单情况。从而对退单频率较高的单位及子公司加强管理，提升企业管理效能。

在扫描退单率图表中，系统根据初审会计对影像的退回原因、系统记录的退单次数等因素自动生成实时图表。管理层可以掌控扫描岗退单率及退单原因，并可以按照核算主体、扫描员、起止时间等要素查看退单情况。从而识别扫描问题，对特定员工及环节进行针对性培训，强化流程管控。

在初审退单率图表中，系统根据复审会计对初审的退单原因、系统记录的退单次数等因素自动生成实时图表。管理者可以把握初审退单率及原因，并按照核算主体、初审会计、起止日期查询退单情况，从而加强初审监督管理，提升流程效率。

通过对质量管理的控制，系统会实时根据稽核结果生成每份稽核计划对应的稽核报告。管理者可以查看不同工作组的合格率、不同审核会计的合格率及原因，识别待改进节点；查询不同工作人员的任务进度、优先级、工作状态等指标，细化管理颗粒度。如图 8－7 所示。

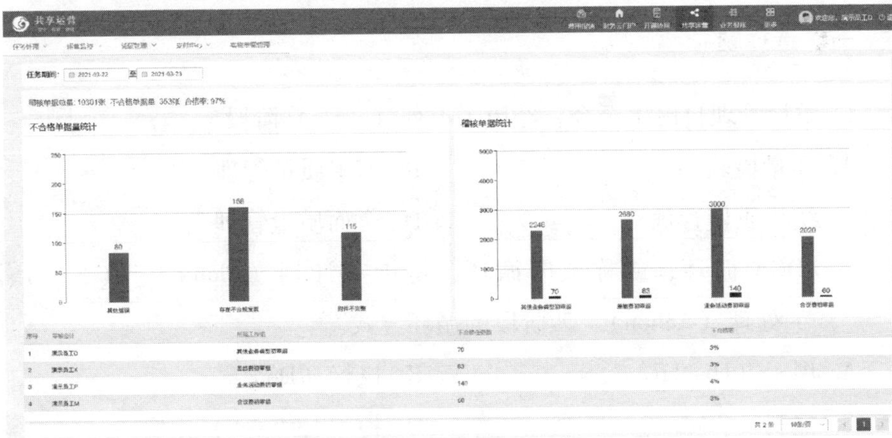

图 8－7　稽核报告

本章小结

质量管理通过制定质量方针、目标和职责，借助质量策划和控制来实现管理控制的目标。在共享运营管理中，企业自定义展示退单率、退单原因、各岗位管理绩效等数据，将管理效率形象化。稽核管理则是质量管理的事后管理，是为提高共享运营中心经营管理水平而进行的监督检查。稽核管理系统具有配置稽核计划、任务稽核、自定义抽样方式、智能化单据抽检、自定义检查要点等功能模块，能够大幅度提升质量稽核的智能化、自动化程度。

本章关键词

质量管理　质量稽核　过程检测　事后检测

本章练习题

一、选择题

1. 质量管理自诞生至今，经历了下列（　　）阶段。

A. 质量检验　　B. 简单质量管理

C. 统计质量管理　　D. 全面质量管理

2. PDCA 循环，或称戴明循环，是指“计划（Plan）–（　　）、（　　）–处理（Action）”四阶段的循环方式。

A. 展示（Display）　　B. 执行（Do）

C. 控制（Control）　　D. 检查（Check）

3. 共享服务中心的全面质量管理机制，需要设定明确的质量管理目标和完善的质量管理组织，通过（　　）的管理体系，完成对共享服务中心业务有效的质量管理。

A. 财务数字化　　B. 操作标准化

C. 检查体系化　　D. 评价显性化

4. PDCA 的全面质量管理机制中，处理阶段包含主要的步骤有（　　）。

A. 总结经验纳入标准　　B. 制定计划和实施

C. 检查效果发现问题　　D. 未解决问题转入下一循环

5. 质量稽核的主要方法可以按照检测阶段分为（　　）。

A. 过程检测　　B. 事后检测

C. 定向检测　　D. 定期检测

二、判断题

1. 质量管理中的征询原则要求企业基于数据和信息进行完全客观的决策，适当的征询能够更好地理解因果关系和潜在的非预期后果，使得决策更加客观可信。（　　）

2. 质量管理中的关联管理是指企业要保持或提高现有的绩效水平，需要对内外部条件的变化做出迅速反应，从而创造新的机会。（　　）

3. PDCA 的全面质量管理机制中，分析现状属于执行阶段的主要步骤。（　　）

4. 过程检测的内容应涵盖所有共享业务流程中涉及的凭证与其他会计资料流转的各个操作环节。（　　）

5. 在过程检测中主要使用分析检测法，即通过数据的逻辑性判断检查质量、工序问题，以抽样稽核、专项检查等方法，定期或定向对质量和工序等指标、新业务流程进行逻辑性、合理性、实操性、规范性等方面的检测。（　　）

三、思考题

1. PDCA 全面质量管理机制包含哪些内容？

2. 质量稽核的范围和方法分别有哪些？

3. 质量稽核系统的功能有哪些？

第9章　运营绩效

本章学习目标

本章首先介绍了绩效管理的基本概念，然后阐述了绩效考评的整体流程和考评指标体系，最后展示了企业绩效管理系统的主要功能。

通过本章的学习，应掌握：

◇　绩效考评流程及指标体系

◇　绩效管理系统功能

本章知识结构图（见图9-1）

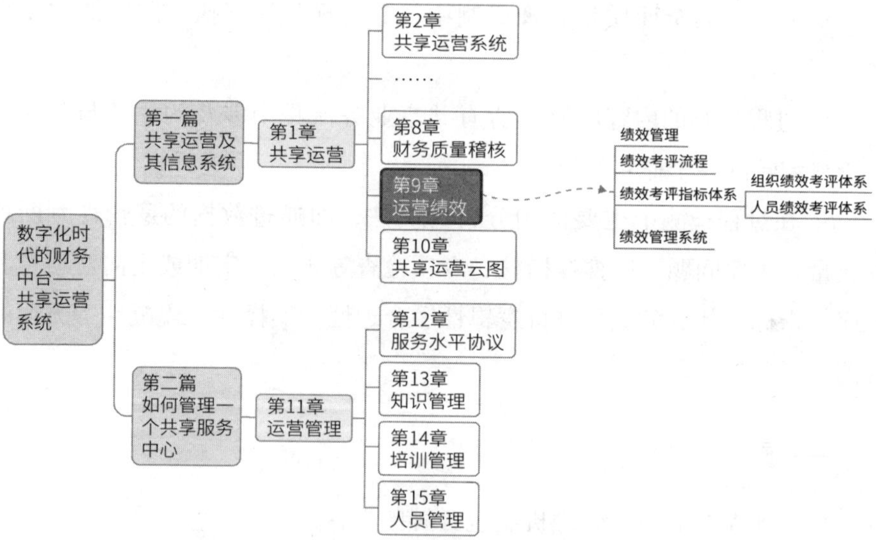

图9-1　第9章框架导图

9.1　绩效管理

绩效管理指的是各级管理者和员工为了达到组织目标共同参与的绩效计划制定、绩效辅导沟通、绩效考核评价、绩效效果应用、绩效目标提升的持续循环过程。绩效管理的目的是以中心经营战略和年度经营目标为指导，通过对员工工作绩效的评价，进行奖优惩劣，提升员工绩效水平。

绩效管理是用于监控和管理组织绩效的方法、准则、过程和系统的整体组合，它涉及组织管理和运营的方方面面，并以整体一致的形式表现出来。绩效管理强调组织目标和个人目标的一致性，强调组织和个人同步成长，形成“多赢”局面。

绩效考评方案是企业进行有效绩效管理的重要手段。财务共享服务中心在明确组织目标后，应结合企业文化理念与岗位职责分工进行绩效考评指标体系设计，并沟通确定考评目标，签订个人绩效合同。其中，考评指标体系的设计作为绩效考评方案中的重要环节，其科学性、合理性直接影响绩效管理工作能否取得成功。如图 9－2 所示。

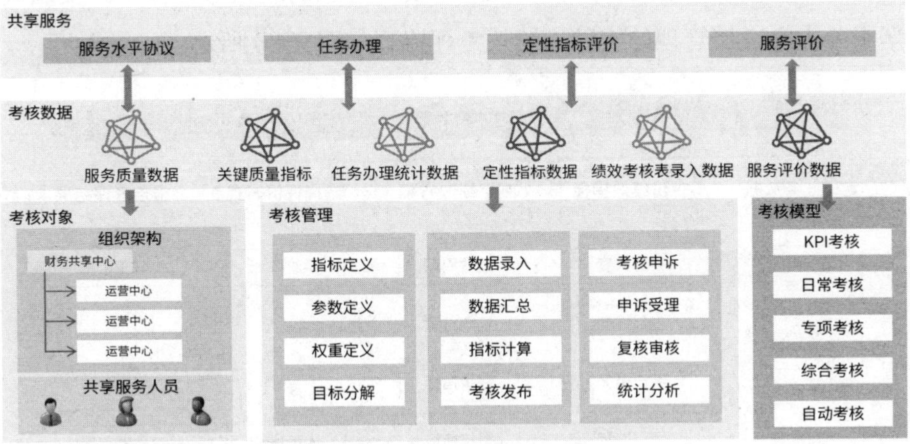

图 9－2　绩效管理框架

不同的企业以及不同的部门在制定绩效考评方案时，往往有着不同的侧重点。共享运营中心作为服务型部门，应当重点聚焦于客户层面，侧重于客户满意度、客户保持率等指标，从而贯彻企业的客户和市场战略。

某A企业针对满意度进行绩效考评，建立了满意度问卷调查、评分统计、快速反馈的工作机制。企业可以自定义满意度问卷的问题和权重，自主选择需要发放调查问卷的报账流程，通过里克特量表进行调查，并为员工提供单独查询的权限。员工可以按照核算主体、单据号、单据类型等多种查询条件调取单据满意度情况。

某B企业更加注重将绩效考评贯穿于服务协议、作业流程、服务岗位、业务活动的全过程。从服务水平协议开始，考核服务质量相关数据，在作业流程中按照服务协议定义的服务流程和任务节点进行考评，为作业流程的每个节点配置相应的考评方案，并定义每个业务岗位所需要完成的业务活动。

9.2 绩效考评流程

企业进行绩效考评，需要一个科学完善的考评流程。企业以业务数据为抓手、评价指标为要素、绩效方案为载体，将自动考评与人工考评相结合，依据考评周期进行汇总，形成多维度全方位的绩效考评体系，实现共享服务中心考核管理的需求。绩效考评流程如图9-3所示。

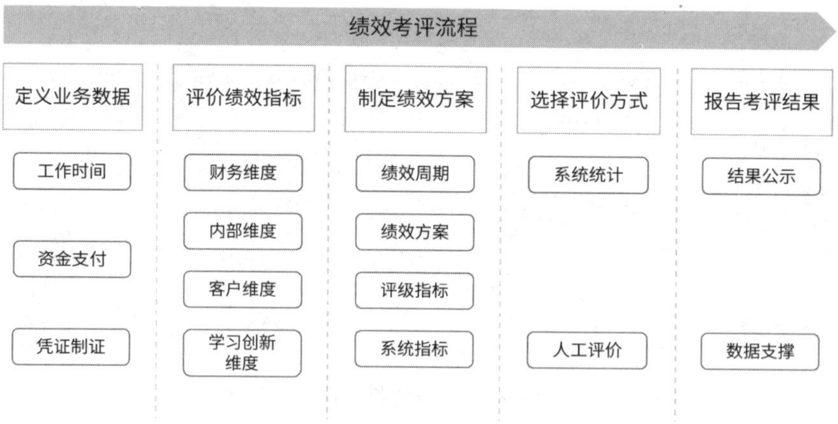

图9-3 绩效考评流程框架

➢ 定义业务数据。企业自定义数据需求，其范围包括工作时间、资金支付、凭证制证。

➢ 评价绩效指标。企业从财务维度、内部流程维度、客户维度、学习创新维度对绩效指标进行全面评价，将组织战略落实为可操作的衡量指标和目标值，提高整体管理效率。

➢ 制定绩效方案。企业从绩效周期、绩效方案、评级指标、系统指标等维度进行绩效方案设计。

➢ 选择评价方式。企业从系统统计和人工评价两方面进行考评，能够对不同员工和部门进行分数加减，落实考评体系。

➢ 报告考评结果。企业完成考评流程，将结果进行公告并奖惩。员工可以自行查询结果并提出异议。系统对结果进行统计分析，并为薪酬职级提供数据支撑。

9.3 绩效考评指标体系

9.3.1 组织绩效考评体系

财务共享服务中心的组织绩效设计旨在通过多维度评价一个财务共享服务中心的运营及管理水平。企业借助平衡计分卡，对其所涉及的财务、客户、内部流程、学习创新等维度进行绩效指标细化，通过和财务共享服务自身特点密切相关的指标设计来达到全面评估财务共享服务中心的目的。

(1) 财务维度

财务共享服务中心组织绩效考评体系的财务维度和其自身定位有密切关系。一个独立运营模式下的财务共享服务中心，其财务维度指标设计和其他服务业组织有诸多相似之处，它侧重于投资回报、成本、利润等指标，而服务于特定集团的内部财务共享服务中心，更多的是成本中心的定位，它的财务指标则更多地集中在预算达成度等指标上。

某财务共享服务中心财务维度的指标设计包括以下内容：

➢ 共享服务中心的总成本：用于评价财务共享服务中心在某一经营期间总的成本耗用。

➢ 雇员成本：用于评价财务共享服务中心成本的核心——人力成本。

➢ 每笔交易的成本：用于评价处理每笔业务的资源耗用，体现共享服务中心的资源利用效率。

➢ 成本占收入比例：用于评价单位收入的成本耗用。

➢ 成本与预算比：用于评价预算执行情况。

➢ 现金流预测的准确性：用于评价财务共享服务中心的现金流预测能力。

从上述评价指标中能够看到，该共享服务中心对成本的关注度较高，在其多个指标中体现了成本因素的影响。

（2）客户维度

客户维度体现了财务共享服务中心和客户之间关系的紧密程度，以及客户对财务共享服务中心的认可程度。这里的客户区分为内部客户和外部客户。对内部客户而言，获得客户稳定满意的评价，并保持良好的共享服务中心与客户的沟通渠道显得尤为重要。对外部客户而言，除了上述因素外，关注客户体验，保持良好的客户关系也是十分重要的。

某财务共享服务中心客户维度的指标设计包括以下内容：

➢ 客户满意度：基于问卷调查所形成的客户满意度指标是来自客户方面的综合反映。而客户满意度调查的问卷设计则是形成调查结论的关键。一个高质量的客户满意度调查应该包括清晰的问题定位、较高的回复率、可量化的测度指标。基于问卷的客户满意度调查应保持前后期间的可比性，从而才能形成稳定的绩效考核。

➢ 客户沟通：客户沟通指标体现了财务共享服务中心和内外部客户之间是否有完善的沟通渠道，如呼叫中心、公用邮箱等。此外，基于特定的沟通手段、是否有稳定的客户沟通量，以及客户对沟通效果的评价也是构成客户沟通指标所应考虑的内容。

➢ 客户体验管理能力：客户体验管理能力指标体现了财务共享服务

中心对客户体验或客户感受实施积极管理的意愿和能力。一个积极从事客户体验管理的财务共享服务中心往往能够实现客户所需，并主动地做出一些改善客户关系或客户感受的努力。

➢ 服务水平协议达成度：服务水平协议是共享服务中心和客户之间的重要约定，服务水平协议的执行情况直接影响到客户对共享服务中心的评价，该指标可用于衡量服务水平协议的执行与达成情况。

（3）内部流程维度

内部流程维度的指标体现了财务共享服务中心的内部运营管理能力。它包括具体业务实施过程中对效率的关注、对实施质量的关注、流程的优劣等诸多方面。对内部流程维度的关注能够引导财务共享服务中心改进自身流程，提升运营绩效质量。

某财务共享服务中心内部流程维度的指标设计包括以下内容：

➢ 业务数量：业务数量体现了财务共享服务中心的业务规模，通常该指标能够体现一个财务共享服务中心是否有能力承接大型运营项目。

➢ 每个员工的业务数量：每个员工的业务数量体现了财务共享服务中心业务处理的效率。运营效率的高低间接地反映了财务共享服务中心流程管理的能力。在同样的条件下，不同的流程对每个员工单位时间的业务处理效率将带来重大的影响。

➢ 一次性成功比例：一次性成功比例体现了业务顺利通过的程度，业务一次性成功比例越高，反映出其内部流程能力越强，反之则内部流程能力越弱。

➢ 差错率：差错率指标体现了财务共享服务中心的服务质量，即业务处理的可靠性。这也间接反映其内部流程在保障其运营质量过程中的可靠性。差错率较高的共享服务中心将难以持续获得稳定客户和较好的客户声誉。

➢ 周期改进：周期改进指标体现了财务共享服务中心对出现的问题或流程进行改进的能力。好的周期改进体现在内部流程的优化有一套完善的程序，当问题出现或流程优化被发起后，财务共享服务中心内部负责流程的单位能够迅速定位问题、实施优化或改进措施，并将改进后的结果第一时间予以落实。

➢ 流程执行力：好的内部流程一方面体现在流程的设计优化上，而另一方面则是流程的执行力。好的流程如果没有得到有效的执行，对组织绩效的贡献是微乎其微的。

（4）学习创新维度

学习创新维度是财务共享服务中心未来能够持续发展，并形成竞争优势的重要方面。学习创新维度一方面体现在组织内部对员工的培训以及学习氛围的营造，另一方面则体现在组织内对创新性事物的接受程度以及主动创新的动力和能力。一个有着良好学习创新能力的组织会在其成长过程中培养出一批优秀的人员，并能够在组织内形成一种积极学习、积极尝试创新的文化氛围。

某财务共享服务中心学习创新维度的指标设计包括以下内容：

➢ 创新观点数量：用于评价财务共享服务中心一定期间内，创新观点的总量，从而体现其组织内部创新的积极程度。

➢ 创新观点实施比例：用于评价提出创新总量中的有效数量，以及有效数量是否得到了积极有效的实施。实施比例高的组织，说明其创新质量较高，组织对创新的实施能力较强。

➢ 人均培训学时：用于评价财务共享服务中心对其员工的基本培训量。该指标是组织学习能力提升的基本保障。一个无法达到基本培训量的组织，考核其培训质量是没有意义的。

➢ 培训有效度：培训有效度是通过调查问卷的方式评价财务共享服务中心对其员工所作培训最终达到的效果。通常每次培训都应对参训者进行调查，在期末的时候平均计算组织的培训有效度。培训有效度是对培训工作的综合评价指标，其问卷中将涵盖与培训内容相关的诸多方面。

（5）业务流程维度

业务流程维度是组织绩效考评体系中能够直接体现服务管理水平的关键绩效指标，主要包含四个方面：总账、资产管理、应付账款管理和应收账款管理。如图 9－4 所示。

➢ 总账：总账模块的绩效指标主要包括财务会计相关的交易数量、

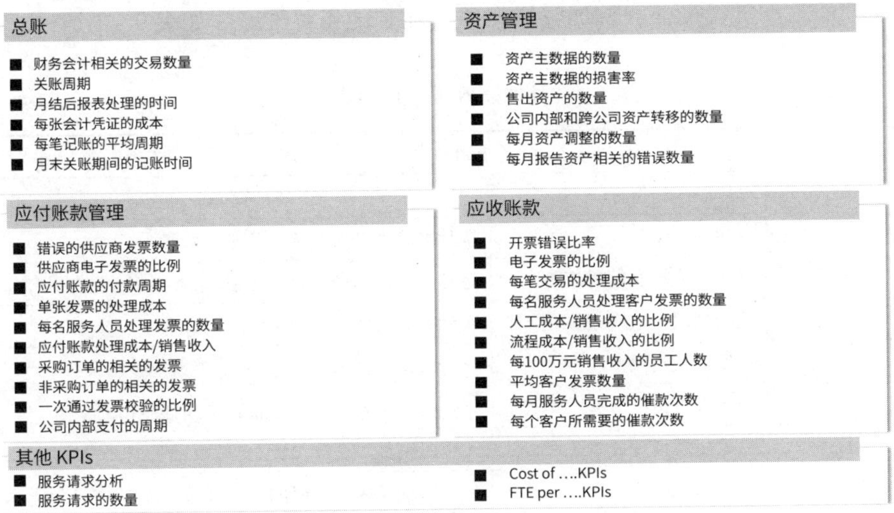

图 9－4 业务流程角度绩效考评指标体系

关账周期、月结后报表处理的时间、每张会计凭证的成本、每笔记账的平均周期以及月末关账期间的记账时间。

➢ 资产管理：资产管理模块涉及的绩效考评指标包括资产主数据的数量、资产主数据的损耗率、售出资产的数量、公司内部和跨公司资产转移的数量、每月资产调整的数量以及每月报告资产相关的错误数量。

➢ 应付账款管理：应付账款管理模块的绩效考评指标包括错误的供应商发票数量、供应商电子发票的比例、应付账款的付款周期、单张发票的处理成本、每名服务人员处理发票的数量、应付账款处理成本/销售收入、采购订单的相关发票、非采购订单的相关发票、一次通过发票校验的比例以及公司内部支付的周期。

➢ 应收账款管理：应收账款管理模块涉及的绩效考评指标包括开票错误比率、电子发票的比例、每笔交易的处理成本、每名服务人员处理客户发票的数量、人工成本/销售收入的比例、流程成本/销售收入的比例、每 100 万元销售收入的员工人数、平均客户发票数量、每月服务人员完成的催款次数以及每个客户所需催款次数等。

（6）其他维度

关于财务共享服务中心的组织绩效考评，除了以上五个维度外，还可以从其他维度进行考评，例如效率、质量和其他相关维度。如表9－1所示。

表9－1　　其他绩效考评指标表

各小组负责人岗		
维度	指标	计算公式
效率	日均业务量	按日准确处理业务单据的平均数量
	财务报表提交及时率	每月财务报表按时提交数量/财务报表总数
	关账延误天数（总账组）	实际关账时间超过规定要求的天数
质量	单据审核错误率	一定时期单据审核错误次数/单据审核总次数
	会计报告错误金额	一定时期出具各类财务报告中累计差错的金额
成本	每笔交易处理成本	一定时期员工薪酬/处理交易数量
内部客户满意度	客户满意度	一定时期对客户调研的满意分数
	客户投诉率	一定时期内客户投诉数量/提供服务数量
其他	开展团队活动次数	一定时期内小组开展团队活动的次数
	团队人员流失率	一定时期内小组人员流失数/小组总人数
	流程优化贡献	本期对流程优化的次数
	培训计划执行率	实际向员工实施的培训数量/计划培训数量

效率维度的考核指标包含了日均业务量、财务报表提交及时率以及关账延误天数等。

质量维度的考评指标主要有单据审核错误率和会计报告错误金额。

除此之外，企业还可以从开展团队活动次数、团队人员流失率、流程优化共享以及培训计划执行率等方面进行组织绩效考评。

9.3.2　人员绩效考评体系

人员绩效是组织绩效的分解，只有与组织绩效保持一致的情况下，对人员的激励才能促进财务共享服务中心实现组织目标。在运营财务共享服务时，应认真地分析人员构成的特点，有针对性地分人群进行差异化管理，如此才能够全面调动财务共享服务中心的运作积极性。

从人员特点来看，财务共享服务中心包括两类群体，一类是从事具体业务的运营业务人员，另一类是从事运营管理以及共享服务支撑的技术人员。

财务共享服务中心的运营业务人员是其人员中的主要构成部分，他们是服务产品的直接生产者，也是组织内最为活跃的成员。由于直接面对客户并提供产品，他们所面临的压力也是最为直接的。因为他们在共享服务中心从事已经设计好的标准业务，通常情况下，他们具有技能同质化、收入水平相对偏低、发展需求不强烈、流动性大、特定工序实践经验丰富等特点。

运营业务人员的绩效从其绩效特点来看应着重考虑两个方面，一方面通过公平的量化绩效进行考核，并形成多劳多得的考核特点，另一方面则应对其做出的创新性改良活动予以激励。多劳多得通常是通过计件的方式实现的。对财务共享服务中心而言，简单的计件可能带来不公正的评判。财务共享服务中心以处理诸如应收、应付等财务业务为主，通常情况下，数量是以实物票据的份数来计算的，但我们应当看到，同样的一份实物票据，其业务处理的难易程度是不同的，如果简单地将其都归集为一个工作量单位的话显然有失公平。这种情况下，一个可行的方法是分析单据类型，将工作量最低的一类单据作为标准单，其他单据的工作量相对该类型单据的倍数作为标准单系数，从而将各类单据转换为相同的计算口径。标准单的系数测定有多种方法，可以通过专家评测的方法，或者进行实验性的测算。运营业务人员的绩效考核目标还能从业务处理时效、质量以及客户满意度几个方面进行考核。业务处理时效要求员工在规定的时间内完成任务，质量指标反映在差错率上，客户满意度指标通过客户对业务处理结果的反馈以及定期的满意度调查获得，如果低于基准，运营业务人员会被扣除一定比率的浮动薪资。

运营管理及支撑技术人员是财务共享服务组织的核心，他们的稳定与否直接关系到财务共享服务中心应对风险的能力，他们是否积极地发挥作用，产生高绩效，则影响着财务共享服务中心的发展潜力和创新能力。这部分人群具有技能差异化、收入水平较高、追求更高发展空间、组织创造性强等特点。运营管理和支撑人员的绩效较运营业务人员而言则隐蔽很多。由于没有明确的输出，他们的工作是否创造了价值，是否较其他人做出了更多的成绩相对而言更加难以评估。因此针对此类人员的绩效方案应综合利用其他的评价手段。常见的评价方法包括管理者绩效、360度评估、个案评估等。如表9-2、表9-3、表9-4所示。

表9-2　　业务处理岗个人绩效评价体系

考核对象	维度	考核指标	考核要求	评价方法	获取途径	评价人
FSSC各业务处理岗	财务	1. 工作量	每人每天审核的单据量不少于日审核标准工作量	工作量评价考核的百分制得分×权重	工作量管理报表	FSSC绩效管理岗
	内部流程	2. 业务处理时效	从提取审核任务至本环节处理完成，不超过规定工作日，核算进度不影响当月整体结账和结算安排	时效评价考核的百分制得分×权重	时效管理报表	FSSC绩效管理岗
		3. 业务处理质量	要求差错率控制在x%以内	业务质量评价考核的百分制得分×权重	质量管理报表	FSSC质量管理岗/稽核岗
	客户	4. 服务满意度	接受员工有效投诉/表扬的次数	投诉一次，扣x分；表扬一次，加x分	组长评价	组长
	学习与成长	5. 培训考试	积极参加培训并通过培训考试	培训考试报告的百分制得分×权重	培训考试管理报表	FSSC学习管理岗
		6. 课件开发/授课	积极承接课件开发或授课	开发一门课件，加x分；授课一次，加x分	组长评价	组长
		7. 以师带徒	积极承接培养新员工的职责	考核月份，带一个徒弟，加x分	组长评价	组长
		8. 个人其他知识积分	包含知识贡献、知识学习、知识分享积分	当月积分最高的人得满分，其他人员按照积分比例折算得分	组长评价	组长
	重点工作	9. 制度手册更新	积极协助组长更新制度手册	根据制度手册更新完成情况的百分制得分×权重	组长评价	组长
		10. 流程优化	积极协助组长开展流程优化工作	根据参与流程优化程度的百分制得分×权重	组长评价	组长
	加减分项	11. 创新	积极提出创新观点并推进实施	提出并实施1个创新，加x分；依次累加	组长评价	组长

表9-3 运营管理岗个人绩效评价体系

考核对象	维度	考核指标	考核要求	评价方法	获取途径	评价人
FSSC绩效管理岗	内部流程	1. 业务处理时效	从提取审核任务到付款完成的整体时效	财务共享中心业务处理时效考核的百分制得分×权重	时效管理报表	FSSC绩效管理岗
		2. 业务处理质量	财务共享中心各业务处理岗位的相关工作达到会计业务处理准确的质量目标	财务共享中心业务处理质量考核的百分制得分×权重	质量管理报表	FSSC质量管理岗/稽核岗
	客户	3. 服务满意度	360度评价的整体满意度水平不低于x%	根据360度评价考核的百分制得分×权重	满意度管理报表	FSSC服务管理岗
	学习与成长	4. 培训考试	积极参加培训并通过培训考试	培训考试报告的百分制得分×权重	培训考试管理报表	FSSC学习管理岗
		5. 课件开发/授课	积极承接课件开发或授课	开发一门课件，加x分；授课一次，加x分；依次累加	组长评价	组长
		6. 以师带徒	积极承接培养新员工的职责	考核月份，带一个徒弟，加x分	组长评价	组长
		7. 个人其他知识积分	包含知识贡献、知识学习、知识分享积分	当月积分最高的人得满分，其他人员按照积分比例折算得分	组长评价	组长
	重点工作	8. 共享推广完成率	评价财务共享中心是否按规划达成阶段性目标	按计划进度完成率百分制得分×权重	共享推广完成进度报表	组长
		9. 制度手册更新	积极组织更新完善制度手册	根据制度手册更新完成情况的百分制得分×权重	组长评价	组长
		10. 流程优化（质量管理）提升专项工作等	按计划积极推进流程优化项目	评价人根据考核对象在考核期间工作计划进度完成情况的百分制得分×权重	组长评价	组长
		11. 系统建设与优化	评价财务共享中心是否按照计划完成系统建设与优化工作，如系统推广/升级	按计划进度完成率百分制得分×权重	系统建设与优化进度报表	组长
	加减分项	12. 创新	积极提出创新观点并推进实施	提出并实施1个创新，加x分；依次累加	组长评价	组长

数字化时代的财务中台——共享运营系统

表 9-4　　　　组长个人绩效评价体系

考核对象	维度	考核指标	考核要求	评价方法	获取途径	评价人
FSSC各组组长	财务	1. 人均工作量	考核共享中心各组人均工作量的完成情况	评价人根据考核对象在考核期间所在组人均工作量完成情况的百分制得分×权重	工作量管理报表	FSSC 绩效管理岗
	内部流程	2. 业务处理时效	评价财务共享中心各组单据处理时效	业务组单据处理时效考核的百分制得分×权重	时效管理报表	FSSC 绩效管理岗
		3. 业务处理质量	财务共享中心各组的相关工作达到会计业务处理准确的质量目标	根据所在组质量评价考核的百分制得分×权重	质量管理报表	FSSC 质量管理岗/稽核岗
	客户	4. 服务满意度	360 度评价的整体满意度水平不低于 x%	根据 360 度评价考核的百分制得分×权重	满意度管理报表	FSSC 服务管理岗
	学习与成长	5. 培训考试	积极参加培训并通过培训考试	培训考试报告的百分制得分×权重	培训考试管理报表	FSSC 学习管理岗
		6. 课件开发/授课	积极承接课件开发或授课	开发一门课件，加 x 分；授课一次，加 x 分	直接领导评价	直接领导
		7. 以师带徒	积极承接培养新员工的职责	考核月份，带一个徒弟，加 x 分	直接领导评价	直接领导
		8. 个人其他知识积分	包含知识贡献、知识学习、知识分享积分	当月积分最高的人得满分，其他人员按照积分比例折算得分	直接领导评价	直接领导
		9. 共享推广完成率	评价财务共享中心是否按规划达成阶段性目标	按计划进度完成率百分制得分×权重	共享推广完成进度报表	直接领导
	重点工作	10. 制度手册更新	积极组织更新完善制度手册	根据制度手册更新完成情况的百分制得分×权重	直接领导评价	直接领导
		11. 流程优化（质量管理）提升专项工作等	按计划积极推进流程优化项目	评价人根据考核对象在考核期间工作计划进度完成情况的百分制得分×权重	直接领导评价	直接领导

续表

考核对象	维度	考核指标	考核要求	评价方法	获取途径	评价人
FSSC各组组长	重点工作	12. 系统建设与优化	评价财务共享中心是否按照计划完成系统建设与优化工作，如系统推广/升级	按计划进度完成率百分制得分×权重	系统建设与优化进度报表	直接领导
		13. 创新（RPA 应用）	评价财务共享中心积极创新，引入 RPA 的情况	按照 RPA 推进情况的百分制得分×权重	直接领导评价	直接领导
	加减分项	14. 创新	积极提出创新观点并推进实施	提出并实施 1 个创新，加 x 分；依次累加	直接领导评价	直接领导

9.4　绩效管理系统

绩效管理系统是企业进行绩效计划、绩效实施、绩效评估与绩效反馈的信息化平台，是企业决策层战略目标的实现方式。在本书中，我们所阐述的绩效管理系统是共享运营系统的功能模块之一，主要记录财务初审、复审、出纳的工作量、工作效率，用于考核财务共享服务中心员工的工作质量。

绩效管理系统支持对各环节报账工作量、单据时效、工作效率的统计，并通过图表在财务看板上进行展示。不同级别的考核对象能够通过系统进行考核指标的定义和自动计算。

在工作量统计报表中，系统展示了共享服务中心工作量、分组工作量、初审组工作量、复审组工作量、出纳组工作量。系统自动记录审单会计和资金结算岗登录系统的有效工作时长，并分维度生成共享服务中心初审组（指初审组会计）、复审组（指复审组会计）、出纳组工作量实时报表。

在单据时效报表中，系统记录各岗位的在线时长及处理量，实时统计单据各环节审单时效，并生成查询报表。

在工作效率报表中，系统展示共享服务中心单据效率、分组任务处理效率、财务初审处理效率、财务复审处理效率、出纳支付处理效率。系统支持按单据类型自定义初审环节、复审环节、出纳环节标准审核时长，自动记录单据流入共享服务中心后的每个环节审单处理时间，并生成可查询的各环节单据处理效率的实时报表。

本章小结

绩效管理是各级管理者和员工为了达到组织目标共同参与的绩效计划制定、绩效辅导沟通、绩效考核评价、绩效效果应用、绩效目标提升的持续循环过程。绩效考评的目的是促进组织和个人绩效的提升，推动管理流程和业务流程的优化，从而保证组织战略目标的实现。设计绩效考评方案，首先要制定全面科学的考评流程，然后根据不同的组织管理要求整合考评体系。不同的企业需要根据自身实际情况，在考评设计上有所侧重，符合企业自身发展需求。

本章关键词

绩效管理　绩效考评　人员绩效　组织绩效　绩效管理系统

本章练习题

一、选择题

1. 绩效考评流程有定义业务数据、（　　）、报告考评结果五个环节。

A. 评价绩效指标　　B. 制定绩效方案

C. 选择评价方式　　D. 执行评价过程

2. 绩效管理是用于监控和管理组织绩效的方法、准则、过程和系统的整体组合，它涉及组织管理和运营的方方面面，并以整体一致的形式表现出来，它强调（　　）。

A. 组织目标和个人目标的一致性　B. 客户导向

C. 公司利益为主要考核标准　　D. 组织和个人同步成长

3. （　　）作为绩效考评方案中的重要环节，其科学性、合理性直接影响绩效管理工作能否取得成功。

A. 奖惩力度　　B. 考评指标体系的设计

C. 方案执行情况　　D. 绩效奖励体系

4. 从内部流程维度来看，财务共享服务中心的内部运营管理能力评价指标有（　　）。

A. 业务数量　　B. 服务水平协议达成度

C. 差错率　　D. 一次性成功比例

5. 业务流程维度是组织绩效考评体系中能够直接体现服务管理水平的关键绩效指标，主要包含（　　）等模块。

A. 资产管理　　B. 负债管理

C. 现金流管理　　D. 应付账款管理

二、判断题

1. 作为服务型部门，共享服务中心在进行绩效考核时应当重点聚焦于效率层面，侧重于业务完成量、处理准确率等指标，从而贯彻企业的客户和市场战略。（　　）

2. 绩效管理的目的是以中心经营战略和年度经营目标为指导，通过对员工工作绩效的评价，达到奖优惩劣、提升员工绩效水平的目的。（　　）

3. 独立运营模式下的财务共享服务中心侧重于预算达成度等指标，而服务于特定集团的内部财务共享服务中心，其财务指标则更多地集中在投资回报、成本、利润等方面。（　　）

4. 差错率指标体现了财务共享服务中心的服务质量，即业务处理的可靠性，这也间接反映其内部流程在保障其运营质量过程中的可靠性。（　　）

5. 人员绩效是组织绩效的分解，只有与组织绩效保持差异化的情况下，对人员的激励才能促进财务共享服务中心实现组织目标。（　　）

三、思考题

1. 绩效考核流程主要包含哪几个步骤？

2. 组织绩效考评体系主要包含哪几个维度，这些维度分别包含哪些内容？

3. 企业进行组织绩效和人员绩效考评应分别关注哪些方面？

第 10 章　共享运营云图

本章学习目标

本章主要介绍了共享运营云图的相关内容，包括任务监控、时效监控、质量监控以及付款 & 凭证监控四个方面。

通过本章的学习，应掌握：

◇　任务监控、时效监控、质量监控、付款 & 凭证监控的主要内容

◇　运营数据监控带给企业的收益

本章知识结构图（见图 10 - 1）

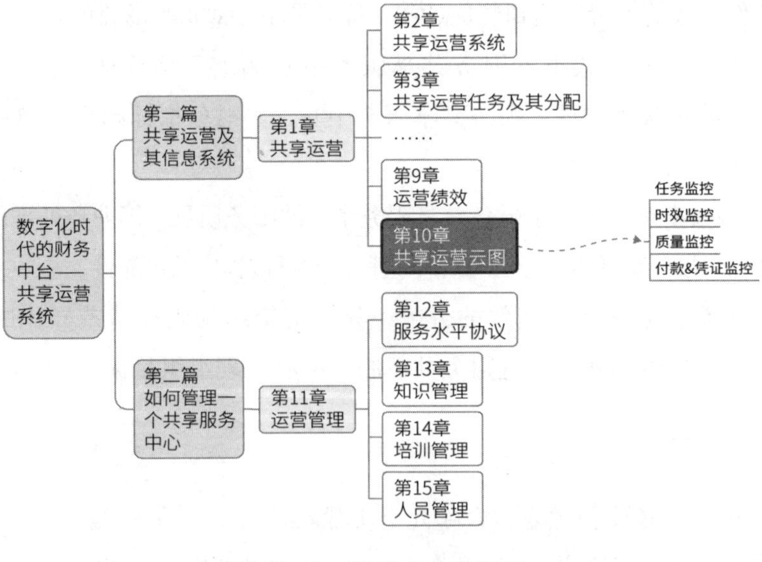

图 10 - 1　第 10 章框架导图

在信息化和数字化的浪潮中，企业想要实现对业务流程的实时管控，需要进行全面的数据监控。运营数据监控的主要目的在于改进优化业务，优化用户使用体验和公司资源分配效率，建立有效的管理、监控和持续优化体制，进而创造新的商业价值。

对企业而言，不同的环节需要监控的数据会有所区别。共享服务在将管理和服务有效分离的同时，又能够兼顾两者的职能，确保服务质量。在共享运营环节中，企业关注的运营数据主要包括历史工作和实时监控两部分。在历史工作中，企业重点关注已办单据，包括已办单据量、平均耗时、退单率等指标，并从分公司、审批环节、重点业务类型等维度进行分析；在实时监控中，企业重点关注在途单据和在途超时单据，包括在途单据量、平均耗时等指标，并通过分公司、审批环节、重点业务类型等维度进行分析。

共享运营云图以一套完善的数据指标体系为基础，针对共享服务中心运营管理的主要方面和核心诉求，从任务、绩效、时效、质量、付款、凭证全方位地刻画和监控共享服务中心的运营情况，进而动态直观地为运营管理人员提供决策所需信息，帮助企业从海量数据信息中获取真正的价值，实现精准决策，促进管理水平提升、预防潜在风险。

本章以任务监控、时效监控、质量监控、付款＆凭证监控四个方面为例，展示共享运营如何为共享服务中心运营管理提供支持。

10.1　任务监控

共享运营云图的任务监控帮助共享服务中心运营管理人员实时掌握财务共享服务中心任务池情况和运营负载水平，以实现资源的合理调度，保障共享服务中心平稳健康运行，为财务共享服务中心高质量、高时效、高满意度的服务提供基础。如图10－2所示。

➢　任务流转全链路监控，帮助管理者综合把握共享任务池现状、任务存量去化能力、潜在任务增量情况，预判任务负载情况，提高运营调度的前瞻性和及时性，从事中事后处理向事前预防转变。

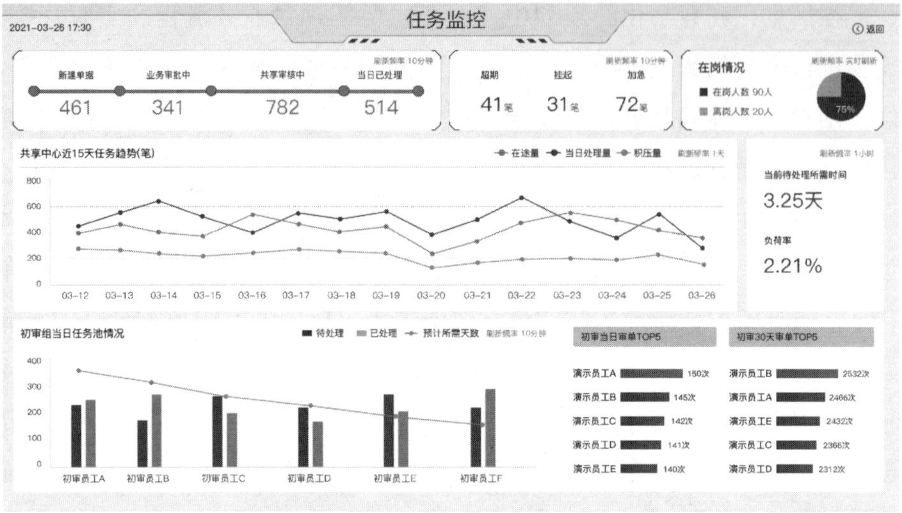

图 10－2　共享运营云图任务监控看板

➢ 通过日均任务处理量、任务积压量、日均入池量，测算共享服务中心任务负荷率，预测积压任务去化所需时间，实现共享服务中心负载水平的量化和实时监控。

➢ 监控各共享工作组任务处理和积压情况，对财务审核人员的日绩效和月绩效进行排名展示。

10.2　时效监控

效率是衡量财务共享服务中心管理绩效的核心指标，业务处理时效是影响客户满意度的重要因素。管理者改进提升共享服务中心时效的基础是对业务处理时效进行评估和监控，在量化当前共享服务中心整体、各流转环节、各共享工作组时效表现的基础上，有针对性地实施改进措施，并通过数据对管理措施的有效性进行验证，实现精准决策、科学管理。如图 10－3 所示。

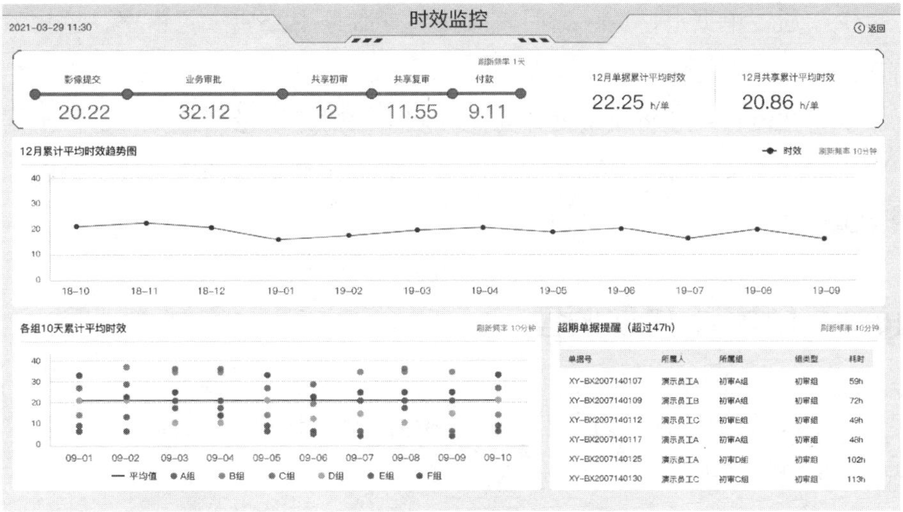

图 10－3　共享运营云图时效监控看板

10.3　质量监控

共享运营云图质量监控使财务共享服务中心的质量水平能够量化，通过数据评价共享服务中心的质量表现，定位各环节质量缺陷的主要表现以及质量差错的相关人员。如图 10－4 所示。

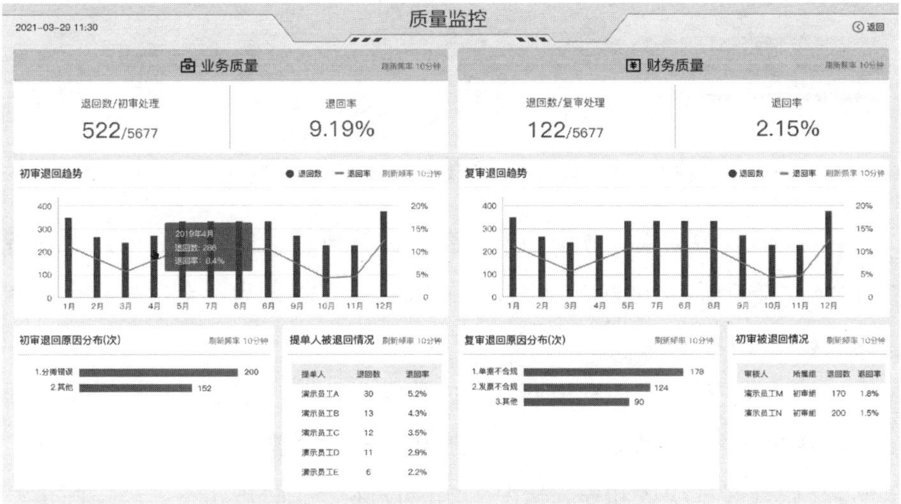

图 10－4　共享运营云图质量监控看板

➢ 通过单据退回数、退回率反映共享服务中心质量差错率，量化当前质量水平、质量水平变化趋势。

➢ 按流程环节将质量划分为业务质量、财务质量两部分，定位单据退回原因和提单人员、审单人员，为管理者制定针对性的质量改进措施提供数据支持。

10.4 付款 & 凭证监控

付款 & 凭证监控对财务共享服务中心的支付数据、凭证数据进行监控。如图 10－5 所示。

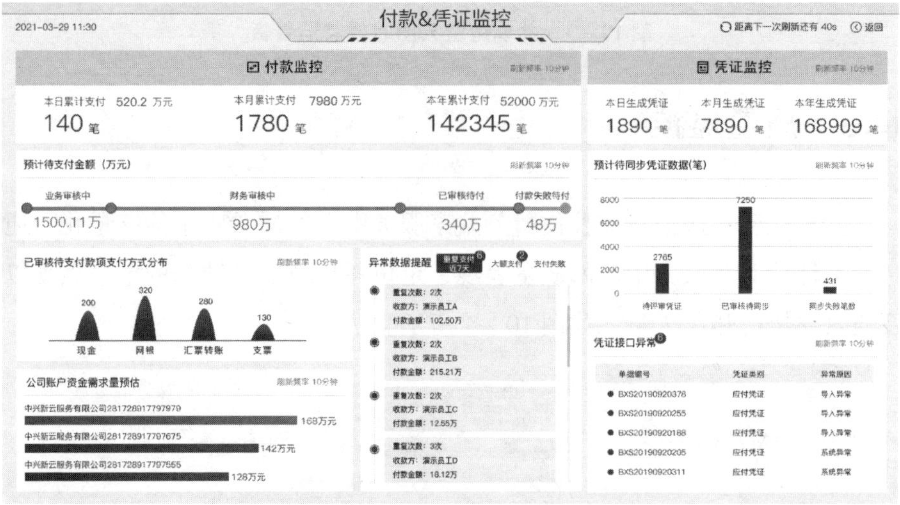

图 10－5　共享运营云图付款 & 凭证监控看板

➢ 实时反映共享服务中心累计已支付笔数、支付总金额以及潜在待支付金额，预测各支付方式、各银行账户资金需求，为资金存量管理和调度提供数据支持。

➢ 建立支付风险识别模型，通过数字化手段防范支付风险。可识别疑似重复支付、异常大额支付、支付失败等付款异常事件。

➢ 跟踪凭证生成和导入情况，实时反映凭证同步状态，监控同步异常情况。

本章小结

企业进行全面数据监控的主要目的在于改进、优化业务，提升用户使用体验和公司资源分配效率，建立有效的管理、监控和持续优化体制，进而创造新的商业价值。运营数据监控的要点，包括监控目标、监控对象、监控意义等，并能够实现数据预警功能。企业在不同环节需要监控的数据会有所区别。共享服务在将管理和服务有效分离的同时，又能够兼顾两者的职能，确保服务质量。共享运营云图通过任务监控、时效监控、质量监控和付款 & 凭证监控这四个方面为财务共享服务中心提供高质量、高时效、高满意度的服务。

本章关键词

共享运营云图　任务监控　时效监控　质量监控　付款监控　凭证监控

本章练习题

一、选择题

1. 共享运营为共享中心运营管理提供支持的监控方式主要有任务监控、（　　）付款 & 凭证监控。

A. 工作监控　　B. 时效监控

C. 内容监控　　D. 质量监控

2. （　　）是衡量财务共享服务中心管理绩效的核心指标，业务处理（　　）是影响客户满意度的重要因素。

A. 效率、准确度　　B. 时间、准确度

C. 准确度、效率　　D. 效率、时效

3. 在信息化和数字化的浪潮中，企业想要实现对业务流程实时管控，

需要进行全面的数据监控，运营数据监控的主要目的有（　　）。

A. 改进优化业务　　B. 提升用户使用体验

C. 建立有效的管理体制　　D. 提升公司资源分配效率

4. 在进行任务监控时，数据模型常用的分析指标有（　　）。

A. 日均任务处理量　　B. 任务积压量

C. 日均入池量　　D. 投诉率

5. 付款 & 凭证监控可以实时反映（　　）等数据，预测各支付方式、各银行账户资金需求，为资金存量管理和调度提供数据支持。

A. 累计已支付笔数　　B. 支付总金额

C. 潜在待支付金额　　D. 应收帐款回转周期

二、判断题

1. 绩效管理系统是共享运营系统的功能模块之一，主要记录财务初审、复审、出纳的工作量、工作效率，用于考核财务共享服务中心员工的工作质量。（　　）

2. 管理者改进提升共享服务中心时效的基础是对业务处理时效进行评估和监控，在量化当前共享服务中心整体、各流转环节、各共享工作组时效表现的基础上，有针对性地实施改进措施。（　　）

3. 质量监控可以通过数字化手段防范支付风险，识别疑似重复支付、异常大额支付、支付失败等付款异常事件。（　　）

4. 任务监控可以通过任务流转全链路监控，帮助管理者综合把握共享任务池现状、任务存量去化能力、潜在任务增量情况，预判任务负载情况，提高运营调度的前瞻性和及时性，从事中事后处理向事前预防转变。（　　）

5. 质量监控可以通过单据退回数、退回率反映共享服务中心质量差错率，量化当前质量水平、质量水平变化趋势。（　　）

三、思考题

1. 什么是共享运营云图，有哪些实施意义？

2. 不同的监控层面具体有哪些监控指标？

第二篇

如何管理一个共享服务中心

第11章　运营管理

本章学习目标

本章首先介绍了共享服务中心运营成熟度模型的概念，并且根据2020年度中国共享服务领域调研数据对成熟度模型的各个方面进行了相关分析，总结了共享服务中心运营成熟度评估的十大核心问题，然后详细介绍了成熟度模型中的运营管理，即十一维运营管理体系的内容。

通过本章的学习，应掌握：

◇　共享服务中心运营成熟度模型的四个方面

◇　共享服务中心运营成熟度评估十大核心问题

◇　十一维运营管理体系

本章知识结构图（见图11－1）

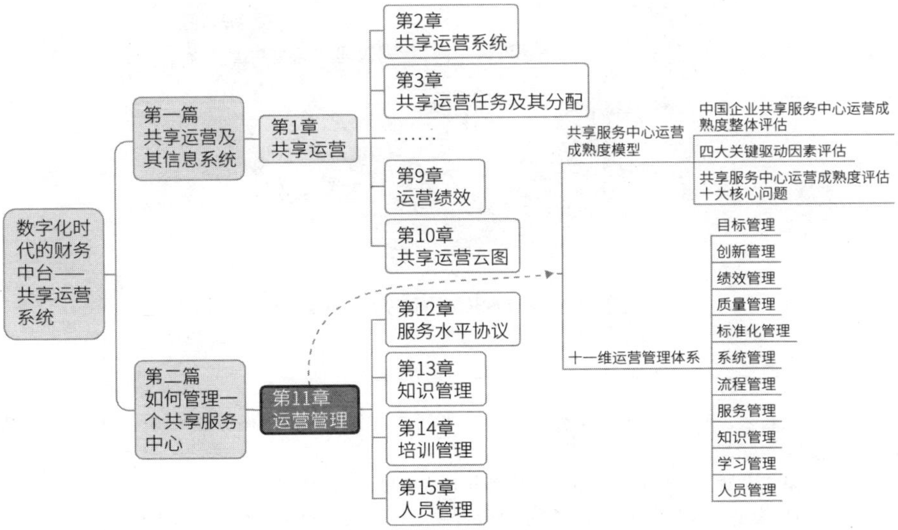

图11－1　第11章框架导图

11.1 共享服务中心运营成熟度模型[①]

11.1.1 中国企业共享服务中心运营成熟度整体评估

基于多年的财务共享服务中心建设和运营经验，在充分借鉴中兴通讯财务管理成熟度模型 FCMM[②] 和软件过程能力成熟度模型 CMM（Capacity Maturity Model）[③] 基础上，中兴新云梳理了财务共享服务中心运营成熟度模型，即 FSSCMM®模型。该模型将共享服务中心运营分为四大关键驱动因素，即组织人员、业务流程、运营管理、信息系统，每个驱动因素下设置多个二级、三级指标。通过对每个驱动因素设置不同的权重，再将各个维度的得分按照权重进行合计，可得出最终运营成熟度评估结果。如图 11－2 所示。

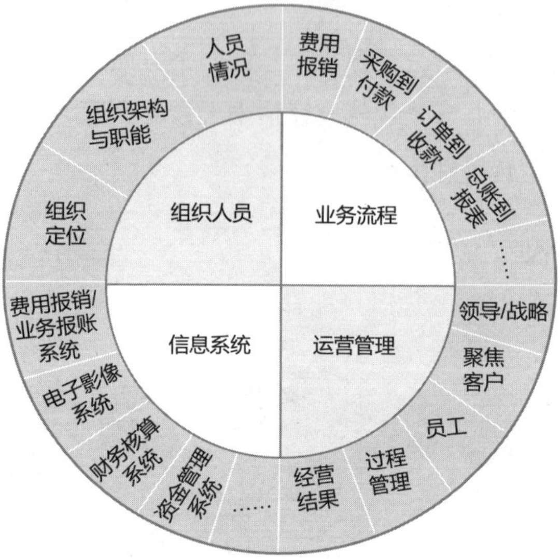

图 11－2　FSSCMM®指标示意图

① 中兴新云，ACCA，厦门国家会计学院. 2020 年中国财务共享服务领域调研报告［R］. 西安：中兴新云，2020。

② FCMM 模型：中兴通讯内部用于财务管理成熟度评估的模型。

③ CMM 模型：最初用来定义、评价软件开发过程成熟度的模型，近年来也被广泛应用为其他领域组织中过程成熟度的一般模型。

综合国内外实践经验，FSSCMM®模型将财务共享服务中心建设和运营成熟度分为五个阶段，分别是初建期、提升期、稳定期、成熟期和卓越期。

➢ 初建期（40～55 分）：共享业务逐步收回，业务流程、信息系统覆盖度低，较少关注运营管理；

➢ 提升期（55～70 分）：共享业务继续收回，业务流程、信息系统持续优化，积极探索运营管理；

➢ 稳定期（70～80 分）：业务流程基本标准化，信息系统逐步完善，运营管理工具初步实施；

➢ 成熟期（80～90 分）：业务流程持续优化，积极应用新兴技术，信息系统不断拓展，运营管理体系逐步完善；

➢ 卓越期（90～100 分）：共享运营高度标准化和规范化，自动化、智能化程度非常高，业财高度融合，运营管理工具应用全面。

根据中兴新云《2020 年中国共享服务领域调研报告》数据统计，中国企业共享服务中心成熟度的平均得分为 64.37 分（总分 100 分），处于提升期，在受调研企业中，处在这个期间的企业占比也最多（43.94%），说明大部分共享服务中心还处于开始探索运营管理的阶段，未来存在很大的发展提升空间。另外，21.80% 的受调研企业的共享服务中心处于初建期，28.37% 的受调研企业处于稳定期，5.88% 的受调研企业处于成熟期，暂无受调研企业处于卓越期。如图 11－3 所示。

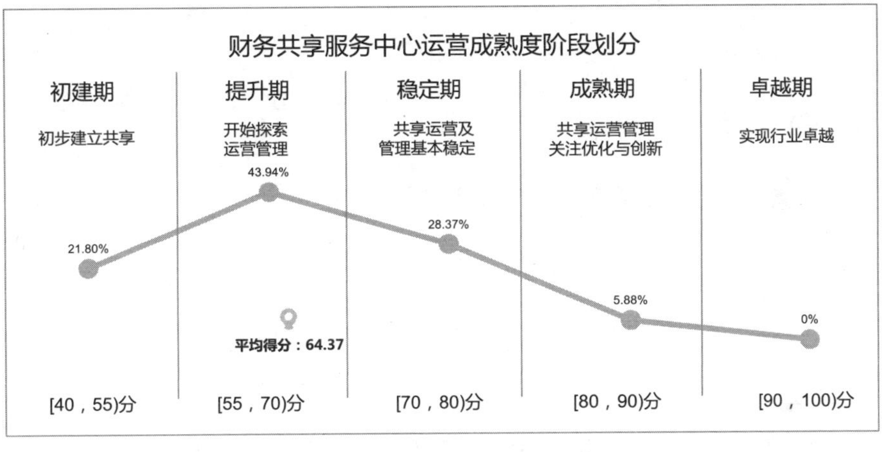

图 11－3 共享服务中心运营成熟度评估总体情况

数字化时代的财务中台——共享运营系统

11.1.2　四大关键驱动因素评估

组织人员、业务流程、信息系统和运营管理构成了财务共享服务实施和管理过程中的四大关键因素。组织人员是共享服务中心的运营主体，良好的组织人员设计是共享服务中心实施经营活动的基本要素和实现战略目标的重要保障。业务流程是共享服务中心实施方案构建的首要因素，共享服务模式之所以优于传统模式，很大程度上来源于对业务流程的梳理再造与持续优化，进而保证财务工作的运行效率和效果。信息系统是实现财务共享、信息共享的工具与技术支撑。运营管理要素的设计是共享服务中心作业质量、组织效率、服务满意度、价值增值等方面的管理保障。四大关键驱动因素缺一不可，它们共同支撑和保证共享服务中心的高效作业和持续运营。

根据调研数据①中的四大关键驱动因素的评估得分情况来看，受调研企业在组织人员层面的得分最高，为 19.38 分（每项总分均为 25 分），其次是运营管理和业务流程，分别得分为 15.72 分和 15.26 分，得分最低的是信息系统，为 14.01 分，说明目前中国企业共享服务中心在组织人员管理方面进行了重点规划和实施，而运营管理、业务流程、信息系统方面仍有待提高。如图 11－4 所示。

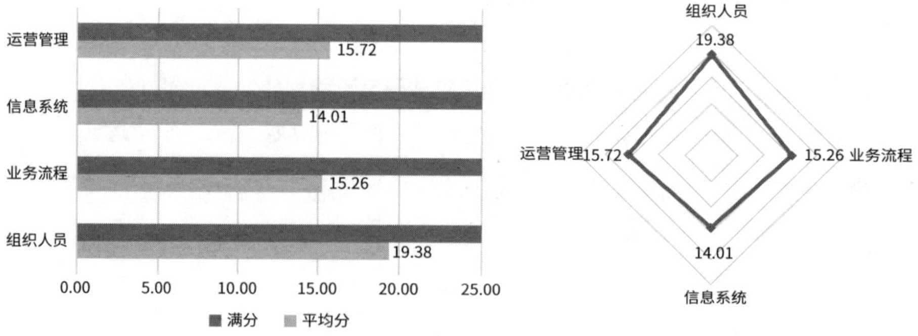

图 11－4　共享服务中心运营成熟度关键驱动因素评估情况

---

① 中兴新云，ACCA，厦门国家会计学院．2020 年中国财务共享服务领域调研报告［R］．西安：中兴新云，2020。

(1) 共享服务中心组织人员现状

➢ 半数以上共享服务中心属于公司总部财务部门下属组织单位

从组织定位上看，共享服务中心在企业中一般有以下几种组织形式：公司总部财务部下属部门、总部财务部平级部门、独立于财务组织、作为独立法人，其经营管理独立程度越高，运营越成熟。但并非每家企业的共享服务中心都要发展成为独立法人，企业根据自身具体情况选择合适的模式即可。

调研结果显示，56.40%的受调研企业共享服务中心属于公司总部财务部门下属组织单位，隶属于总部的模式有利于财务政策的下达执行和上下级单位之间沟通协调；21.45%的受调研企业共享服务中心属于与总部财务部门平级的财务组织，这种模式下汇报层级少，可以保持管理灵活性；12.46%的受调研企业共享服务中心独立于财务组织，对内提供服务，便于提升组织独立性；7.61%的受调研企业属于独立法人，对内部或外部提供服务，这种独立运营、市场化运作的方式，更有利于自我发展空间的提升，更有动力实现成本降低、效率提高的目标，同时也实现了共享服务中心定位的转变，带来了价值创造。如图11－5所示。

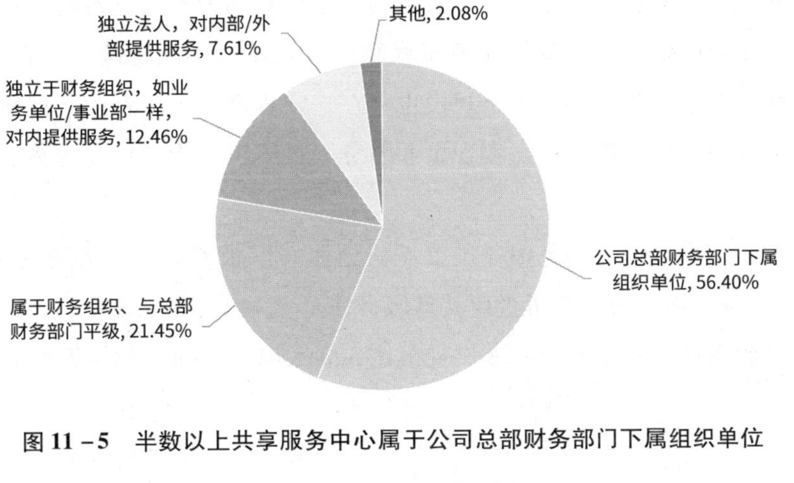

图11－5　半数以上共享服务中心属于公司总部财务部门下属组织单位

➢ 大多数共享服务中心作为成本中心运营

从职能定位上看，共享服务中心可分为成本中心和利润中心。调研结果显示①，76.12%的受调研企业的共享服务中心为公司的成本中心，以公司内部职能部门的定位，面向公司内部客户提供服务；23.18%的受调研企业的共享服务中心是企业的利润中心，其中包括14.88%为人为利润中心，8.30%为自然利润中心。如图11－6所示。

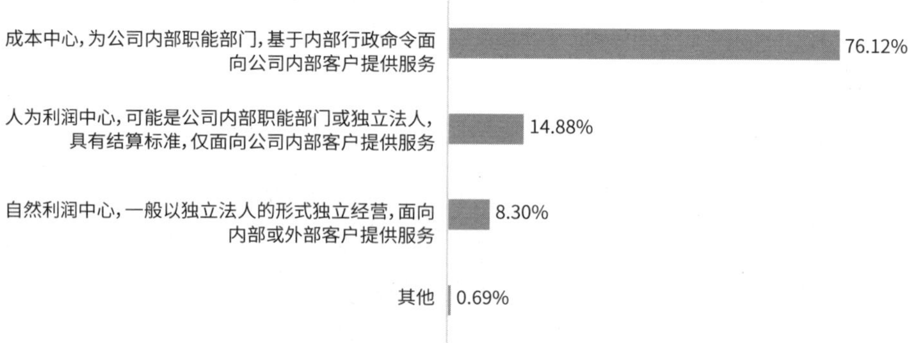

图11－6　大多数共享服务中心作为成本中心运营

➢　共享服务中心人员数量

人员规模标志着共享服务中心的业务承接能力，也可以体现共享服务建设的规模效应。通常人员规模大的共享服务中心，业务覆盖范围和业务量相对较大，对管理水平的要求会更高，也更有动力不断进行流程优化和技术创新以降低成本。随着业务流程和信息系统的不断标准化、自动化、智能化，共享服务中心的人员规模也会在一定程度上得以精简，促使更多的财务人员完成职能转型，实现企业财务人员组织架构和规模分布的逐渐优化。

调研结果显示②，73.01%的受调研企业共享服务中心人员数量在100人以下，19.38%的受调研企业共享服务中心规模在100～300人，7.61%的受调研企业共享服务中心人员规模在300人以上。如图11－7所示。

① 中兴新云，ACCA，厦门国家会计学院.2020年中国财务共享服务领域调研报告［R］.西安：中兴新云，2020。

② 同①。

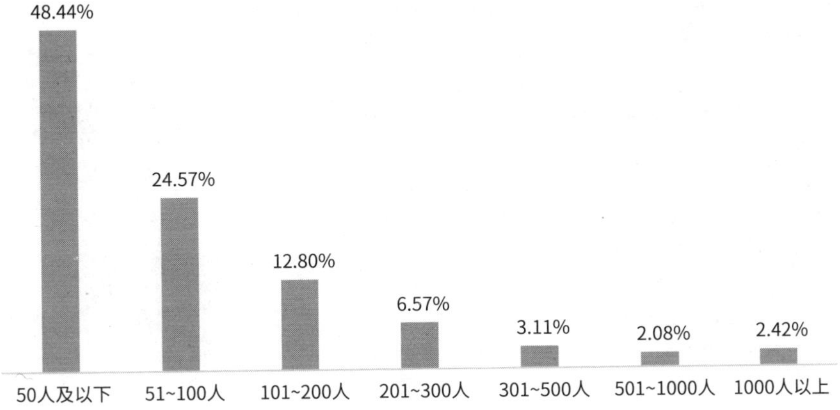

图 11－7　共享服务中心人员数量

(2) 共享服务中心业务流程现状

➢ 业务流程的覆盖度是衡量财务共享服务中心成熟的重要标志

业务流程的专业化、标准化、统一化是财务共享服务中心建设和运营的重要前提。财务共享服务中心所覆盖的业务流程越多，说明财务共享服务中心所提供的服务范围越广，很大程度上影响着运营成熟度评估。

调研数据显示，财务共享服务中心覆盖最多的流程分别是费用报销 (96.54%)、资金结算 (84.08%)、固定资产核算 (80.97%)、采购到付款 (80.28%)、总账到报表 (78.89%)、成本核算 (72.32%)、订单到收款 (64.36%)。

随着财务共享服务中心的不断运营和优化，财务共享服务中心所涵盖和纳入的业务范围将会逐渐得以拓展。和 2018 年调研报告相比，各个流程覆盖比例均有所上升。22.15% 的受调研企业财务共享服务中心覆盖了超过 10 个业务流程，58.13% 的受调研企业财务共享服务中心覆盖了 6～10 个流程。如图 11－8 所示。

➢ 业务流程标准化是保障流程质量的有力工具

业务流程的标准化是对各财务业务流程、运营管理流程的设计、执行、固化、优化等环节进行规范化管理和标准化要求，是财务共享服务中心专业化分工和高效运作的重要基础，促使财务共享服务中心通过清晰的流程架构来理清现状，通过明确的流程规则来规范业务，通过固定的步骤

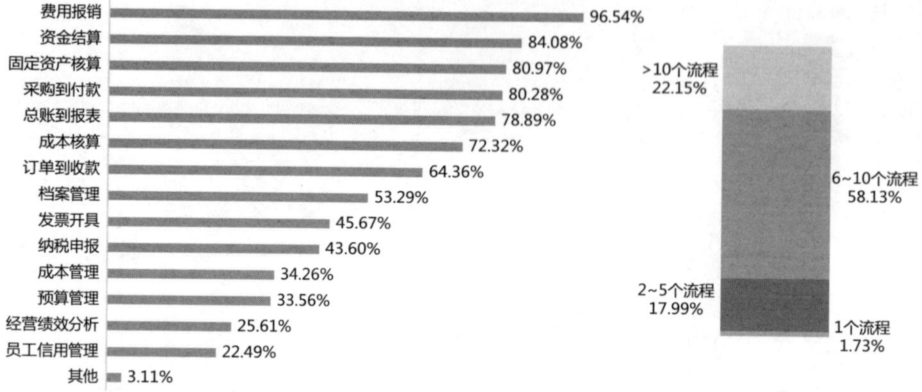

图 11-8　财务共享服务中心业务流程覆盖情况

环节来降低风险。

调研数据显示①，受调研企业用来保证流程标准化应用最多的举措包括统一会计科目、政策及制度（82.01%），厘清业务现状、构建完整的流程架构（47.75%），设计岗位工作标准（40.83%），岗位操作标准化（39.45%）。如图 11-9 所示。

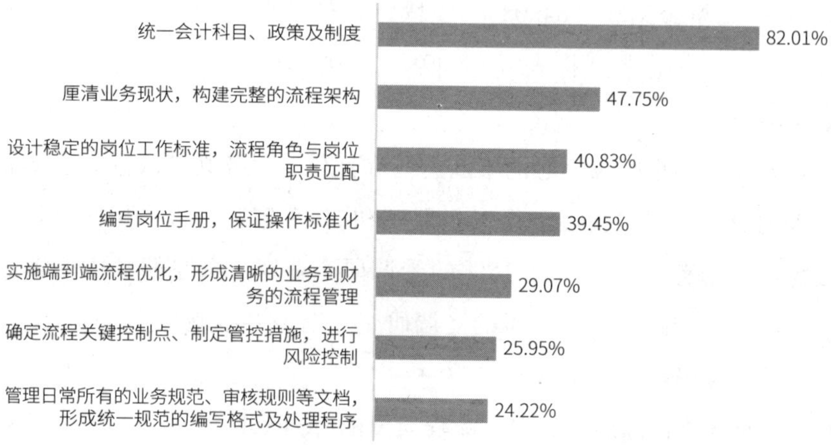

图 11-9　财务共享服务中心保证流程处理标准化的主要举措

① 中兴新云，ACCA，厦门国家会计学院．2020 年中国财务共享服务领域调研报告［R］．西安：中兴新云，2020。

（3）共享服务中心信息系统现状

信息系统是实现财务共享服务中心高效运行的有力工具。一方面，信息系统的上线可在提高业务处理效率、加强风险合规管控以及提升员工、客户、供应商等利益相关者满意度方面取得良好成效，有效提高财务信息化水平和财务管理能力。另一方面，通过建立统一的财务共享平台，实现各个业务系统、财务系统间的互联互通，方能更好地支撑财务共享服务中心作为企业数据中心的定位和职能，助力企业的数字化转型。

在实际应用的过程中，企业应紧跟时代发展的趋势，不断迭代更新优化财务共享服务中心信息系统，实现更多的业务场景应用，提升财务的自动化、智能化水平。一般而言，财务共享服务中心信息化、自动化、智能化水平越高，代表财务共享服务中心运营越成熟，在降本增效、价值创造、风险管控等方面越能发挥更大的作用。

调研数据显示①，受调研企业财务共享服务中心最常应用的系统有：财务核算系统（100.00%）、费用报销/业务报账系统（100.00%）、电子影像系统（74.05%）、资金管理系统（73.01%）和银企互联系统（69.20%）。如图11－10所示。

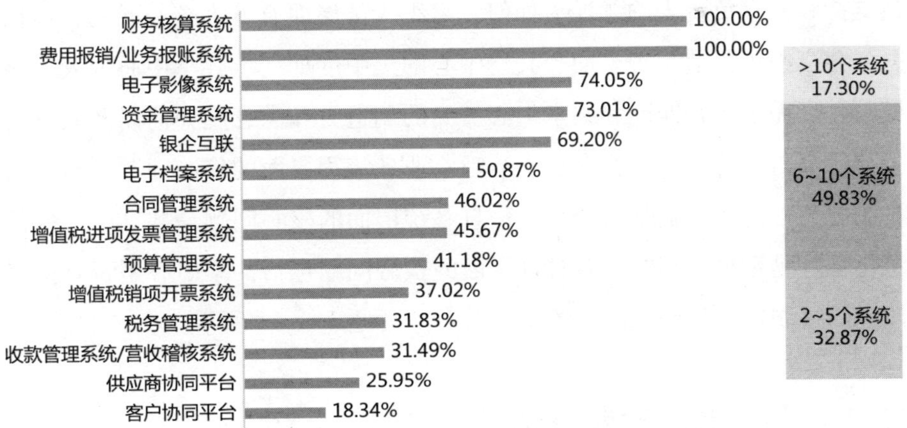

图11－10　财务共享服务中心信息系统覆盖情况

① 中兴新云，ACCA，厦门国家会计学院．2020年中国财务共享服务领域调研报告［R］．西安：中兴新云，2020。

（4）共享服务中心运营管理现状

FSSCMM®模型将运营管理分为11个维度，分别是目标管理、服务管理、知识管理、人员管理、学习管理、流程管理、系统管理、标准化管理、质量管理、绩效管理和创新管理。以上每个维度对于共享服务中心的持续运营都非常重要，但在发展的不同阶段，不同企业共享服务中心管理者所关注的重点可能会有不同。运营管理的具体内容入和调研分析详见11.2十一维运营管理体系。

11.1.3 共享服务中心运营成熟度评估十大核心问题

共享服务中心运营成熟度评估，是对整个共享服务中心建设和运营情况的评价，并非特指对共享服务中心运营管理能力的评价。FSSCMM®模型在对共享服务中心运营成熟度评估时定义了大量指标，但综合中兴新云多年的共享服务中心建设和运营经验以及此次问卷调研、访谈结果，我们总结了共享服务中心运营成熟度评估十大关注重点，这十大关注点分布于愿景与领导力、组织人员、业务流程、信息系统和运营管理五个层面。愿景、领导力层面的核心问题是共享中心是否有明确的愿景、高层领导的重视支持和共享负责人的领导力如何？组织人员层面有五大核心问题，包括财务共享组织覆盖是否全面、共享中心的集中度如何、共享中心的人员规模与管理需求是否匹配、共享中心员工的创造力和满意度如何以及共享财务与业务财务的分工是否合理、清晰？业务流程层面的核心问题是财务共享业务流程范围覆盖是否全面？信息系统层面的核心问题是共享中心的信息化程度是否足够高？运营管理层面的核心问题包括共享中心是否有持续改进的机制以及被服务的对象是否满意？如图11－11所示。

11.2 十一维运营管理体系

运营管理是对提供的产品或服务进行设计、运行、评价和改进的活动。通过对价值链上的各项活动进行分析和设计，提高组织运作效益，协调组织活动并不断优化。运营管理常见的活动包括：制定科学高效的运作

愿景、领导力	1	共享中心是否有明确的愿景，高层领导的重视支持和共享负责人领导力如何？
组织人员	2	财务共享组织覆盖是否全面？
	3	共享中心的集中度如何？（单中心还是多中心？）
	4	共享中心的人员规模与管理需求是否匹配？
	5	共享中心员工的创造力和满意度？
	6	共享财务与业务财务的分工是否合理、清晰？
业务流程	7	财务共享业务流程范围覆盖是否全面？
信息系统	8	共享中心的信息化程度是否足够高？（信息化水平、自动化水平、智能化水平）
运营管理	9	共享中心是否有持续改进的机制？
	10	被服务的对象是否满意？

图11－11　共享服务中心运营成熟度评估十大核心问题

体系，养成规范良好的作业习惯；确保工作按制度执行，不断检查执行效果；随着组织的发展不断优化、创新工作流程。

由于财务共享服务中心对于财务组织，甚至对于企业来说，都是新型的组织机构，使用传统的管理模式往往不能起到良好的管理效果，反而会影响组织的运作和人员的积极性。如何规划财务共享服务中心运营管理体系，建立评价标准，成为很多企业在建立财务共享服务中心之后考虑的首要问题。

财务共享服务运营管理体系的建立过程也是共享服务中心丰富自身管理工具和管理手段的过程。建立运营管理体系，能够使其管理手段实现多元化，使得共享服务中心的管理更加有序规范，从而带来管理效率和管理效果的提升。

财务共享服务的运营管理体系包括11个方面，如图11－12所示。

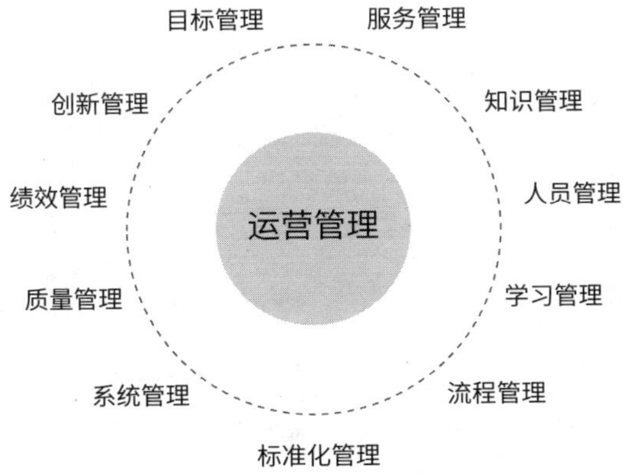

图11－12　财务共享服务中心运营管理体系

11.2.1 目标管理

美国管理大师彼得·德鲁克（Peter Drucker）在其著作《管理实践》① 中最先提出了“目标管理”的概念。德鲁克认为，并不是有了工作才有目标，而是有了目标才能确定每个人的工作，所以“企业的使命和任务，必须转化为目标”，如果一个领域没有目标，这个领域的工作必然被忽视。因此管理者应该通过目标对下级进行管理，当组织最高层管理者确定了组织目标后，必须对其进行有效分解，转变成各个部门以及各个人的分目标，管理者依据分目标的完成情况对下级进行考核、评价和奖惩。

确定财务共享服务中心的目标，是衡量共享服务中心组织活动成效的标准，也是绩效管理的前提。明确的目标好比路标，指明了财务共享服务中心努力的方向，以及应在哪些领域取得成就的标准。所以，财务共享服务中心必须有一个明确的、贯穿各项活动的统一目标，并在共享服务中心建设和运营的过程中持续地向全体员工进行宣贯，达到公司整体层面的目标一致，文化相符。该目标实质上是一个目标体系，不同的子目标之间相互联系、相互制约。在财务共享服务中心的不同阶段，目标会有不同的偏重。

作为独立运营单元，财务共享服务中心模拟市场化方式为不同成员单位提供服务。其建立的目标包括：提高业务处理效率、降低运营成本、提升会计信息质量及满足客户需求（见图 11－13）。

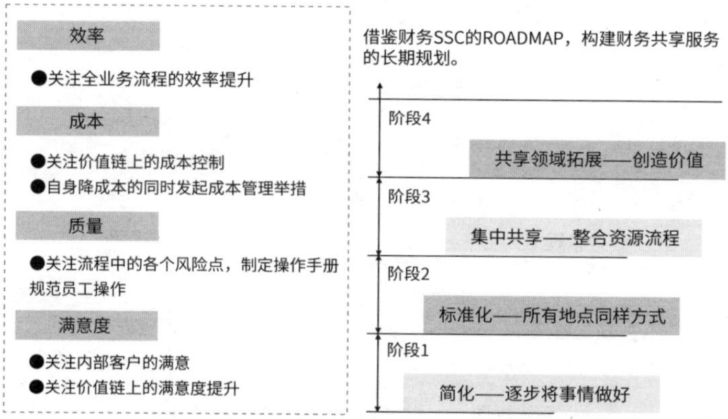

图 11－13 财务共享服务中心的组织目标

① 彼得·德鲁克.《管理实践》[M]. 北京：机械工业出版社，2018。

调研结果显示[①]，超过半数（53.29%）的受调研企业有将共享服务中心的目标向全体员工进行充分的说明、沟通、宣贯。如图 11-14 所示。

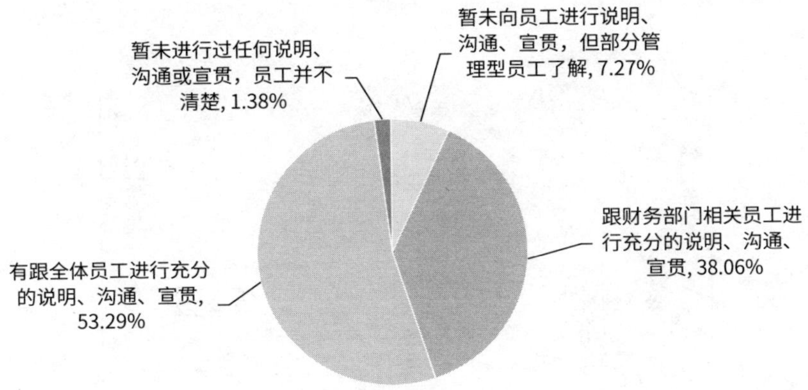

图 11-14 共享服务中心目标是否向公司全体员工进行沟通或宣贯

11.2.2 创新管理

创新管理是鼓励员工在工作的过程中不断创新，对工作中发现的问题提出质疑和创新性的解决方案。创新管理的关键活动是组织的创新意识及相关人员对新事物的接受程度。

对于共享服务中心来说，创新指共享服务中心为解决问题、实现目标、提高组织价值而利用现有的知识和物质基础，在特定的环境中，改进或创造新的事物，包含战略创新、组织创新、文化创新、制度创新、技术创新、客户创新等要素。

创新管理以培养财务共享服务中心的核心能力、提高持续竞争力为中心，以战略为导向，以及各种创新要素的有机组合与协同为关键点，通过有效的创新管理机制、方法和工具，力求做到人人创新、事事创新、时时创新、处处创新，最终实现财务共享服务中心的价值创造目标（见图 11-15）。

① 中兴新云，ACCA，厦门国家会计学院. 2020 年中国财务共享服务领域调研报告［R］. 西安：中兴新云，2020。

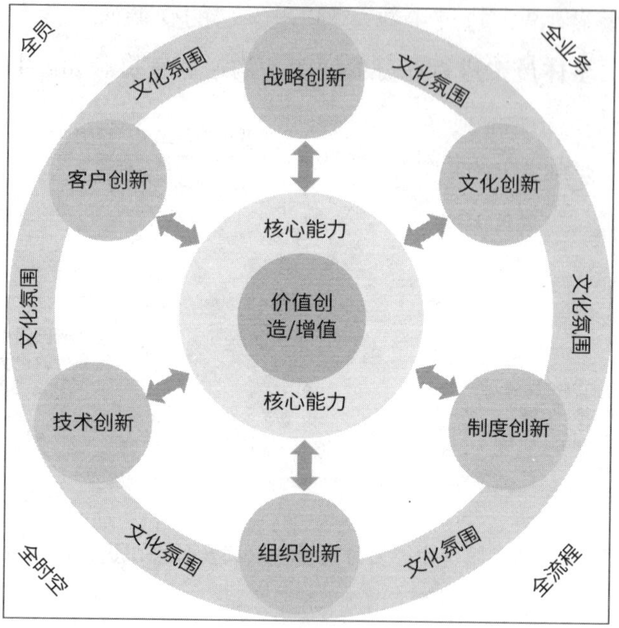

图 11－15　创新管理架构图

（1）创新管理机制

创新管理机制包括制定创新目标、创建思想文化环境、建立创新组织体系、合理安排创新资源、加强创新过程管理。

➢　制定创新目标：是财务共享服务中心战略目标体系的重要组成部分，且创新目标的设定应合理恰当、按年度分解。

➢　创建思想文化环境：强化集团及高层领导的带动作用，培育全员创新的文化氛围，形成思想活跃、鼓励创新、既开放又宽容的创新氛围。

➢　建立创新组织体系：设立以财务共享服务中心领导为首的创新领导机构，建立多层级创新组织和领导、组长责任制。

➢　合理安排创新资源：人力资源的投入，即加大高素质人才的投入，将创新纳入绩效考核范畴；财务资源的投入，即设立创新激励奖项，鼓励创新；物质资源的投入，即包括新技术的引入，也包括财务共享服务中心为营造创新氛围在装修上的投入等。

➢　加强创新过程管理：合理利用创新工具，并建立创新激励机制，建立从创新立项、执行、评价的全过程管理。

（2）创新要素

对于财务共享服务中心来说，创新指财务共享服务中心为解决问题、实现目标、提高组织价值而利用现有的知识和物质基础，在特定的环境中，改进或创造新的事物，包含如下创新要素：

➢ 战略创新：以财务共享服务中心的未来发展方向为主导，结合企业与财务发展现状，提出财务共享服务中心各阶段的任务，比如智能化、信息化、数字化等。

➢ 组织创新：随着财务共享服务中心的不断发展成熟而产生的新的组织形式和结构，比如分公司、子公司等组织形式可采用扁平化的组织结构。

➢ 文化创新：指在传承现有企业文化与财务文化的基础上，培育财务共享服务中心的价值观，如学习文化、包容文化、协同文化、知识共享文化等。

➢ 制度创新：建立工作制度，使财务共享服务中心的各项目工作有序开展，并能够激励员工，促进员工和组织的共同成长，比如流程优化制度、质量管理制度、绩效管理制度等。

➢ 技术创新：财务共享服务中心创造新的技术、工具或将已有的技术合理运用到财务共享中的各业务流程中，比如 RPA、AI、Excel 小工具等。

➢ 客户创新：通过承接外部单位的业务或自身业务范围的拓展来扩大财务共享服务中心服务的对象范围，比如外部单位客户。

11.2.3　绩效管理

绩效管理是用于监控和管理组织绩效的方法、准则、过程和系统的整体组合，它涉及组织管理和运营的方方面面，并以整体一致的形式表现出来。绩效管理强调组织目标和个人目标的一致性，强调组织和个人同步成长，形成“多赢”局面。

财务共享服务中心的组织绩效设计旨在通过多维度评价一个财务共享服务中心的运营及管理水平。借助平衡计分卡，对其所涉及的财务、客户、内部流程、学习创新四个维度进行绩效指标细化的过程，通过和财务共享服务自身特点密切相关的指标设计来达到全面评估财务共享服务中心的目的，详见第9章运营绩效。

调研结果显示①，受调研企业对共享服务中心组织绩效进行衡量的标准主要有业务处理时效（89.27%）、业务处理质量（87.54%）、服务满意度（62.98%）、沟通与协作（41.52%）和业务处理成本（33.91%）。如图11－16所示。

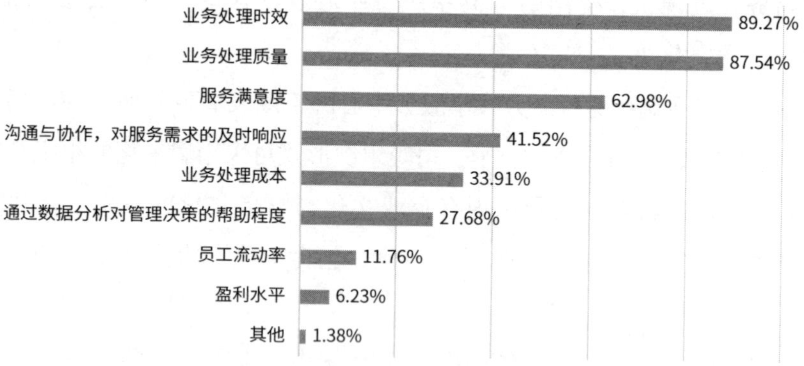

图11－16　共享服务中心组织绩效衡量标准

在如何对员工进行绩效管理方面，受调研企业应用的主要方式有：定期对员工绩效进行考核和评价（73.36%）、KPI考核影响员工薪酬及晋升或轮岗（61.25%）、针对不同岗位设置了较为全面的绩效KPI指标（57.09%）。如图11－17所示。

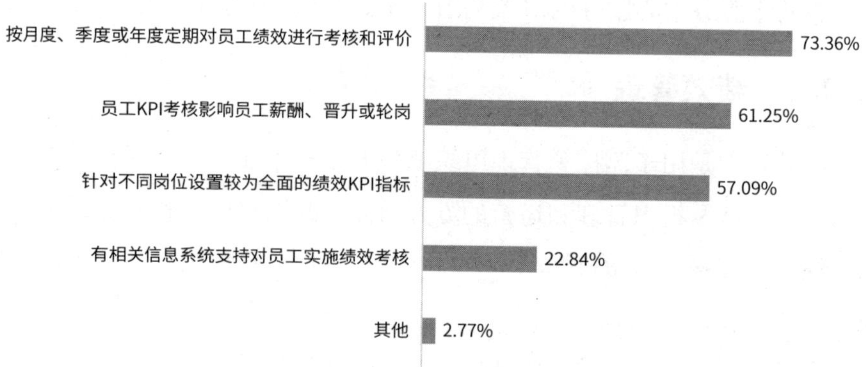

图11－17　共享服务中心对员工进行绩效管理的主要方式

① 中兴新云，ACCA，厦门国家会计学院. 2020年中国财务共享服务领域调研报告［R］. 西安：中兴新云，2020。

11.2.4　质量管理

共享服务中心作为运营实体，通过对外部输入进行处理，从而形成服务产品。质量是共享服务中心的生命线，共享服务中心必须通过质量管理的加强来保障产品输出过程及产品的完整、可靠。

质量管理是指在质量方面指挥和控制组织协调的活动。财务共享服务中心的全面质量管理机制，需要设定明确的质量管理目标和完善的质量管理组织，通过操作标准化、检查体系化、评价显性化的管理体系，配合制度政策、质量宣传、质量培训、主题活动等，并依赖有效的系统工具，共同完成对共享服务中心业务有效的质量管理。

调研结果显示①，受调研企业认为共享服务中心实现质量管理最有效的举措分别是针对各岗位具有细化的质量指标体系和可量化的衡量指标（60. 90%）、设立专人或专门组织负责质量管理工作（55. 71%）、针对每个流程有详细的质量控制点（37. 37%），20. 42% 的受调研企业尚未形成质量管理相关举措或要求。如图 11 – 18 所示。

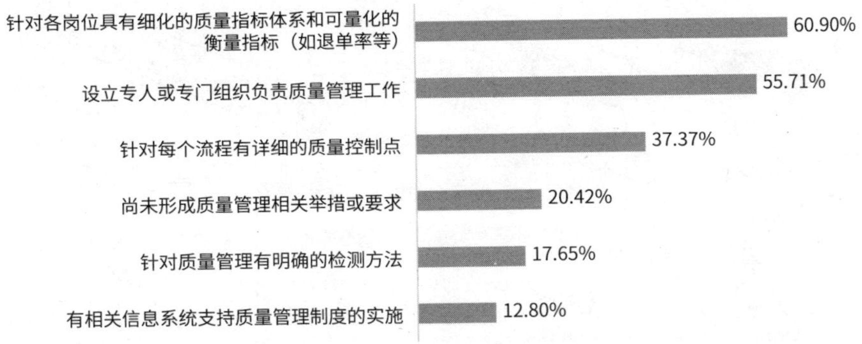

图 11 – 18　共享服务中心实现质量管理最有效的举措

11.2.5　标准化管理

同一个制度，不同财务人员解释，员工获得的概念可能不同；

① 中兴新云，ACCA，厦门国家会计学院. 2020 年中国财务共享服务领域调研报告［R］. 西安：中兴新云，2020。

同一类单据，不同财务人员处理，结果也有可能不同；

特殊情况，如何处理，谁来审批？

岗位变动，如何交接，才能不影响正常工作？

……

怎么办？管理者应该教会员工正确的工作方法。

如何持续正确地做事，即标准。

标准化管理，是对财务共享服务中心的业务活动制定共同和重复使用的规则，在一定范围内获得最佳秩序和最大经济效益。标准化的重要意义是改进产品、过程和服务的适用性，把生产全过程的各个要素和环节组织起来，使各项工作活动达到规范化、科学化、程序化，建立起生产、经营的最佳秩序。

数字化时代的财务中台——共享运营系统

财务共享服务中心的标准化管理无处不在，贯穿于流程管理、组织管理、质量管理、绩效管理、培训管理、服务管理之中，起到固化流程、提升效率、树立品牌的作用，标准化管理的载体即为标准化文档，包括制定、发布和实施过程（见图 11－19）。

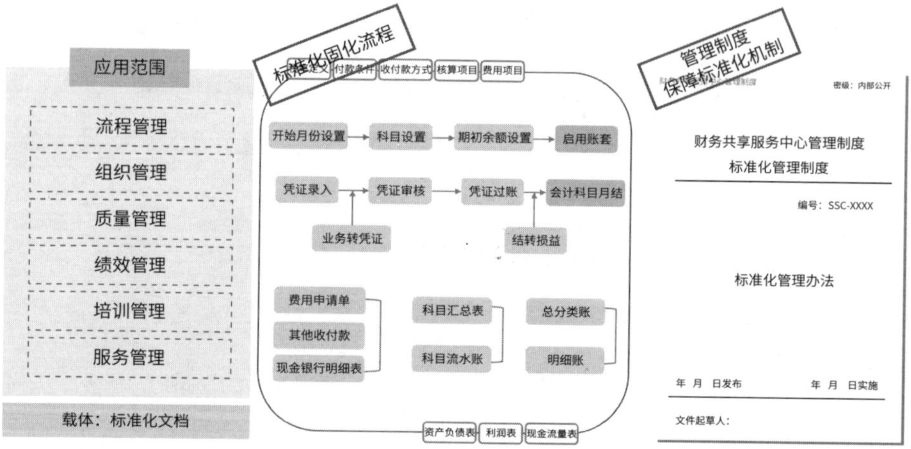

图 11－19　财务共享服务中心的标准化管理示例

调研结果表明①，受调研企业用来保证标准化工作的主要举措有实现

① 中兴新云，ACCA，厦门国家会计学院. 2020 年中国财务共享服务领域调研报告［R］. 西安：中兴新云，2020。

流程标准化（70.93%）、实现岗位标准化（42.91%）、设立专人或专门组织负责标准化管理工作（42.56%）、实现制度标准化（39.10%）。如图 11－20 所示。

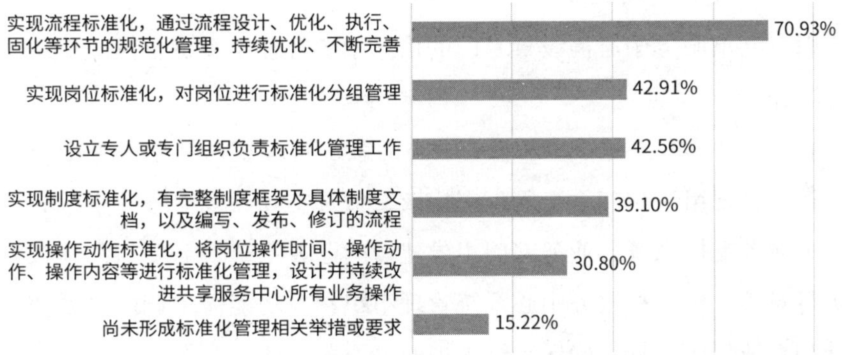

图 11－20　共享服务中心保证标准化工作的主要举措

11.2.6　系统管理

财务共享服务中心的信息系统管理，是保障财务共享服务中心信息系统稳定运行的基础，信息系统管理以系统建设原则为基础，通过系统管理组织的支撑，进行系统新建实施、日常运维、优化升级的管理工作，达成系统有效支持财务共享服务中心业务运作的目的。

（1）系统建设原则

财务共享服务中心的建设离不开信息系统的支撑，信息系统是财务共享服务中心实现流程化、标准化、信息化、智能化、数字化的重要工具。信息系统的建设需遵循以下几个原则：

➢ 符合公司战略：与公司战略和目标紧密结合，充分支撑战略与目标的实现。

➢ 促进业财一体：促进业务与财务管理一体化，使财务操作更契合业务流程。

➢ 规范化效率化：实现业务管理的规范与效率化，提高整体业务信息的质量。

➢ 数据高效整合：实现数据高效整合分析，为经营决策提供有效的数据支持。

➢ 成本收益原则：在公司既定可投入资源范围内，进行信息系统建设与实施。

（2）系统管理组织

财务共享服务中心需设置专门的信息系统管理组负责整体的信息系统管理工作。

➢ 组织设置：财务共享服务中心的系统管理组由共享服务中心负责人、运营管理组组长和系统管理岗构成，负责主导建设财务共享核心系统及相关业务支持系统，业务部门主导建设的业务系统若需要与共享核心系统进行对接，则共享服务中心系统管理组织参与功能需求调研、系统架构设计和系统集成规划，确保系统支持业务财务一体化运作。

➢ 组织职责：共享服务中心负责人负责对系统建设整体规范、系统需求评审、系统架构设计、系统集成规划、信息系统建设进度等方面进行整体把控；运营管理组组长、系统管理岗负责系统需求及问题收集、系统落地实施跟进、系统日常运维、与系统供应商沟通等系统落地实施路径中的具体工作。

➢ 工作机制：问题反馈机制即公司业务人员及财务人员将系统需求及问题反馈至系统管理岗统一汇总；问题处理机制即针对系统问题，如果是日常运营维护，则由系统管理岗自行处理，如果是不能自行处理的系统故障，则联系系统供应商进行解决；需求处理机制即由系统管理岗整理汇总，交由运营管理组组长进行评审，评审通过的系统需求报送共享服务中心负责人审批，审批通过则由系统管理岗联系供应商进行系统开发、测试、上线运行。

（3）系统新建实施

财务共享服务中心系统管理组需要对信息系统从新建需求提出到系统落地实施正式上线运行期间的业务操作进行规范管理。系统新建实施分为立项招标、落地实施两个阶段。

立项招标阶段通常包括以下几个步骤：系统新建需求分析、系统蓝图设计、系统初步选型、供应商沟通、系统功能需求设计、系统建设招投标、项目定标。

项目定标后，项目进入落地实施阶段，财务共享服务中心系统管理组需要对需求调研到系统正式上线运行期间的业务操作进行规范管理，这一阶段的工作由系统实施方主导，不同系统的实施团队有不同的实施步骤，通常重点关注以下几个环节：实施团队进场、功能需求调研、系统架构规划、系统开发、接口联调、系统测试、环境部署、上线运行。

（4）系统日常运维

系统的稳定运行是共享服务中心业务处理的基础，一旦出现问题，将极大地影响财务共享服务中心的工作效率，降低服务满意度，因此财务共享服务中心系统管理组需切实做好系统运维管理工作，这也是系统上线运行后财务共享服务中心系统管理组主要的工作职责，系统运维管理分为系统日常维护和系统故障维修，财务共享服务中心的系统运维管理流程见图 11－21。

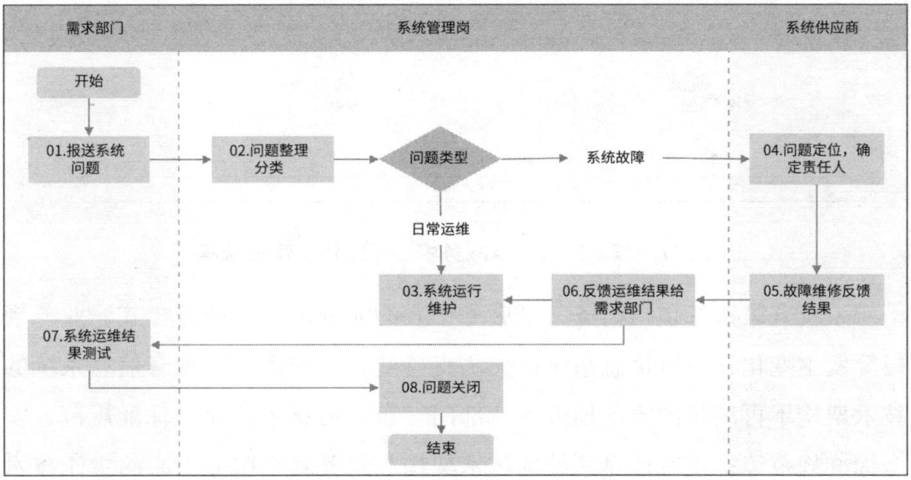

图 11－21　财务共享服务中心系统运维管理流程

系统日常维护是针对系统基础数据维护、简单规则配置、系统权限管理等操作层面的问题。系统上线初期，由系统管理岗和系统供应商共同负责，待系统运行稳定后，将相关配置权限交给系统管理岗位管理，系统供应商远程提供支持。

系统故障维修是针对系统报错、功能失效、无法使用等后台程序层面的问题，由系统管理岗汇总问题后跟系统供应商接口人员进行沟通并确认问题原因、相关处理责任人，若有必要，需现场进行调试。

（5）系统优化升级

随着信息技术的发展和财务共享服务中心运营水平的提升，对现有业务的处理可能存在更好的解决方案，加之现有信息系统的运维成本增加，业务处理效率跟不上财务共享服务中心的发展节奏，需要适时对信息系统进行功能优化或者升级改造。财务共享服务中心系统管理组需定期搜集或自行分析评估提出优化需求进行评审，系统优化升级需关注系统升级条件与系统升级要求，财务共享服务中心的系统优化管理流程见图 11－22。

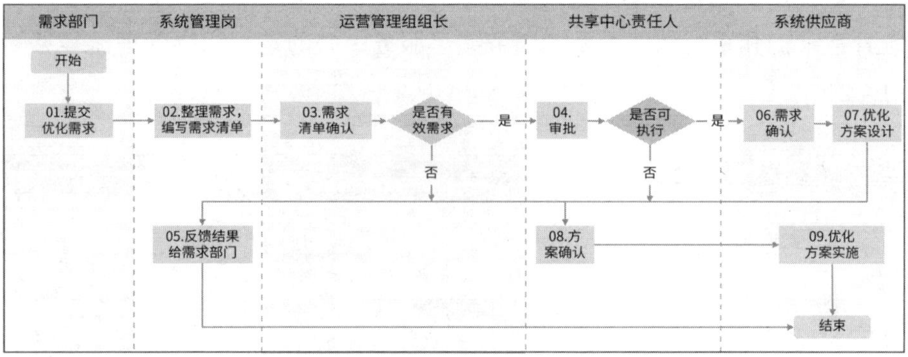

图 11－22 财务共享服务中心系统优化管理流程

系统升级条件包括财务共享服务中心的业务范围、业务模式、业务规模等发生变化，现有信息系统已无法支持变化后的需求；现有信息系统的技术架构不再满足国家或地方政府部门发布的信息系统建设标准规范、安全标准规范等；现有信息系统的技术架构与财务共享服务中心的主流技术架构不一致，影响整体系统集成效果。系统升级要求包括原系统数据需进行备份，避免数据迁移过程中丢失；系统升级过程不能影响现有工作业务的处理；同质功能归并，避免系统重复建设。

调研结果显示①，66.78%的受调研企业建立了专门的 IT 团队，对共享服务中心信息系统及网络安全进行管理和维护，62.28%的受调研企业主动地定期对系统优化需求进行梳理，51.90%的受调研企业主动关注新兴技术在共享服务中心信息系统上的应用。如图 11－23 所示。

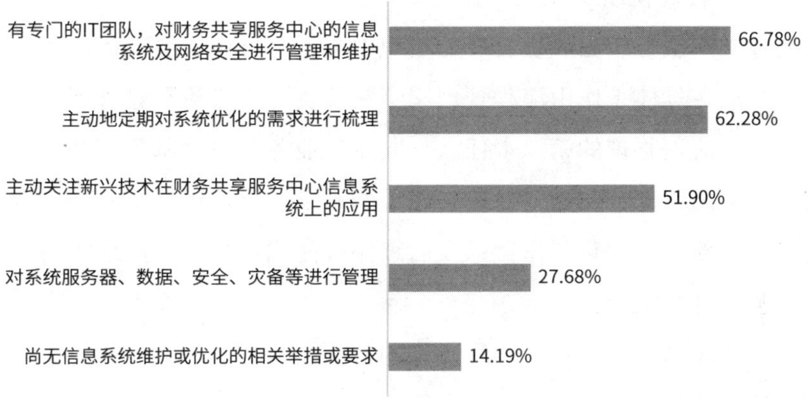

图 11－23　共享服务中心是否主动对系统进行运维和优化

11.2.7　流程管理

流程管理是指对财务共享服务中心各岗位工作流程进行管理，从流程战略、流程设计、流程实施、流程优化四个方面形成管理闭环，实现财务共享服务中心业务处理标准化，达到降本增效，提升输出质量，提升应变能力的目的（见图 11－24）。

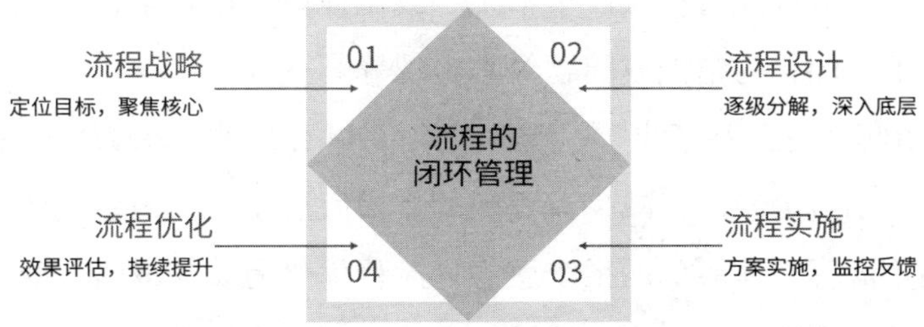

图 11－24　流程管理的闭环模式

① 中兴新云，ACCA，厦门国家会计学院. 2020 年中国财务共享服务领域调研报告［R］. 西安：中兴新云，2020。

本节主要介绍流程优化，流程优化机制包括流程优化组织保障、流程优化基本理论、流程优化步骤、流程优化方法。实际工作中还需要将流程优化与质量管理、绩效管理等工作进行协同管理，发挥运营管理工作的最大成效。

（1）流程优化组织保障

财务共享服务中心流程管理的组织由流程管理岗、各业务组组长及各组员工组成，具体工作由流程管理岗牵头负责完成，流程管理岗是财务共享服务中心流程管理的第一责任人。同时，业务单位（部门）也属于流程管理组织中的一部分，需要对流程相关的需求进行反馈并配合共享服务中心完成流程新建或优化工作，以及后续流程使用过程中的持续协同配合。

（2）流程优化基本理论

流程优化基本理论包括流程优化的定义、目的、原因、机会点和注意事项，定义和目的在前文有详细介绍，这里主要讨论原因、机会点和注意事项。

➢ 流程优化的原因：战略调整、管理变更、业务发展与变更、运行检查出问题、流程绩效不达标、流程效率低下、用户满意度低、审计发现问题等。

➢ 流程优化的机会点：存在经常或严重的内外部客户问题或投诉；对职责界定不清晰，存在多方抱怨；该流程目前运行成本较高；该流程涉及较复杂的组织人员关系；流程周期或循环时间较长；已经发现存在更好的解决方法；流程执行存在严重不统一或流程更改较频繁；出现了可以利用的新技术；同样的错误或问题经常出现等。

➢ 流程优化的注意事项：流程优化要以客户的需求为中心；流程优化要以价值创造为导向，减少流程中的非增值活动；要用系统的观点分析问题，注重流程整体最优的系统思想；流程优化需要与战略、业务模式相结合，充分考虑组织、流程、绩效三者的匹配；流程优化需要考虑与信息系统的结合；要通过模板化提升优化与执行的质量，减少过程返工；不是所有的流程都有问题，不要为了发现问题而去发现问题；流程优化是一个持续的过程，而不是一步到位的。

（3）流程优化的步骤——基于D+PDCA循环的共享流程优化模式

财务共享服务中心流程优化的方向和依据是在流程实施的持续监控和可行性分析的基础上，基于共享服务中心流程运作的时效、成本、质量和服务数据，对流程进行跟踪和评估，不断校正优化方向，最终获取流程的最大效益。

图11－25以D+PDCA循环方法为导向建立财务共享服务中心的流程优化机制，是共享服务中心工作顺利开展的关键。

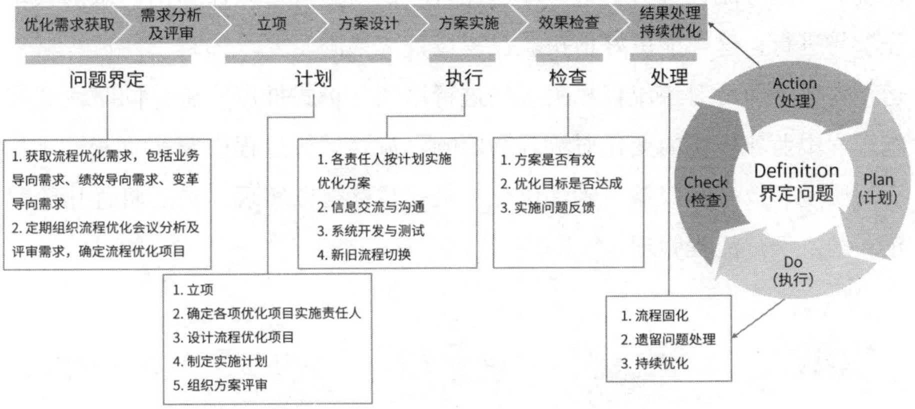

图11－25　基于D+PDCA循环的共享流程优化机制

➢　问题界定（Definition）

优化需求获取：流程优化需求的来源包括业务单位反馈、客户满意度调查报告、公司战略分析、流程规划、标杆企业对比分析、流程审计、流程绩效评估、质量检查。

需求分析及评审：需求分析是指分析流程的关键控制点及优化需求的重要性程度，并输出需求分析报告。关键分析点包括流程级别、存在的问题及需求、原因分析、建议方案、预期效果、涉及的系统、优化类别、急迫性程度、重要性程度、涉及的部门、需求评审。需求评审是指明确流程优化控制点，判断需求实施的可行性和必要性，确定流程优化项目。

➢　计划（Plan）

立项：立项主要包括四个步骤，分别是组建流程优化项目团队；拟定项目实施计划；明确项目成员、预算、周期；内部立项审批。

方案设计：方案设计的关键原则在于消除非增值因素，主要是指消除或压缩流程中的等待和传递时间；优化流程中的检查、评审点；减少流程中的返工；强化关键活动。方案设计的要点在于流程概述、流程角色、关键改进点、流程图、流程说明、系统需求。

➢ 执行（Do）

方案实施：方案实施的具体步骤如图 11－26 所示。制定流程优化的试点实施计划，主要是验证流程的可行性、有效性，同时基于试点验证中发现的问题对流程进行更进一步的完善。试点运行可以让提出需求的人率先参与进行，这样能更好地检验流程设计成果满足要求的程度。流程试点运行完成后即可对该流程相关人员进行培训并正式推广实施，同时注意实施过程中业务环境的变化对流程的影响。流程运行过程中要实时兼顾优化后的质量、效率和效益，确保优化的最初目标得以实现，最后将优化流程正式纳入例行流程管理。

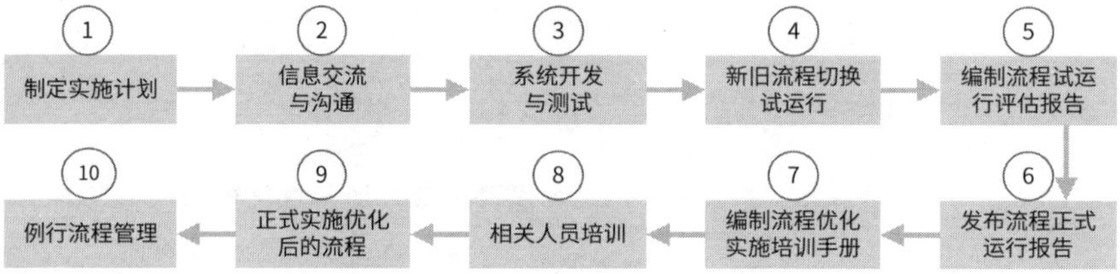

图 11－26　流程优化方案实施步骤

➢ 检查（Check）

效果检查：流程优化实施后，应由主要相关人员对其运行的最终结果、效果进行评估，并将其与流程优化的目标进行对比，评价流程优化目标是否有效达成。若发现问题，可返回流程优化方案设计阶段持续更改，确保流程优化质量达到要求。鉴于流程优化实施效果检查的重要性，可从流程的成本、效率、用户满意度、责任这四个方面进行评价，并和预期的效果进行对比，具体实施过程中可根据实际情况进行指标调整。

➢ 处理（Action）

结果处理持续优化：在流程持续优化过程中，需要设置专职的流程管理岗，也要建立持续的流程考核机制，保证流程体系的有效性和效率性，从而输出流程体系整体的评估和优化建议。另外，流程持续优化需要有相应的激励机制，保障流程优化管理的持续性和稳定性。

调研数据显示①，70.24%的企业已经设立了专人或专门的组织来负责流程管理工作，45.33%的企业形成了项目管理机制，44.29%的企业建立了流程优化机制，26.64%的企业尚未形成流程管理体系。如图 11－27 所示。

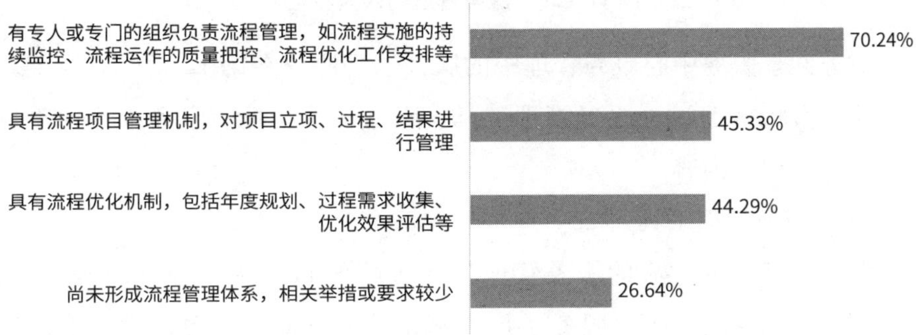

图 11－27　共享服务中心进行流程管理的机制和举措

11.2.8　服务管理

财务共享服务中心和传统的财务部门相比，除了在企业运行中扮演的监控和管理的角色，还多了一个重要的职责，即提供高效高质量的财务服务。如何做好服务，如何让客户满意，就成为财务共享服务中心在运营过程中需要重点关注的问题。

服务管理是财务共享服务中心员工对外服务工作的服务效果、服务能力、服务时限、服务态度等服务质量工作的管理与提升过程。服务管理通过对一系列指标的监控、分析，了解客户需求，并依托于全员参与服务，达到客户满意的目标。

服务管理以长期合作为基础，具有如图 11－28 所示的四个方面的特征。

---

① 中兴新云，ACCA，厦门国家会计学院．2020 年中国财务共享服务领域调研报告［R］．西安：中兴新云，2020。

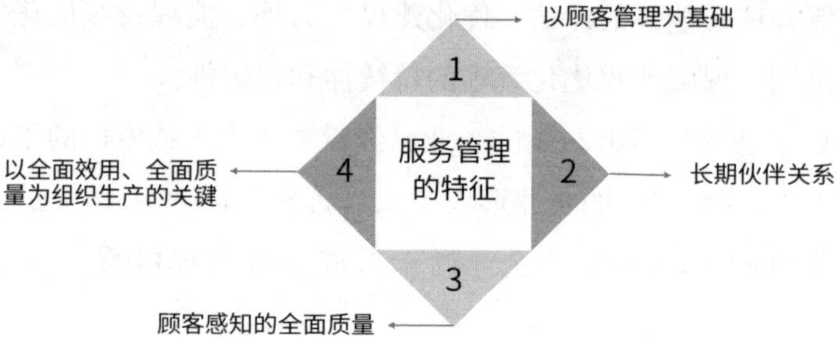

图 11 –28　服务管理的四大特征

财务共享服务中心服务管理中的服务水平协议在第 12 章中有详细介绍，这一节将重点讨论服务管理工具、服务评价指标、服务水平评价报告、投诉处理等内容。

（1）服务管理工具

财务共享服务中心的服务管理工具（见图 11 –29）包括服务热线、公共邮箱、交流网站等。服务质量的测定，可以通过逐单反馈、电话访谈，以及调查问卷等方式收集客户的反馈。

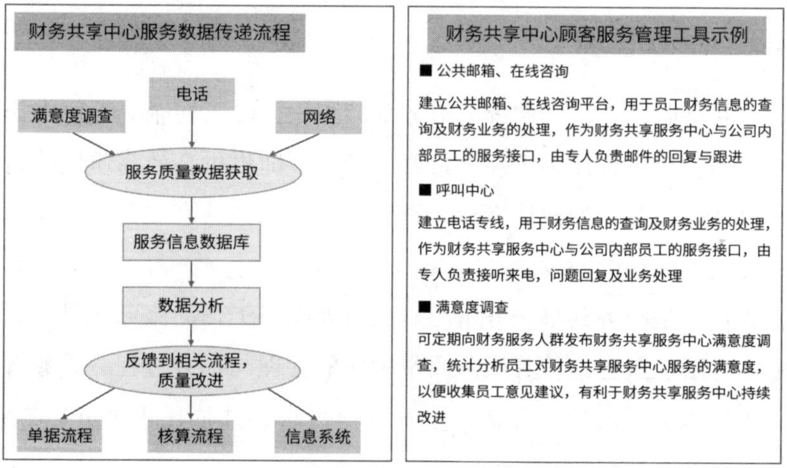

图 11 –29　财务共享服务中心服务管理机制

财务共享服务中心的客户满意度管理主要指针对客户的满意度调查，客户满意度调查可以采用多种方式进行，包括电话访谈或定期向客户发送财务共享服务中心满意度调查问卷等。通过调查可以直观地了解财务共享服务中心的服务水平，并对服务的短板开展有针对性的改进。电话调查可即时获得结果，时效性高，但缺点是成本较高。由于电话沟通中被访者思考时间较短，准确性稍显不足；拨打时间不合适，被访者可能会拒绝访谈。问卷调查的成本较低，可大范围发送，被访者可选择合适的时间仔细填写，但缺点是问卷容易被忽略。

（2）服务评价指标

共享服务中心作为一个服务提供机构，在对其进行客户满意度调查时，服务评价指标应主要包括五个方面：服务效果、服务时限、服务态度、沟通技巧和服务协作性，其中服务效果为最主要的评价依据。为显示不同指标的相对重要程度，可以考虑对五个方面的不同细分指标赋予相应的分值权重，最后加权获得整体评价结果。

下面列举某集团财务共享服务中心的评价机制，以供参考。

服务效果（共45分）

➢ 业务处理专业性（15分）：业务处理、咨询答复的处理内容详细完整、依据充分。

➢ 业务处理正确性（15分）：业务处理、咨询答复准确、无差错。

➢ 无有效投诉（15分）：调查结果中是否存在有效投诉。

服务时限（15分）

➢ 业务处理及时性：业务处理是否及时，是否在24小时内答复员工的咨询。

服务态度（15分）

➢ 服务过程中，在言行举止方面所表现出来的态度：应热情主动、使用礼貌用语。

沟通技巧（15分）

➢ 有效与明确地向他人表达自己的想法、感受与态度的技巧：具备一定的沟通技巧，能有效控制沟通氛围。

服务协作性（10分）

➢ 业务处理协作性：财务共享服务中心团队成员具有合作意识，能够互相配合，一致协作。

(3) 服务水平评价报告

针对不同时期财务共享服务中心的服务评价结果，中心应分季度/半年度/年度出具服务水平评价报告。

一方面，报告应对财务共享服务中心服务管理现状进行分析，结合公司财务共享服务中心的实际运营情况，进行服务方式分析和热门问题诊断，对财务共享服务中心提供服务的方式占比及各方式解决问题效率进行对比分析，并根据前端部门咨询问题梳理出前端部门在报账等流程中存在的普遍问题及解决方法。

另一方面，还应对财务共享服务中心服务水平进行分析评价。可以根据日常满意度调查数据，对共享服务中心服务满意度进行计算及分析，包括：①针对全员的满意度调查结果进行分析：展示样本总量、有效回复率等指标，对各部分展开分析（下同）；②针对业财的满意度调查结果进行分析；③针对共享服务中心内部的满意度调查结果进行分析；④针对单据的满意度调查结果进行分析。根据共享服务中心服务管理水平整体评价情况，对服务水平进行评价。

图 11－30 展示了某公司季度服务水平评价报告，以供参考。

(4) 投诉处理

投诉处理也是 FSSC 服务管理中非常重要的一个内容。客户的需求具备多样性，要做好服务工作、满足每个客户的需求，必然面临着较大的困难。但服务出现瑕疵并导致客户投诉，并不意味着会使得客户对财务共享服务中心的认可度产生不可挽回的负面影响。财务共享服务中心应能够迅速分析原因、解决问题，或者可以通过及时的投诉处理进一步增强客户满意度。

及时采取适当的补救措施，可以向客户表明共享服务中心重视服务质量和客户满意度，影响客户对共享服务中心的看法。在处理客户投诉时，一般按照如图 11－31 所示流程处理，在整个过程中应注重对客户的安抚和尊重。

季度服务水平评价报告

编号：[20XX-XXXX]

岗位名称	FSSC服务管理岗	日期	

1. 财务共享中心服务管理现状

为进一步提升会计信息质量，优化财务人员资源配置，提升财务风险管控和聚焦企业转型战略支撑服务的能力，结合公司财务共享中心本月的实际运营情况，编制本月服务管理报告。

1.1 服务方式分析

对财务共享中心提供服务的方式占比及各方式解决问题效率进行对比分析。

1.2 热门问题

根据前端部门咨询问题梳理出在报账等流程中，前端部门存在的普遍问题及解决方法。

2. 财务共享中心服务水平分析

2.1 财务共享中心日常满意度分析

根据日常满意度调查数据，对共享中心服务满意度进行计算及分析。

（1）针对全员的满意度调查结果进行分析

展示样本总量、有效回复率等指标，对各部分展开分析。下同。

（2）针对业财的满意度调查结果进行分析

（3）针对共享中心内部的满意度调查结果进行分析

（4）针对单据的满意度调查结果进行分析

2.2 本月投诉分析

本月共享中心被投诉内容，及截至月报出具前投诉的解决进程及总结改进情况。

2.3 服务水平评价结果及改进计划

根据共享中心服务管理水平整体评价情况，对服务水平进行评价。

图11－30　某公司季度服务水平评价报告

图11－31　客户投诉处理流程

同时，在投诉处理的过程中，需要利用投诉记录表进行统一记录，对投诉时间、投诉人、客诉级别、责任人、处理结果、反馈情况进行统一的记录和整理。完整的投诉记录，一方面有助于协助投诉处理流程，敦促客户投诉的高效、高质量解决，另一方面，有助于投诉的定期复盘和分析，确定常见问题发生原因及对应责任人，帮助财务共享服务中心不断提升自身业务水平。表 11 - 1 给出投诉记录表示例，以供参考。

表 11 - 1　　投诉记录表示例

投诉时间	单位部门	投诉人	是否有效投诉	客诉级别	报账单号	责任人	投诉事由	原因调查	处理结果	反馈情况
				□ 一般 □ 重大 □ 特大						
				□ 一般 □ 重大 □ 特大						

调研结果显示①：66.78% 的受调研企业已经建立了专门的组织以服务窗口的形式为客户提供服务。通过建立专门的服务组织，同时培养服务人员的良好服务意识、积极服务态度、娴熟服务技能，从而高效应对员工的咨询与投诉。同时，定期满意度调查和客户回访这两种方式在受调研企业中的占比分别为 53.98% 和 42.91% 。而 22.84% 的受调研企业共享服务中心服务管理处于初始阶段，尚未建立公开服务渠道。如图 11 - 32 所示。

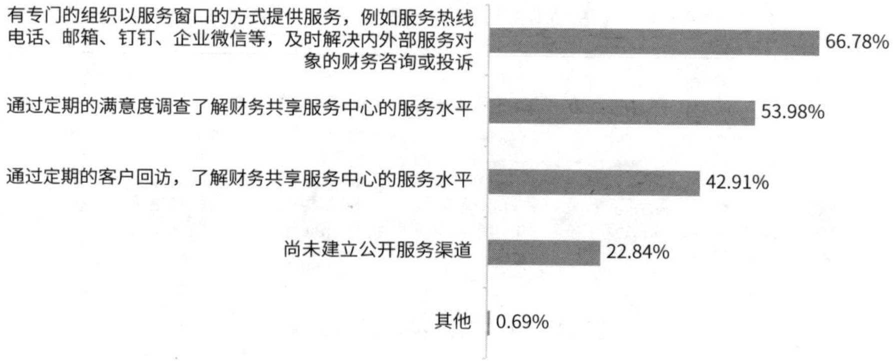

图 11 - 32　共享服务中心进行服务保障的举措

① 中兴新云，ACCA，厦门国家会计学院. 2020 年中国财务共享服务领域调研报告［R］. 西安：中兴新云，2020。

满意度调查的结果可以直接说明服务对象对共享服务中心提供服务的满意程度，有助于不断地改进共享服务中心的服务质量，提升客户体验。调研结果显示①，28.03% 的受调研企业共享服务中心客户服务满意度在 90% 及以上。而 20.07% 的共享服务中心从未进行过满意度调查，其背后可能是因为不同企业的战略目标和管理诉求不同，并非所有的企业都将服务满意度作为衡量共享服务中心服务水平的重要指标。如图 11－33 所示。

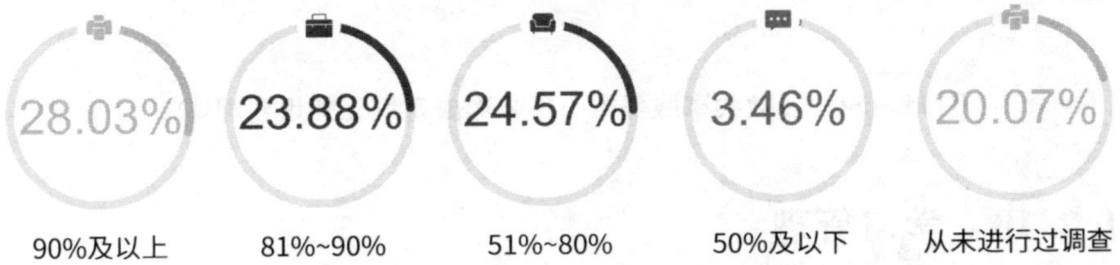

图 11－33　客户对共享服务中心的服务满意度

11.2.9　知识管理

建立一个学习型的组织，并进行有效的知识管理，对组织知识的培育有着十分积极的作用。组织的持续发展离不开知识的掌握和运用，然而在大部分情况下，组织的知识是非体系化的，很多组织内的知识“只可意会不可言传”。如果不能实现组织成员掌握的知识在组织内提炼并有效共享，那么富有创造价值的知识将有可能白白流失掉，这显然不是企业或组织乐意见到的，知识管理就在这种背景下诞生了，知识管理的详细内容可见 13 章知识管理。

调研结果显示②，31.49% 的受调研企业共享服务中心已形成了系统化的知识管理体系，并建立了知识库平台，49.83% 的受调研企业正在梳理共享服务中心的知识管理体系，18.69% 的受调研企业暂时无计划建立知识库。如图 11－34 所示。

① 中兴新云，ACCA，厦门国家会计学院. 2020 年中国财务共享服务领域调研报告［R］. 西安：中兴新云，2020。

② 同①。

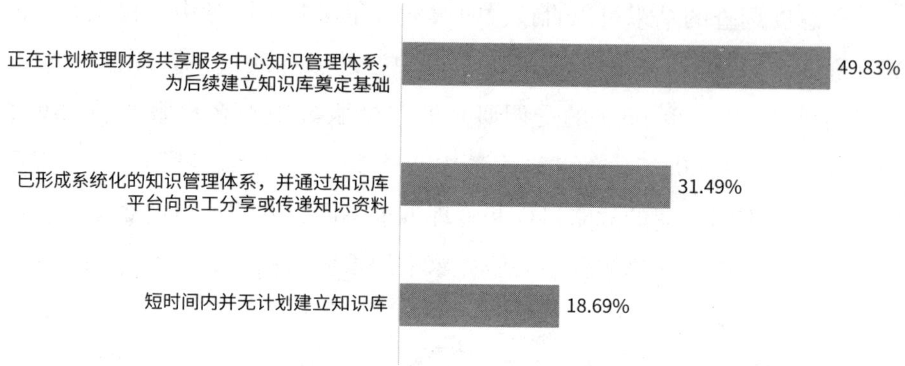

图 11－34　多数共享服务中心还未形成系统化知识管理体系

11.2.10　学习管理

学习管理是以完善的培训管理体系和知识管理体系为基础，建立良好的学习环境和学习激励机制，最大程度地激发员工的学习热情，自主学习和公司培训双管齐下，将财务共享服务中心打造成学习型组织的一个过程。

学习管理机制包括营造学习环境、鼓励员工自主学习、搭建培训体系、建立激励与考核机制四个方面。

（1）营造学习环境

在财务共享服务中心营造学习环境，形成共享服务中心员工对学习的积极正面的态度，保持对工作的认同和兴趣。学习管理岗负责定期举办比赛和活动，比如劳动技能大赛、学习沙龙；建立以师带徒机制贯穿新员工试用期，保证学员对工作能尽快适应，激发潜能和动力。

（2）鼓励员工自主学习

学习型组织的建设，应注重鼓励员工自主学习，形成勤于学习的意识和全员学习的团体氛围。

在学习内容方面，应该不受工作岗位限制，可突破岗位限制学习其他学科、其他方面的知识内容。

在学习形式方面，提倡丰富多样的自主学习形式，可运用面对面、集团学习系统、日常工作、知识共享平台等多种方式进行学习，提倡员工考证和岗位考评与认证，吸引员工学习、丰富员工素养，提升团队整体综合能力。

（3）搭建培训体系

财务共享服务中心人员专业化分工、工作内容标准，培训可以保证工作产出的一致性，保证工作水平的稳定性；能够让员工感觉被重视，有助于保留核心员工；能够营造学习型气氛，产生创新的动力。

搭建培训体系包括培训组织建设、讲师队伍建设、培训课程体系建设、培训管理评估体系建设。

➢　培训组织建设：财务共享服务中心的培训开展需要有完善的培训组织团队，培训组织团队应包含的角色包括财务共享服务中心学习管理岗、各组培训接口人、课程开发及培训讲师团队。财务共享服务中心建设初期阶段，由培训讲师团队兼职课程开发；成熟阶段，成立独立的课程开发团队，辅助培训讲师开展工作。如图11－35所示。

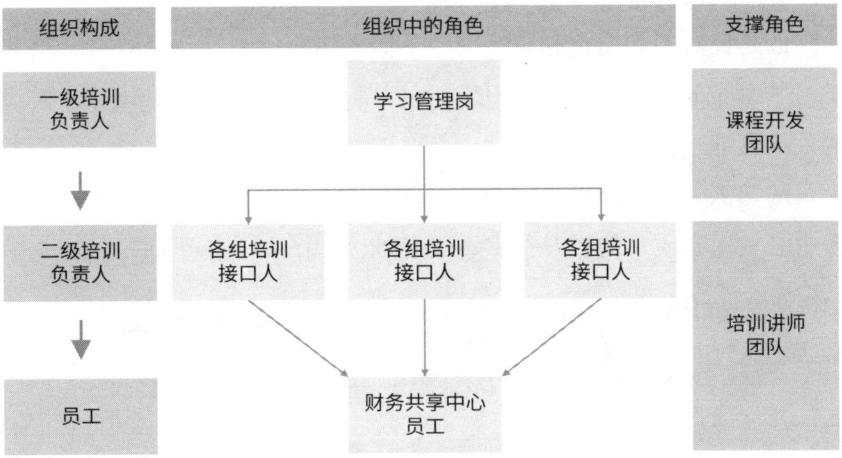

图11－35　培训组织架构图

➢　讲师队伍建设：在财务共享服务中心内部形成优秀的讲师团队，负责组织培训课程开发、培训课件的优化与整理，并在需要的时候聘请外部讲师进行培训。

➢　培训课程体系建设：根据财务共享服务中心的特点制定合适的培训课程，比如工作技能、职业素养的培训等。

➢　培训管理评估体系建设：对于培训内容进行效果评估和反馈设计，推动培训效果的转化，形成培训的闭环管理。

（4）建立激励与考核机制

学习型组织建设需建立一套完善的管理制度，可以采用积分制度，以此作为学习管理的好坏评判标准。基于学习型组织建设大环境，财务共享服务中心机制建设应重奖励轻考核，逐步形成学习氛围和自主学习意识。

积分制度评比方式将积分与绩效考评挂钩，辅助以绩效奖励。可从定量和定性两个方面按一定标准给分。

➢ 定量给分：参加比赛、沙龙次数、培训课时、集团学习系统的学习时间、阅读量等；

➢ 定性给分：学员学习态度、积极性、配合程度、领导对学员培训结果评价等。

更多内容详见第 14 章培训管理。

在针对提高共享服务中心学习能力最有效的举措的调研结果中①，排名前列的是针对不同岗位和层级设计不同的培养计划（79.58%）、搭建支持学习管理的信息系统（57.09%）、以师带徒机制（56.06%）。通过科学的人员管理、持续的知识管理、有效的学习管理，可以保持共享服务中心人员的熟练、稳定，对人员的“选育用留”进行体系化的管理，为共享服务中心效率和质量的提升奠定重要基础。如图 11－36 所示。

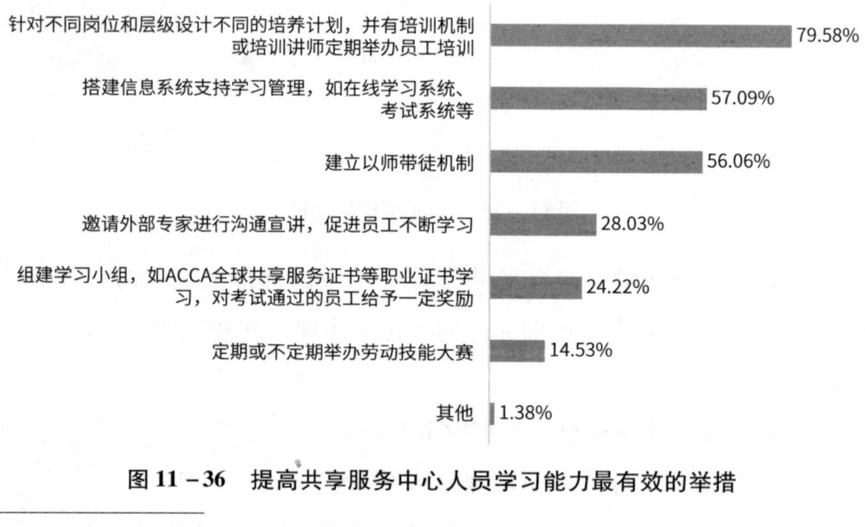

图 11－36 提高共享服务中心人员学习能力最有效的举措

① 中兴新云，ACCA，厦门国家会计学院．2020 年中国财务共享服务领域调研报告［R］．西安：中兴新云，2020。

11.2.11 人员管理

人，是企业最宝贵的资产。杰克·韦尔奇说过，人才是 GE 保持长盛不衰的真正秘诀。而要吸引和留住企业所需人才，就必须做到：选对人用好人，激发企业活力；加强人才培养，推动个人提升和组织发展；留住人才，为组织长远发展积聚力量，实现组织目标。

财务共享服务中心的工作内容是标准化的基础业务，其特点是专业分工明确，员工数量众多，人员年轻，女性员工较多。许多共享服务中心的管理者会思考：如何吸引合适的员工？如何使员工尽快适应组织文化，承担岗位职责？如何使员工发挥最大潜能？如何保留核心员工……要回答这些问题，必须重视财务共享服务中心的人员特点，才能充分发挥员工的主观能动性，人尽其才，事得其人。关于人员管理的详细内容，参见第 15 章人员管理。

调研结果显示①，制定合理的轮岗机制（79.24%）是共享服务中心最主要的人员管理途径，明确的晋升机制（51.56%）、对外输送通道（49.83%）也帮助加强了共享服务中心的人员管理，从而实现良好的人员管理循环。如图 11－37 所示。

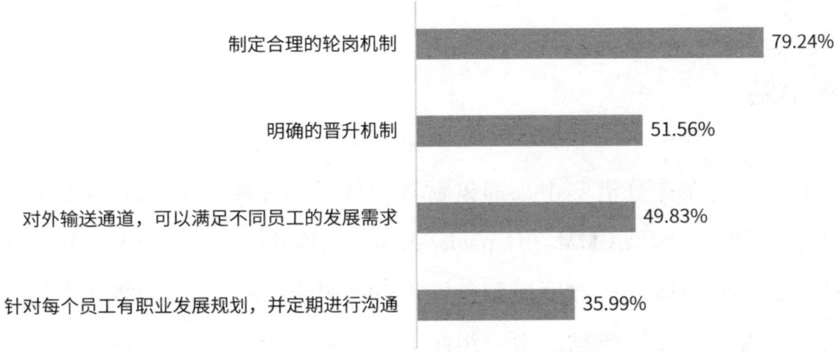

图 11－37 共享服务中心关注员工发展的主要举措

---

① 中兴新云，ACCA，厦门国家会计学院. 2020 年中国财务共享服务领域调研报告［R］. 西安：中兴新云，2020。

调研结果显示①，80.28%的受调研企业共享服务中心人员离职率在10%及以下，说明大部分共享服务中心的人员流动率处于良性状态。离职率过低和过高都不利于共享服务中心的良性发展。离职率过低，共享服务中心内部组织和思维容易固化，不利于持续优化和创新管理。离职率过高，会导致人员不稳定，不利于日常业务运行。但在特定情况下，如果共享服务中心的岗位拆分很细或各岗位的标准化程度极高，新员工可以快速接任上岗，较高的流动率相反会在一定程度上帮助企业降低成本。如图11-38所示。

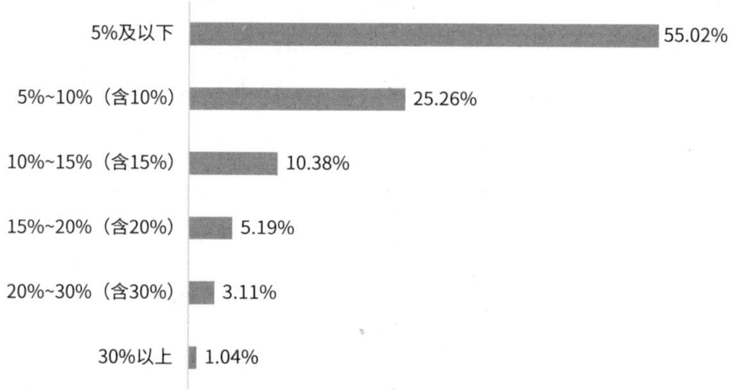

图11-38　共享服务中心年度人员离职率

本章小结

中兴新云在充分借鉴中兴通讯财务管理成熟度模型FCMM模型和软件过程能力成熟度模型CMM（Capacity Maturity Model）的基础上，建立了财务共享服务中心运营成熟度模型，即FSSCMM模型。该模型将共享服务中心运营分为四大关键驱动因素：组织人员、业务流程、信息系统、运营管理。组织人员是共享服务中心的运营主体，良好的组织人员设计是共享服务中心实施经营活动的基本要素和实现战略目标的重要保障。业务流程是

① 中兴新云，ACCA，厦门国家会计学院．2020年中国财务共享服务领域调研报告［R］．西安：中兴新云，2020。

共享服务中心实施方案构建的首要因素。信息系统是实现财务共享、信息共享的工具与技术支撑。运营管理要素的设计是共享服务中心作业质量、组织效率、服务满意度、价值增值等方面的管理保障，主要包括目标管理、创新管理、绩效管理、质量管理、标准化管理、系统管理、流程管理、服务管理、知识管理、学习管理和人员管理十一个方面。

本章关键词

运营管理体系　目标管理　创新管理　绩效管理　质量管理　标准化管理　系统管理　流程管理　学习管理　人员管理　知识管理　服务管理

本章练习题

一、选择题

1. 下列不属于财务共享服务中心的创新要素的有（　　）。

A. 战略创新　　B. 组织创新

C. 人员创新　　D. 技术创新

2. 财务共享服务中心的标准化管理无处不在，贯穿于流程管理、组织管理、质量管理、绩效管理、培训管理、服务管理之中，标准化管理的载体为（　　），涵盖制定、发布和实施过程。

A. 标准化流程　　B. 标准化系统

C. 标准化制度　　D. 标准化文档

3. 财务共享服务中心的员工培训体系一般有培训组织、（　　）、支持体系四部分。

A. 培训评价　　B. 实践活动

C. 课程体系　　D. 讲师队伍

4. 共享服务中心作为一个服务提供机构，在对其进行客户满意度调查时，服务评价指标主要涵盖五个方面，其中（　　）为最主要的评价依据。

A. 服务协作性　　B. 服务时限

C. 服务态度　　D. 服务效果

5. 学习型组织建设需建立一套完善的管理制度，可以采用积分制度，以此作为学习管理的好坏评判标准，积分制度评比方式将积分与绩效考评挂钩，辅助以绩效奖励，给分标准有（　　）。

A. 定性给分　　B. 定期给分

C. 定量给分　　D. 定岗给分

二、判断题

1. 运营管理，是对提供的产品或服务进行设计、运行、评价和改进的活动。通过对价值链上的各项活动进行分析和设计，提高组织运作效益，协调组织活动并不断优化。（　　）

2. 财务共享中心的人员绩效考核设计旨在通过多维度评价一个财务共享服务中心的运营及管理水平，是借助平衡计分卡，对其所涉及的财务、客户、内部流程、学习创新四个维度进行绩效指标细化的过程。（　　）

3. 创新管理机制包括制定创新目标、创建思想文化环境、建立创新组织体系、合理安排创新资源、加强创新过程管理。制定创新目标是财务共享中心战略目标体系的重要组成部分，且创新目标的设定应合理恰当、按月分解。（　　）

4. 服务管理是财务共享服务中心员工对外服务工作的服务效果、服务能力、服务时限、服务态度等服务质量工作的管理与提升过程。服务管理通过对一系列指标的监控、分析，了解客户需求，并依托全员参与服务，达到客户满意的目标。（　　）

5. 财务共享服务中心的客户满意度管理中电话调查的特点是：可即时获得结果，时效性高，成本较低，可大范围拨打；缺点是由于电话沟通中被访者思考时间较短，准确性稍显不足；拨打时间不合适，被访者拒绝。（　　）

三、思考题

1. 十一维运营管理体系主要包括哪些维度？
2. 财务共享服务中心如何进行创新管理？
3. 系统管理具体包含哪些内容？
4. 服务管理有哪些特征？

第12章　服务水平协议

本章学习目标

本章首先介绍了服务水平协议的概念，然后阐述了服务水平协议的具体内容，包括服务、技术和商务三部分。

通过本章的学习，应掌握：

◇　服务水平协议的基本概念

◇　服务水平协议三个部分的具体内容

本章知识结构图（见图12－1）

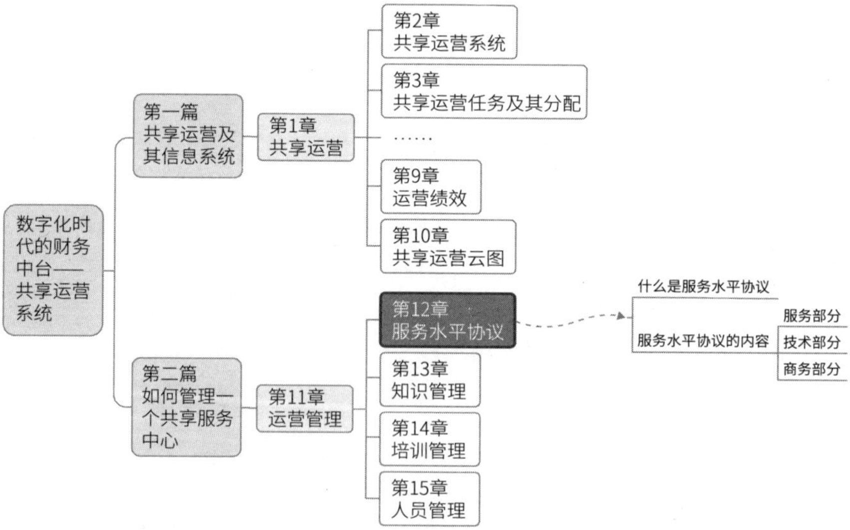

图12－1　第12章框架导图

12.1　什么是服务水平协议

服务水平协议（Service - level agreement，SLA）也称服务等级协议、服务级别协议，是服务提供方和服务对象之间就业务范围、响应级别、处理效率、质量要求、计费标准等与服务相关的指标所达成的双方共同认可的约定或契约，这个协议规范了双方的商务关系、权利和义务，是企业对共享服务进行评价的标准依据。

其中，财务共享服务中心作为集团公司会计和报告业务管理的枢纽，为了实现成本降低、财务管理水平及效率提高、企业核心竞争力上升等目标，更需要服务水平协议。在财务共享服务中心中，服务水平协议主要约定了财务共享服务中心向被服务主体提供哪些服务、服务要达到什么标准，以及服务定价与结算、奖惩措施等。若进一步细化，还可以包括服务优化的措施、新服务如何接入、被服务主体应该如何对接等。服务水平协议规定的服务表单是服务质量评审、服务质量报告主要的数据来源，而其服务质量度量参数与办理流程则建立了业务管理的关键里程碑，同时，其共享服务的操作规范层面则界定了服务的双方的责任、关系、流程的划分界限，并为共享服务提供了可量化的服务评价依据。

服务水平协议的签订，是在把企业视同客户、财务共享视同服务商的前提下对双方的约束，一方面要求财务共享提供的财务服务应符合企业的要求；另一方面，企业根据协议约定，若服务达到要求则应承担相应的成本，若服务未达到要求则应扣减相应的成本。借助于服务水平协议（SLA）的形式，可以让权责双方更加清晰各自责任，以书面形式保障服务双方利益。同时，也能够保证运作情况的透明、公开，实现服务水平的可测评、可管理和可改进，不断提高整体流程运作效率和质量。

12.2　服务水平协议的内容

一般而言，服务水平协议的基本内容主要涉及服务部分、技术部分、商务部分三个方面，下面分别予以说明。

12.2.1 服务部分

服务部分主要包括服务内容、双方基本义务、双方权责关系、沟通机制、意外事项处理等与服务范围、服务方式、服务流程、权责界限相关的内容。

服务内容主要用于规范财务共享服务中心（FSSC）所提供的服务项目，对于列入服务内容的工作，FSSC应履行约定义务，承担相应责任。一般而言，我们可以将服务项目大致划分为标准服务项目和增值服务项目两种类型。

其中标准服务项目一般包括审核类业务、资金结算、对账、报表出具、单据扫描、档案管理、税务支持、审计配合、员工报账指导和支持等，主要聚焦于标准财务业务的处理。FSSC会根据委托服务方的需求，基于委托服务方财务制度和会计政策要求，开展如报账信息审核、会计凭证生成、资金结算类服务、定期与员工/供应商/客户/银行进行内部往来对账、出具财务报表等各类业务。

除去标准项目外，FSSC还会基于数据的处理分析结果，结合自身能力，根据委托服务方的内部管理需要，在标准服务项目的基础上提供增值服务，包括但不限于：为委托服务方提供内部管理所需的业务分析报告；协助委托服务方评审、修订各类报销政策、账务处理政策；根据日常业务处理中发现的问题，以管理建议书的形式向委托服务方提出改进意见；根据委托服务方需求，组建临时财务专家团队，为委托服务方提供尽职调查、内部审计等相关咨询服务。

在双方基本义务方面，服务提供方的义务主要包括：

➢ 遵守职业道德和职业纪律，严格执行委托服务方的企业管理制度和会计政策；

➢ 勤勉尽职，在协议规定的范围内提供各项会计核算标准化服务；

➢ 采取必要措施，达到服务标准要求；

➢ 根据委托服务方的个性化需求提供各项增值服务；

> ➢ 解释说明委托服务方、税务机关、审计提出的有关会计处理方面的问题；

➢ 采取保密措施，对在执行会计业务中知悉的商业机密负有保密义务。

而委托服务方的义务则主要包括：

➢ 制定财务业务处理所必需的各类企业管理制度和会计政策；

➢ 保证为FSSC提供的资料及信息的及时性、准确性、真实性和完整性，对经济业务的真实性、合法性、规范性负责；

➢ 协助和配合FSSC完成其服务工作，向FSSC提供与服务内容有关的资料，包括但不限于原始凭证、业务信息等；

➢ 对特殊事项进行决策。

在双方权责关系层面，则需要对各类责任的主体进行说明，包括但不限于业务真实性责任主体、审批责任主体、内控责任主体、预算管理责任主体、税收责任主体等。

在沟通机制方面，需要明确双方的总体负责人、各具体业务的接口人以及沟通的方式、周期等。对于财务共享服务中心来说，每一个顾客或每一项服务都应设置一名项目经理负责整体的组织、协调、谈判等工作。如果各项目中包括的具体业务较多，需要针对具体业务设接口人，这样对于具体业务上的沟通可以减少沟通层级、缩短信息传递时间，保证沟通的及时性和针对性，增强双方沟通的有效性。对于不同的沟通需求还要界定沟通的对象，比如对于紧急且重要的事件向双方项目负责人沟通，对于具体业务的沟通需求与业务接口人沟通等。另外，由于沟通的方式很多，仅明确沟通的对象是远远不够的，还必须对沟通方式、沟通工具以及沟通周期进行约定。甚至对于不同的需求需要不同的沟通形式都需要约定清楚。沟通的方式包括：电话沟通、见面沟通、邮件沟通、信件沟通等。沟通周期包括：定期沟通、实时沟通、紧急沟通等。

另外，考虑到协议的内容和篇幅都是有限的，不可能囊括所有的细节，而且协议双方也不可能在签订协议时预测到将来会发生的所有状况，因此，例外事项处理流程是服务水平协议中必不可少的一项。例外事项是指服务过程中遇到的协议没有界定的突发事项或顾客提出的协议以外的特殊服务需求。针对这一类例外事项，需要事先在协议中约定处理流程、程序、沟通方式以及负责人等。

12.2.2 技术部分

技术部分主要着眼于关键指标的设置来进行服务成本效益、时效性、差错率层面的考量和控制，指标类型主要包括财务指标、时效指标、质量指标三种。

财务指标以成本指标为主，但可以根据收入增加投产比指标。指标设置以是否可量化、服务差异化为依据，其目标值可直接参考实际成本计算结果。成本可分摊即分摊，无法分摊则打包定义。某企业部分财务指标列举如表 12－1 所示，以供参考。

表 12－1　　　财务指标示例

服务内容	指标名称	指标定义	备注
会计审核类	影像成本	（成熟人力直接人力成本＋职场成本分摊＋IT 成本分摊＋直接管理人力分摊＋间接管理成本分摊＋日常费用）／（审核单据量×单均影像量）	1. 根据岗位不同、单据类型不同可分别计算，也可以汇总计算；关键在于不同业务人均审核单据量数据是否有较大差异 2. 成本归集多少事项可参考共享成本是否分摊至被服务主体 3. 可按天、月、年测算 4. 直接管理人力包括审核组组长、处长等管理岗；间接管理成本主要是指共享运营如质量、风险、人力资源等不直接服务客户的成本投入
	日常费用报销单成本	（成熟人力直接人力成本＋职场成本分摊＋IT 成本分摊＋直接管理人力分摊＋间接管理成本分摊＋日常费用）／审核日常费用报销单单据量	1. 此指标一般会对应折算率。将此指标定义为标准单，其他单据类型根据工时或者其他标准进行折算 2. 以我们的经验看，折算也是看人均处理量，不如直接按处理量或者影像量计算更准确
月结类	法人结账成本	（结账相关人力成本＋其他成本分摊）／法人账套数量	

续表

服务内容	指标名称	指标定义	备注
资金收付类	批量付款支付成本	（银行结算费 + 成熟人力直接人力成本 + 职场成本分摊 + IT 成本分摊 + 直接管理人力分摊 + 间接管理成本分摊 + 日常费用）/ 总支付批次	资金支付自动化程度较高，人力成本分摊会较少
	单笔付款支付成本	（银行结算费 + 成熟人力直接人力成本 + 职场成本分摊 + IT 成本分摊 + 直接管理人力分摊 + 间接管理成本分摊 + 日常费用）/ 总支付笔数	
	银行账户管理成本	（账户管理直接人力成本 + 职场成本分摊 + IT 成本分摊 + 直接管理人力分摊 + 间接管理成本分摊 + 日常费用）/ 总支付笔数	
系统管理类	运维问题成本		
	需求评估成本		
客户服务类	呼叫成本		
	邮件成本		

时效指标则主要确定了相应服务内容在时效性上的服务水平标准，应综合考虑服务主体是否接受及系统服务能力，共享能够提供的目标值。某企业部分时效指标列举如表 12 – 2 所示，以供参考。

表 12 – 2　　　时效指标示例

服务内容	指标名称	指标定义	备注
会计审核类	费用审核时效	（复核通过或拒绝时间 – 进入派工池时间 – 晚上时间）/ 总单据量	单据时间点有：进入派工池、初审抢单时间、初审通过或拒绝时间、复核抢单时间、复核通过或拒绝时间；计算时效时，需要考虑是否把等待时间扣除、是否把晚上和中午休息时间扣除、是否把退影像时间扣除

续表

服务内容	指标名称	指标定义	备注
会计审核类	应付审核时效		
	应收审核时效		
	总账核算时效		
月结类	结账时效	关账自然日	
资金收付类	批量支付时效	（资金系统传递给支付渠道时间 - 资金系统收到支付需求时间）/ 总支付批次	这里要考虑，费控或者 ERP 前端系统是否实时传送至资金系统，需要把此时间也考虑
	单笔支付时效		
系统管理类	运维时效	（运维问题关闭时间 - 接到运维问题时间）/ 总运维问题数量	
	需求评审时效	（系统评审完毕时间 - 接到系统雷求时间）/ 总需求量	
客户服务类	问题解答时效	（问题关闭时间 - 问题提交时间）/ 总问题量	

质量指标则主要规定了各类主要服务在差错率层面的要求，此类指标一般以客户需求为主，需要根据客户需求的水平层次，通过各种优化手段提升 FSSC 的对应服务水平。由于在实际应用中，不同场景的需求差异较大，此处仅列举出部分主要指标，如表 12－3 所示，以供参考。

表 12－3　　质量指标示例

服务内容	指标名称	指标定义	备注
会计审核类	费用审核差错率	费用审核差错单据量 / 总单据量	1. 差错单据来源有：机构投诉、共享内部自查 2. 共享内部自查有多种，日常稽核、专项稽核等 3. 审核差错是指已经入账单据，检查时发现缺少原始凭证或者原始凭证有误
	应付审核差错率		
	应收审核差错率		
	凭证差错率	错误凭证数量/总凭证量	凭证差错是指已经过账单据发现科目有误

续表

服务内容	指标名称	指标定义	备注
资金收付类	资金支付失败率	因共享原因导致的支付失败数量 / 总支付量	因共享原因导致的资金支付失败，包括头寸预估不足、支付渠道暂停等
	重复支付次数	同一个支付需求支付两次及以上	此指标目标值一般为 0，不允许出错；配备非常严苛的惩罚措施

12.2.3 商务部分

商务部分主要包括服务结算、服务定价、奖惩机制等，主要围绕双方的商务行为进行相关规程、奖惩制度细则的规定。

其中，在服务结算与定价方面，结算方式的不同将导致服务定价的不同。

在内部结算方式下，财务共享服务中心是企业的一个事业部或者部门，为一个成本中心。此时定价方式主要为以支定收，即每类服务单成本多少、定价多少，不能分摊的成本按结算周期打包收费。结算方式则主要采取虚拟结算，每月根据实际服务数量计算虚拟收入，成本则包括实际发生成本和虚拟结算成本。成本分摊方式上，所有实际发生成本根据提供服务多少直接分摊至被服务主体。

而在独立结算方式下，财务共享服务中心是集团或者总部全资子公司或各子公司投资入股的合资公司，具备独立法人主体地位，是一个利润中心。定价方式为“成本 + 利润率”，其中利润率将基于共享服务中心的运营水平进行波动。结算方式为实际结算，财务共享服务中心开具服务发票，获取真实收入。在独立结算方式下，财务共享服务中心将作为一个公司来运营，对内市场化经营，而且将来还可以对外提供服务。

另外，在奖惩机制方面，财务共享服务中心一般很少设置奖励机制。主要是因为达到承诺目标值是共享服务中心应尽的义务，而若太超额完成目标值，则体现了目标值设置不合理，或共享需要花费更多成本，容易导致争议。惩罚则主要有两类：一类类似于成本、时效、质量等平均值数据与目标值的比较，可根据低于目标值百分比扣减结算收入百分比，扣减比例可阶梯设置；另一类则按事故发生次数计算，如月结延期次数等，可酌情设置相应的惩罚措施。

本章小结

服务水平协议，是服务提供方和服务对象之间就业务范围、响应级别、处理效率、质量要求、计费标准等与服务相关的指标所达成的双方共同认可的约定或契约，基本内容主要涉及服务部分、技术部分、商务部分三个方面。

本章关键词

服务水平协议　服务部分　标准服务　增值服务　意外事项处理　商务部分　技术部分

本章练习题

一、选择题

1. 借助于服务水平协议（SLA）的形式，可以让权责双方更加清晰各自责任，以书面形式保障服务双方利益。服务水平协议的基本内容主要涉及（　　）方面。

A. 服务部分　　B. 财务部分

C. 商务部分　　D. 技术部分

2. 在服务水平协议制定中，财务指标以成本指标为主，但可以根据收入增加（　　）指标。

A. 投入产出比　　B. 收入费用比

C. 利润收入比　　D. 利润费用比

3. 在共享中心服务结算与定价方面，结算方式的不同将导致服务定价的不同，结算方式主要有（　　）。

A. 内部结算　　B. 集中结算

C. 独立结算　　　　D. 个别结算

4. 在独立结算方式下，财务共享服务中心是集团或者总部全资子公司或各子公司投资入股的合资公司，具备独立法人主体地位，是一个（　　）。

A. 成本中心　　　　B. 费用中心

C. 利润中心　　　　D. 责任中心

5. 服务水平协议的服务部分需要对各类责任的主体进行说明，这些实体有（　　）。

A. 业务真实性责任主体　　　　B. 审批责任主体

C. 内控责任主体　　　　D. 税收责任主体

二、判断题

1. 对财务共享服务中心而言，达到承诺目标值是共享中心应尽的义务，而超额完成目标值，则体现了财务共享中心的价值。（　　）

2. 在内部结算方式下，财务共享服务中心是企业的一个事业部或者部门，为一个利润中心。此时定价方式主要为以支定收，即每类服务单成本多少、定价多少，不能分摊的成本按结算周期打包收费。（　　）

3. 服务水平协议的服务部分主要包括服务结算、服务定价、奖惩机制。（　　）

4. 通过关键指标的设置来进行服务成本效益、时效性、差错率层面的考量和控制为服务水平协议技术部分的主要内容。（　　）

5. 质量指标主要规定了各类主要服务在差错率层面的要求，此类指标一般以FSSC的服务水平为基准，通过各种优化手段调整客户需求。（　　）

三、思考题

1. 什么是服务水平协议？它包含哪些内容？

2. 服务水平协议的服务内容中，标准服务、增值服务分别包含哪些内容？

3. 服务水平协议的技术部分中，主要包含哪几个方面的关键指标？

第13章　知识管理

本章学习目标

本章首先介绍了知识管理和知识库的基本概念，然后详细阐述了知识库的分类、岗位职责以及知识共享平台。

通过本章的学习，应掌握：

◇　知识管理的基本概念

◇　知识库的基本概念

◇　知识共享平台的基本概念

本章知识结构图（见图13－1）

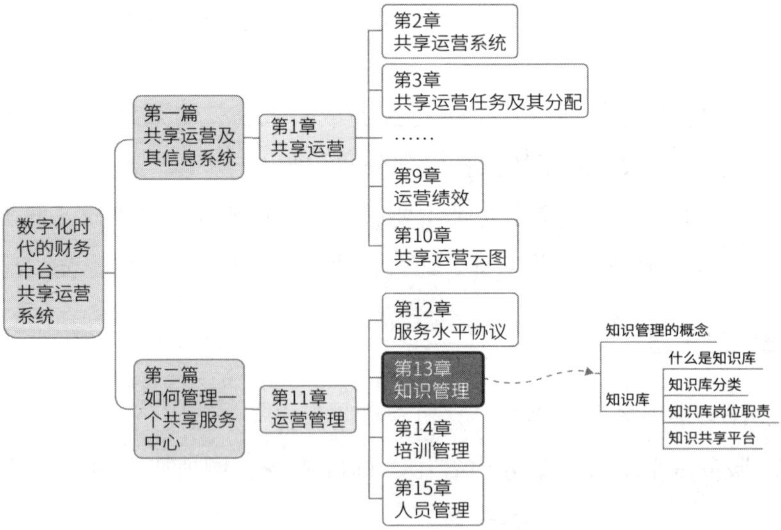

图13－1　第13章框架导图

13.1 知识管理的概念

知识分为隐性知识和显性知识。隐性知识是指高度个性化而且难于格式化的、难以直接表达或传授给他人的知识，隐含于个体的经验和行为中，主观的理解、直觉都属于隐性知识，比如企业员工的经验；显性知识是指能用文字和数字表达出来的、容易以数据的形式交流和共享的知识，比如普遍原则。

建立一个学习型的组织，并进行有效的知识管理，对组织知识的培育有着十分积极的作用。组织的持续发展离不开知识的掌握和运用，然而在大部分情况下，组织的知识是非体系化的，很多组织内的知识“只可意会不可言传”。如果组织成员掌握的知识无法在组织内提炼并有效共享，那么富有创造价值的知识将有可能白白流失掉，这显然不是企业或组织乐意见到的，知识管理就在这种背景下诞生了。

（1）知识管理的内容

知识管理是有目的、有意识地对知识进行管理，促进有用的知识在组织成员中得到流通与优化，形成一套完整的、系统化的知识体系，最终达到增进组织绩效、知识创造价值的作用。而对于财务共享服务中心来说，知识管理是有意识地将日常所需和形成的知识进行整理，对知识的流动过程加以引导，鼓励成员在工作中不断学习与创新，形成信任合作、分享交流的组织文化，从而将财务共享服务中心建设为知识型组织。

（2）财务共享服务中心的知识管理

财务共享服务中心是一个基于财务业务、从事共享服务的组织。在这种背景下，其知识体系建设的过程不可避免地将受到财务专业知识、服务技能等多种因素的复合影响。在这种情况下，不能简单地将传统财务人员的知识体系或服务行业的知识体系强加于财务共享服务中心，而要充分考虑其复合影响的结果。

➢ 知识管理组织。通常情况下，可以考虑在整个财务共享服务中心设立知识管理组织。该组织会分为推动层、支撑层和执行层。

推动层通常是财务共享服务中心的管理层，他们在知识管理中的作用主要是推动知识管理的落实，使财务共享服务中心自上而下形成推动知识管理的环境和氛围。尽管推动层在整个知识管理过程中的工作量不是很大，但却能起到决定性的作用。

支撑层是知识管理组织中的核心，他们以全职的身份投入知识管理工作中。支撑层根据财务共享服务中心的规模设置具体人数，通常情况下，一个全职的知识经理是必要的。支撑层的知识经理负责进行整个知识体系的设计及实施，并在整个知识管理组织中起到承上启下的作用。

执行层通常是由各项目中的人员兼职从事的。知识管理是对财务共享服务中心的每位员工实施的。脱离了和每位员工息息相关的基层环境，知识管理最终将无法落到实处。因此，从每个项目中选拔基层知识经理作为知识管理组织的执行层，对知识管理的推动将起到积极的作用。执行层的知识经理负责将上层知识经理的任务分解执行，并和项目中的成员充分沟通，使大家能够从心里认同和接受。

建立三级知识管理组织对于财务共享服务中心知识体系的建设有着积极的意义，一个有力的组织形式必能为后期的工作打下坚实的基础。

➢ 知识分享的文化和价值观。要在财务共享服务中心内建立起知识型组织文化，首先要建立信任与合作的文化，使财务共享服务中心的员工之间能够互相学习，良好互动，建立成员间的知识流通渠道；要营造尊重知识和鼓励创新的组织文化，鼓励员工持续保持学习状态，在丰富有关知识的基础上推动知识的创新。

➢ 专家网络。成立专家网络，专家可以从外界引入，如研究领域与财务共享服务有关的高校科研人员，从事财务共享服务领域的专家学者、咨询顾问等；也可以从内部产生，如财务共享服务中心经验丰富的业务骨干等。专家网络的运行就是通过对专家的显性知识的管理，以及专家利用系统进行协同工作，来实现专家知识的有效利用和知识创新。专家对于各类疑难问题的解答可以成为日后同类问题参考的判例，甚至进入知识库。同时专家可以对财务共享服务中心的知识进行梳理和升华，构建专业的知识体系，帮助财务共享服务中心的知识实现互联互通。

➢ 知识库。重点在于“知识数据库”的建立，即筛选、分析财务共享服务中心的内部数据、文件、档案，融合成可用的知识，并储存于财务共享服务中心内部的数据库中。通过将内部知识系统化，使得共享服务中心每一位成员都能容易地从数据库中获取所需的知识。员工通过正式渠道，诸如正式的会议、正式的教育训练、公布栏等方式分析或传递系统化知识。知识数据库是个人知识的汇总，是个人隐性知识的外显化。

➢ 社区讨论。“营造一个开放、自由的讨论空间”是这种知识管理方法的核心。与“知识库”方法最大的不同在于其特别适用于非正式化的知识环境，形式灵活的隐性知识特别容易在这里发展。因为隐性知识具有难以表述的属性，正式化的知识传递渠道对其不适用，企业必须营造一个非正式的讨论空间，促进员工分享工作经验。社区讨论给财务共享服务中心的成员提供了思想激荡的平台，各类头脑风暴产生的灵感由此而来。

➢ 对外沟通。对外沟通是财务共享服务中心提升知识水平的一个有效途径。目前国内财务共享服务的概念刚刚起步，很多企业尚在探索当中，因此企业之间，企业与学者、咨询顾问之间的一些交流有利于各企业扩大视野，了解到行业的最新动态并学习其他同行的技术知识。对外联络可通过参加会议及相互邀请访问的方式进行。目前一些跨国组织机构频繁召开关于共享服务主题的相关会议，并经常有重量级的专家参与发言。如果想了解最新动态，认识行业同仁，参加一些类似的会议是一个不错的选择。互访则是深度了解的一个好手段，通过互访能够在现场感受对方的管理方法和经验，能够迅速的提升自己的业务能力。

➢ 员工培训。财务共享服务中心知识管理的重要应用体现为培训管理，它是知识分享的重要方法之一，目的是启发员工自我学习、加快知识资产循环周转、快速发挥效益。知识的积累一方面来自员工的自我形成，另一方面则是通过组织进行的培训获得的。员工培训应有目的地呈阶梯状展开，和知识体系中的知识晋升阶梯呈同步状态。员工培训需要在日常工作中持续进行，稳定的推进是员工培训成功的关键因素。员工培训是财务共享服务中心显性知识的内隐化，帮助中心成员将显性知识转化为个人的隐性知识。

➢ 员工知识评测。员工知识评测是知识经理定期对财务共享服务中心员工进行知识梳理和测评的过程。通过知识评测，知识经理能够衡量目前财务共享服务中心的知识水平，并更好地制定未来的知识管理计划。知识评测应形成一套标准有效的评测方法，这样才能保证评测口径的一致。评测过程应以客观公正为出发点，这样评测结果对知识管理工作才有更好的指导意义。知识评测的过程也是协助员工梳理自身知识，发现不足的过程。

➢ 知识贡献度管理。知识贡献度管理是推动和评测员工对财务共享服务中心的知识建设贡献程度的管理方法。知识贡献度体现了财务共享服务中心内员工是否乐于分享自己的知识，管理层是否乐于营造知识分享的氛围。一个具有高知识贡献度的财务共享服务中心，所有的员工都会积极地将自己学习到的新知识与组织内的其他成员分享，从而形成乘数效应，帮助员工将自己掌握的隐性知识总结、概括而实现外显化。知识经理一方面需要推动营造知识贡献的环境，另一方面则要经常性的评估组织的贡献度水平以积极作出调整。

13.2 知识库

13.2.1 什么是知识库

知识库（Knowledge Base）是知识工程中结构化、易操作、易利用、全面的有组织的知识集群，是针对某一（或某些）领域问题求解的需要，采用某种（或若干）知识表示方式在计算机存储器中存储、组织、管理和使用的，互相联系的知识片集合。这些知识片包括与领域相关的理论知识、事实数据，由专家经验得到的启发式知识，如某领域内有关的定义、定理和运算法则以及常识性知识等。

具体到财务共享服务中心领域，知识库是指筛选、分析财务共享服务中心的内部数据、文件、档案等，并将其储存于财务共享服务中心内部的数据库中形成的知识集群。通过将内部知识系统化，使得财务共享服务中心中每一位成员都能方便地从数据库中获取所需的知识。如图 13 – 2 所示。

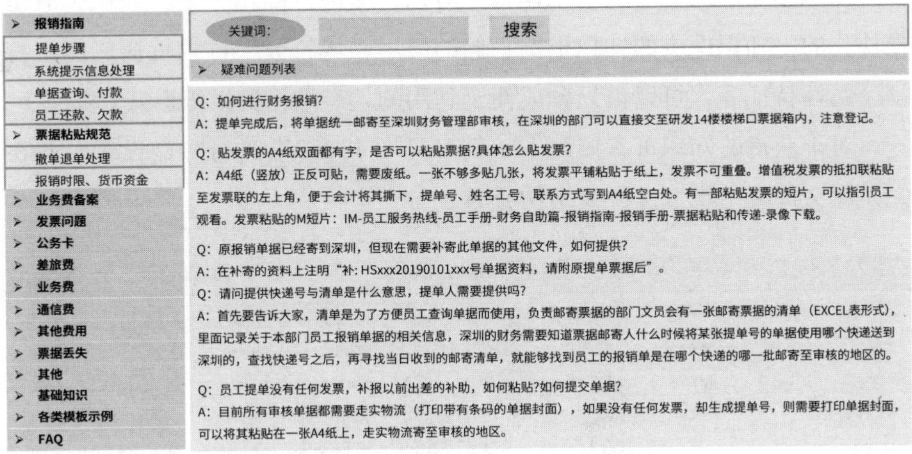

图 13 – 2 某财务共享服务中心知识库示例

知识库的搭建，对财务共享服务中心主要有以下三个方面的作用：

➢ 使信息和知识有序化，是知识库对组织的首要贡献。建立知识库，必定要对原有的信息和知识做一次大规模的收集和整理，按照一定的方法进行分类保存，并提供相应的检索手段。经过这样一番处理，大量隐性知识被编码化和数字化，信息和知识便从原来的混乱状态变得有序。这样就方便了信息和知识的检索，并为知识的有效使用打下了基础。

➢ 加快知识和信息的流动，有利于知识共享与交流。知识和信息实现了有序化，其寻找和利用时间的大大减少，自然加快了流动。另外，由于在企业的内网上可以开设一些时事、新闻性质的栏目，使企业内外发生的事能够迅速传遍整个企业，这就使人们获得新信息和新知识的速度大大加快。

➢ 有利于实现组织的协作与沟通。例如，员工在工作中解决了一个难题或发现了处理某件事更好的方法后，可以把这个建议提交给一个由专家组成的评审小组。评审小组对这些建议进行审核，把最好的建议存入知识库。建议中注明建议者的姓名，以保证提交建议的质量，并保护员工提交建议的积极性。

数字化时代的财务中台——共享运营系统

13.2.2 知识库分类

知识库建设的一项重要工作就是对知识库进行细化分类。知识一般是模块化的，知识库中的知识根据它们的应用领域特征、背景特征、使用特征、属性特征等，可以被划分成便于利用的、有结构的组织形式。

对于获得的知识可参照以下示例（见图 13－3）进行分类设置，并在知识库文件夹中设置文件夹结构分布。

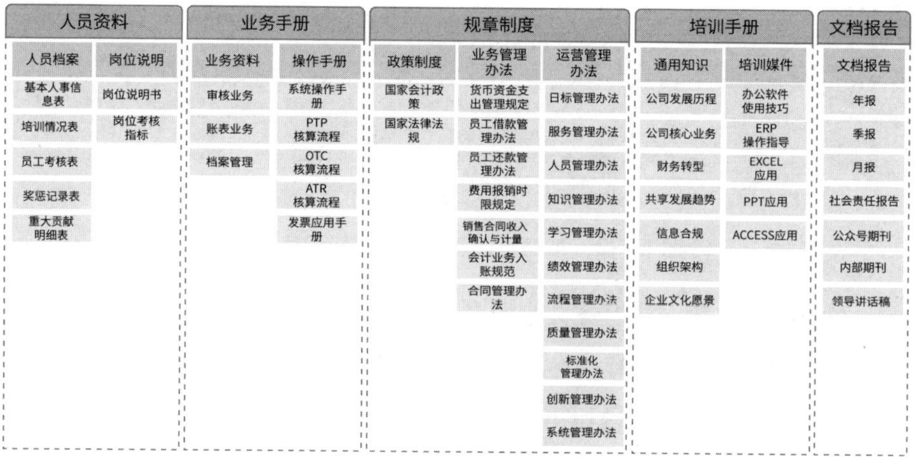

图 13－3 知识库分类示例

（1）人员资料

➢ 人员档案：基本人事信息表、培训情况表、员工考核表、奖惩记录表、重大贡献明细表；

➢ 岗位说明：岗位说明书、岗位考核指标。

（2）业务手册

➢ 业务资料：审核业务、账表业务、档案管理；

➢ 操作手册：系统操作手册、PTP 核算流程、OTC 核算流程、ATR 核算流程、发票应用手册。

（3）规章制度

➢ 政策制度：国家会计政策、国家法律法规；

➢ 业务管理办法：货币资金支出管理规定、员工借款管理办法、员工还款管理办法、费用报销时限规定、销售合同收入确认与计量、会计业务入账规范、合同管理办法；

➢ 运营管理办法：目标管理办法、服务管理办法、人员管理办法、知识管理办法、学习管理办法、绩效管理办法、流程管理办法、质量管理办法、标准化管理办法、创新管理办法、系统管理办法。

（4）培训手册

➢ 通用知识：公司发展历程、公司核心业务、财务转型、共享发展趋势、信息合规、组织框架、企业文化愿景；

➢ 培训课件：办公软件使用技巧、ERP 操作指导、EXCEL 应用、PPT 应用、ACCESS 应用。

（5）文档报告

➢ 文档报告：年报、季报、月报、社会责任报告、公众号期刊、内部期刊、领导讲话稿。

【延伸阅读】

全球财经知识管理体系①

"一带一路"倡议顺应了世界经济一体化的潮流，为中国企业"走出去"带来机遇。然而，不同国家在政治经济环境、会计制度、税务政策、法律制度、社会文化等方面存在的差异使中国企业海外投资面临诸多风险，为中国企业海外发展带来巨大挑战，也激发了对国际化财务人才的旺盛需求。"走出去"的中国企业要想在激烈的国际竞争中占有一席之地，势必要加速推进全球财务共享，积累并建立全球财经知识管理体系，不断提高企业的财务管理水平。

全球财经知识管理体系以全球财务共享服务中心的建设为契机，将企业在全球化经营中沉淀的全球会计核算、税务管理、资金管理、贸易及法律等方面的知识和经验体系化，形成全球财经知识体系，将起到增进组织

① 陈虎，孙彦丛，郑芳，郑薇．"一带一路"倡议下中兴财经知识体系建设探索［J］．财务与会计，2018，1（22）：1。

绩效、知识创造价值的作用。全球财经知识体系以全球财经知识库建设项目为落脚点，分别从通用知识、管理知识、国别知识、应用知识四个层次，对全球会计知识、全球税务知识、全球财资知识、全球贸易知识、全球法律知识归纳整理。

通用知识层对财资通用基础知识的概念、定义及相关政策法规进行研究和整理汇编；管理知识层通过既有的跨国公司通行管理方法，为相关财务管理人员和基础核算人员提供已有的、可借鉴的管理实践指导方法；国别知识层及时准确沉淀海外分支机构的本地财资知识，为财务人员了解海外经营机构所在国的特殊财资环境及社会特征提供全方位、多角度的视角；应用知识层以海外核算工作流程为划分依据，为具体财务核算处理及财务系统的操作提供工作方法指南。

以全球会计知识为例，通用知识层对国际会计准则、美国公认会计原则、中国企业会计准则、香港财务报告准则的概述、发展历程以及中国政府颁布的各项会计法律法规等内容进行比较、研究和汇编。管理知识层主要对集团与海外子公司、分支机构会计报表协调管理和会计政策进行研究，例如统一管理会计科目、协调不同国家的会计政策和制度。国别知识层收录了具体国别核算指南，囊括了分支机构所在国的会计环境、会计相关法律规范体系、会计准则和制度、与中国会计准则和国际会计准则的比较、会计科目差异、核算业务基本流程、外部审计应对以及核算重点等内容。应用知识层包括岗位操作指导和海外核算案例，逐步细化会计核算领域的知识系统，进一步指导海外财务工作。

以“一带一路”沿线国家印度尼西亚的国别指南为例，会计核算指南介绍了印度尼西亚的会计环境和会计准则，比较了该国的会计准则与国际和中国会计准则的差异，梳理并总结了印度尼西亚核算流程和核算难点，并对外部审计应对提供了指导。税务指南涵盖了印度尼西亚的税务征管环境、中国对印度尼西亚双边税收协定、印度尼西亚具体税制、反避税条款和国别税会差异。财资指南介绍了印度尼西亚的货币环境、外汇管理制度和银行机构，分析了印度尼西亚的投、融资环境。贸易和法律指南囊括了印度尼西亚商业环境、对外贸易、对外国投资者市场准入规则、投资法律与政策等内容。

全球财经知识管理体系不仅能够促进财务部门在工作中形成不断学习与创新、分享、交流的机制，同时还可以应用到海外财务经理、财务总监的培训中，帮助他们迅速了解全球财经知识，快速承担岗位职责并发挥作用。全球财经知识管理体系对参与“一带一路”建设的企业有着重要的借鉴意义。

13.2.3　知识库岗位职责

知识库的搭建与后续的日常维护工作主要由知识岗执行。具体来说，知识岗的工作内容主要包含知识获得、知识分类、知识储存和知识更新四个层面，如图 13－4 所示。

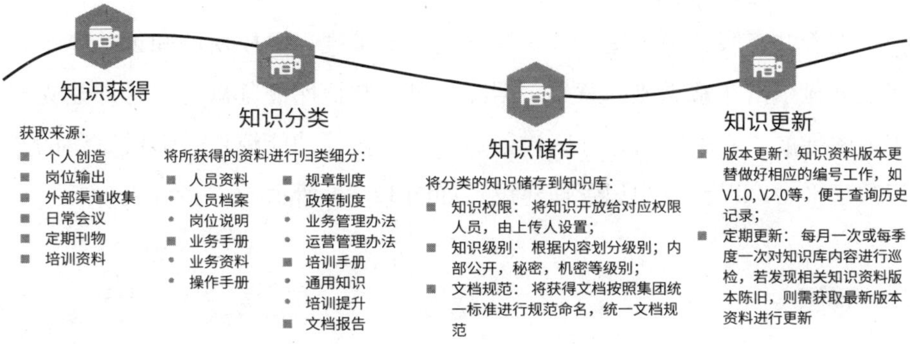

图 13－4　知识岗的职责

知识获得即知识的初步获取，获取来源主要包括个人创造、岗位输出、外部渠道收集、日常会议、定期刊物、培训资料等。

知识分类，即将获得的资料进行归类细分，具体可以分为人员资料（包括人员档案、岗位说明等）、业务手册（业务资料、操作手册等）、规章制度（政策制度、业务管理办法、运营管理办法等）、培训手册（通用知识、培训提升等）、文档报告等。

知识储存，即将知识按照分类规则储存到知识库中，应由上传人设置知识权限，将知识开放给对应的权限人员，具体可参考岗位级别，根据内容划分级别，将知识权限分为内部公开、秘密、机密等。另外，在文档规范上，应注意将获得的文档按照集团统一标准进行规范命名，统一文档规范。

知识更新，包括版本更新和定期更新。在版本更新时，应做好知识资料版本更替时相应的编号工作，如 V1.0，V2.0 等，便于查询历史记录；定期更新则要求每月一次或每季度一次对知识库内容进行巡检，若发现相关知识资料版本陈旧，则需获取最新版本资料进行更新。

13.2.4 知识共享平台

知识共享平台是进行知识展示、员工交互、辅助学习的综合管理平台，是共享服务中心进行知识管理的平台。在职责设置上，学习管理岗主要负责平台内容的维护和知识的归集整理，信息技术部人员则主要负责保证平台的稳定运行和功能开发。

随着共享服务中心逐步进入提升期，多维度、多模块的知识共享平台将逐渐显示出非常重要的意义。据此，可在知识库的基础上，延伸建立知识地图导航、专家网络、社区讨论、知识百科等功能模块，形成完整的知识共享平台，以支撑知识管理建设。如图 13－5 所示。

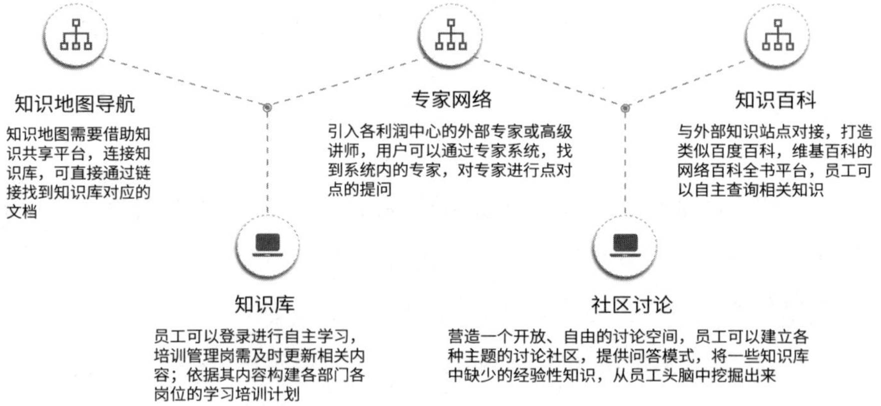

图 13－5 知识共享平台示例

本章小结

企业内部通过知识管理，能够形成一套知识体系，达到增进组织绩效、知识创造价值的作用。而知识库是指筛选、分析财务共享服务中心的内部数据、文件、档案，并将其储存于财务共享服务中心内部的数据库中形成的知识集群，它能够使信息和知识有序化，加快知识和信息的流动，有利于实现组织的协作与沟通。我们可以参考知识的应用领域特征、背景特征、属性特征等因素，对其进行细化分类。在搭建和运维过程中，知识岗的主要职责包括知识获得、知识分类、知识储存和知识更新。

本章关键词

知识管理　知识库　知识岗职责　知识获得　知识分类　知识储存　知识更新　知识共享平台

本章练习题

一、选择题

1. 通常情况下，可以考虑在整个财务共享服务中心设立知识管理组织，该组织一般分为（　　）。

A. 决策层　　B. 推动层

C. 支撑层　　D. 执行层

2. 在共享中心进行知识更新时，应做好知识资料版本更替时相应的编号工作，便于查询历史记录，知识更新形式有（　　）。

A. 版本更新　　B. 代码更新

C. 需求更新　　D. 定期更新

3. 下列选项中，属于隐性知识的是（　　）。

A. 主观理解　　B. 直觉
C. 工作经验　　D. 普遍原则

4. 知识库的搭建，对财务共享服务中心的作用有（　　）。
A. 使信息和知识有序化　　B. 加快知识和信息的流动
C. 有利于实现组织的协作与沟通　　D. 有利于知识共享与交流

5. 在知识库搭建过程中，知识库中的知识根据它们的（　　）、背景特征（获取时的背景信息）、（　　）、属性特征等，可以被划分成便于利用的、有结构的组织形式。
A. 存储空间特征　　B. 应用领域特征
C. 使用特征　　D. 来源特征

二、判断题

1. 知识共享平台的学习管理岗主要负责平台内容的维护和知识的归集整理，信息技术部人员则主要负责保证平台的稳定运行和功能开发。（　　）

2. 知识库的搭建加快知识和信息的流动，有利于知识共享与交流，知识和信息实现了有序化，其寻找和利用时间大大减少，自然加快了流动。（　　）

3. 知识管理组织的支撑层一般是财务共享服务中心的管理层，他们在知识管理中的作用主要是推动知识管理的落实。（　　）

4. 知识库的组成内容包括与领域相关的理论知识、事实数据、由专家经验得到的启发式知识等。（　　）

5. 知识存储即为将分类的知识储存到知识库，包括知识权限的设置、知识级别的划分、文档规范的确定等。（　　）

三、思考题

1. 什么是知识管理？财务共享服务中心的知识管理是怎样的？
2. 什么是知识库？它有哪些分类？
3. 知识岗的主要职责包含哪些层面？
4. 知识共享平台包含哪些模块？

第 14 章　培训管理

本章学习目标

本章首先介绍了培训的主要内容，包括培训计划和课程体系，然后介绍了企业的培训模式、培训制度和培训流程。

通过本章的学习，应掌握：

◇　培训的主要内容

◇　培训的模式、制度与流程

本章知识结构图（见图 14－1）

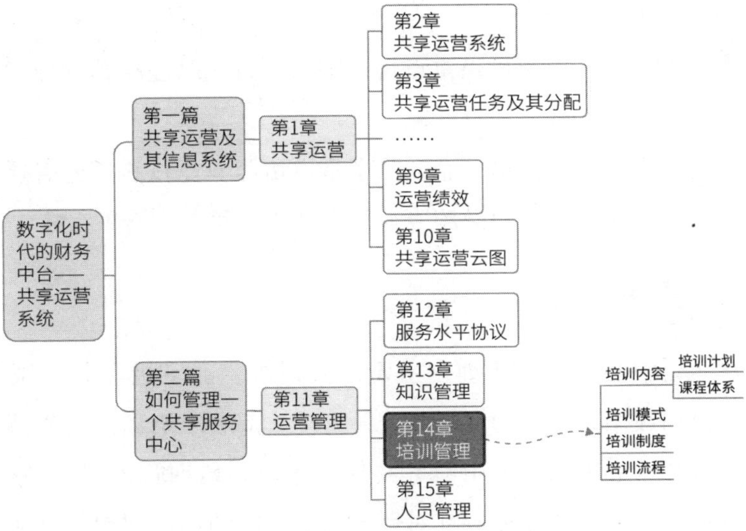

图 14－1　第 14 章框架导图

14.1 培训内容

企业的长远发展，离不开人才的培养，员工素质的提高对企业的蓬勃发展起到重要作用。培训管理作为企业学习管理模块的一部分，在企业人才培养方面起到了重要作用。平衡计分卡的学习与成长层面显示，员工培训是企业创造长期的成长和改善所必须建立的基础框架，是未来成功的关键因素。首先，随着知识和技术的更新速度加快，企业需要不断创新和引进新技术和理念，而培训是促进员工掌握先进管理理念和方法、提高自身素质的重要手段。其次，培训可以灌输企业文化，增强企业凝聚力，形成良好融洽的工作氛围，为建立学习型组织打好基础。最后，员工培训是激励员工工作积极性的重要措施，让员工看到自己发展的远景。

14.1.1 培训计划

企业针对不同的员工，也需要采取不同的培训计划。

针对新进员工，企业可以重点关注专业开发计划，为其特定的职业发展道路做好准备。

针对管理人员，企业可以重点培训核心能力，以提高其管理能力和变革能力。

针对高潜力的技术人员，企业除了重点培养专业技能，还需要强化其战略思考能力、领导能力以及跨专业整合能力，培养复合型人才。

14.1.2 课程体系

共享运营中心人员的培训，主要由公司级、部室级和共享服务级组成，其中公司级培训由人力资源部统筹管理，部室级培训由财务部统筹管理，共享服务中心内部培训由财务共享服务中心培训管理团队进行管理。针对不同的岗位，企业需要有针对性地设置不同的培训课程，灵活设置培训主题，做到因材施教、有的放矢。如表 14 - 1 所示。

表 14－1　　培训课程体系示例表

序号	培训主题	课程名	责任部门
1	管理知识	管理基础知识	
		管理技巧	
2	财务知识	企业会计准则	
		税务知识	
3	管理技能	绩效管理	
		服务管理	
		质量管理	
		流程管理	
4	素质拓展	时间管理工具	
		领导力及沟通技巧	
		组织及策划能力	

不同岗位的培训内容存在差异，但都需要遵循一定的培训要求。企业需要严格执行培训考勤和培训纪律，加强培训效果评估，细化培训课程准备。以共享运营为例，培训内容主要包括专业知识培训、岗位技能培训、业务制度培训、管理制度培训、通用技能培训及职业素质培训等。

（1）专业知识培训

专业知识培训是指针对财务共享服务中心员工应知应会的专业知识所开展的培训，如成本核算培训、税务知识培训、会计报表编制培训等。

（2）岗位技能培训

岗位技能培训是指针对财务共享服务中心员工不同专业化岗位的任职要求和技能提升所开展的培训，如共享运营系统、报账系统、电子影像系统、资金管理系统、核算系统等操作培训。

（3）业务制度培训

业务制度培训是指针对财务共享服务中心员工不同业务需求，所进行的相关业务制度的培训，如管理制度培训：费用报销管理办法、资金管理办法、资金支付审批管理办法、发票管理办法、固定资产管理办法、合同管理办法等。

（4）管理制度培训

管理制度培训是指针对财务共享服务中心所有员工进行的财务共享服务中心及公司管理制度的培训，如时效管理办法、质量管理办法、服务管理办法等。

（5）通用技能培训

通用技能培训是指提升财务共享服务中心员工通用技能及工作能力的培训，如 OFFICE 办公软件使用培训、服务与沟通技巧培训等。

（6）职业素质培训

职业素质培训是指提升财务共享服务中心员工职业素质及管理技能的培训，如领导力培训、流程培训、时间管理培训等。

14.2 培训模式

共享服务中心的培训应当采取多种培训方式相结合的模式，包括内部培训、委外培训、自我培训等。

（1）内部培训

内部培训包括内部讲师培训和在岗培训，主要有集中教学、研讨会、以师带徒等学习形式。

内部讲师培训主要由具备一定专业技能和宣讲技能的财务共享服务中心的各组长及骨干员工组成，较适用于工作技能和专业知识方面的培训需求，包括岗位技能培训、沟通技巧培训等。在岗培训是与正常工作融合在一起的学习活动，如以师带徒、轮岗等。在岗培训是最重要、最有效、最直接的培训方式，更加适用于新员工入职培训及岗位技能培训等。

（2）委外培训

委外培训包括外聘培训及外派培训，主要有公开课、专项培训、出国考察或培训等形式。外聘培训主要指邀请外部专家和专业培训讲师，或直接引进课程开展的培训，较适用于内部讲师资源无法满足需求的情况，如项目性培训、职业素质类培训等。外派培训是指由财务共享服务中心派出人员到公司以外的有关机构进行的培训，一般属于专题性的学习和有针对性的问题解决性学习。

（3）自我培训

自我培训是指财务共享服务中心员工为提高自身素质和业务能力，制定自学计划，自行参与的知识培训，主要通过自学网络课程、知识库、参与社会认可的专业考试等方式进行。网络课程包括财务共享服务中心开发及外部引入的课程，为员工提供随时随地学习的平台，适用于员工长期自学使用。知识库主要包含财务共享服务中心内部知识，包括会计法规、业务知识、系统操作技能、员工工作心得分享等，是财务共享服务中心的强大知识平台，便于员工交流分享，传输知识。社会认可的专业考试包括学历自考、职称考试、注册会计师考试、注册税务师考试等。

14.3　培训制度

企业根据共享服务中心各岗位人员的岗位职责、教育背景、职业发展路径等要素制定合理的培训制度。常见的共享服务中心培训制度有辅导人制度和导师制度。

（1）辅导人制度

企业为了帮助员工明确职业发展方向，可以实行职业辅导人制度。职业辅导人在员工职业生涯过程中能够起到跟进、辅导、评估、修正的作用，能够帮助员工根据自身兴趣、背景、技能等因素，明确发展方向，选择适合的职业生涯通道，并根据所选方向，制定实现目标所需的行动与措施，监督指导员工按照能力开发要求，践行发展路线。在每个年度结束后，辅导人还可以根据本年度员工发展情况，检验员工职业定位与职业方向的契合度，并根据员工个人发展的不同阶段与岗位变更情况，及时调整能力需求和发展规划。

（2）导师制度

企业也可以选择共享运营领域经验较为丰富的员工担任导师，来指导经验较为欠缺的员工。导师对指导对象的定期指导，能够传播公司文化理念，推动岗位知识、技能和经验的归纳与提升，促进全员学习、乐于分享的组织文化氛围。

作为一种非正式的员工关系，指导者与被指导者之间通常具有相同或相近的价值观或兴趣。相较于职业辅导人制度，导师制度下导师的选择较为自由，而且能够促进双方互学共赢，但依旧需要确定培养关系、制定培养计划、辅导、考核等流程。

14.4 培训流程

培训开始之前，企业需要通过问卷调查、询问等方式收集培训需求，而后进行需求分析并针对临时性培训需求进行反馈。在前期需求分析完成后，企业制定培训计划并进行沟通确认。培训前的准备工作中，培训人员需要确定培训场地、沟通讲师需求、准备设备、确认课件。准备工作完成后，企业发布培训通知并实施培训，在培训过程中企业需要实时管控，维持培训纪律、强化培训考勤。培训结束后，绩效考核岗结合培训课程的内容，对培训课程效果进行评估并记录在案，评估可以通过考试、实操、心得体会等多种方式进行。如图 14－2 所示。

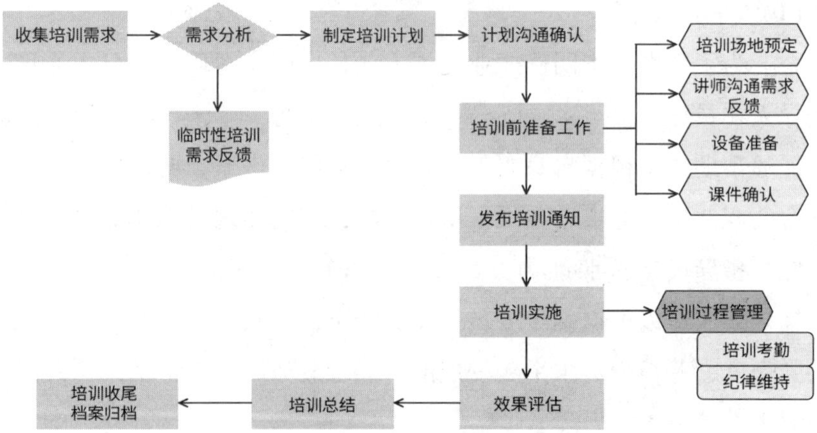

图 14－2　财务共享服务中心培训工作流程

本章小结

财务共享服务中心的培训，是一个动态调整、不断优化的过程，需要契合员工的职业规划和发展方向。员工的发展，需要完成自我评价、现实审查、目标设定、行动规划的步骤，这一过程需要共享服务中心的密切配合。培训的目的在于提高员工素质、提升劳动效率，完善科学的培养计划将是员工发展道路上的重要助推剂。

本章关键词

内部培训　委外培训　自我培训　导师制度　辅导人制度

本章练习题

一、选择题

1. 企业的长远发展，离不开人才的培养，员工素质的提高会对企业的蓬勃发展起到重要作用。按照层级划分，共享运营中心人员的培训主要由（　　）组成。

A. 公司级　　B. 部室级

C. 领导级　　D. 共享服务级

2. 企业针对不同的员工，也需要采取不同的培训计划。针对企业财务共享中心，负责开展培训工作的部门层级由上而下依次是（　　）。

A. 人力资源部、财务部、共享中心培训团队

B. 财务部、人力资源部、共享中心培训团队

C. 人力资源部、共享中心培训团队、财务部

D. 共享中心培训团队、人力资源部、财务部

3. 共享服务中心应建立完善的培训管理团队，以支撑共享中心培训工作的开展。共享服务中心的培训应当采取多种培训方式相结合的模式，一般有（　　）。

A. 内部培训　　B. 委外培训

C. 自我培训　　D. 轮换培训

4. 自我培训是指财务共享服务中心员工为提高自身素质和业务能力，制定自学计划，自行参与的知识培训，主要通过（　　）方式进行。

A. 自学网络课程　　B. 自学知识库

C. 参与社会认可的专业考试　　D. 导师教学

5. 相较于职业辅导人制度，导师制度的优势有（　　）。

A. 选择较为自由　　B. 培养计划更清晰

C. 促进双方互学共赢　　D. 易于考核

二、判断题

1. 企业针对不同的员工，也需要采取不同的培训计划。针对新员工，企业可以重点培训核心能力，为其特定的职业发展道路做好准备；针对管理人员，企业可以重点关注专业开发计划，以促进其卓越的管理方式及提高变革能力。（　　）

2. 提升财务共享服务中心员工职业素质及管理技能的培训一般包括领导力培训、流程培训、时间管理培训、服务与沟通技巧培训等。（　　）

3. 财务共享中心对于参与人员的能力要求可以分为四个维度：核心能力、通用能力、专业能力（业务）、专业能力（运营保障）。（　　）

4. 培训开始之前，企业需要通过问卷调查、询问等方式收集培训需求，而后进行需求分析并针对临时性培训需求进行反馈。（　　）

5. 外聘培训主要指请到的外部专家和专业培训讲师，或直接引进课程开展的培训，较适用于内部讲师资源无法满足需求的情况，如自学网络课程、知识库、参与社会认可的专业考试等方式。（　　）

三、思考题

1. 共享服务中心中的培训内容主要包括哪几个方面？

2. 共享服务中心采取的培训模式包括哪些？分别适合什么样的情境？

3. 培训制度包括哪几种？分别有什么样的优缺点？

4. 一个完整的共享服务中心培训流程包括哪些步骤？

第 15 章　人员管理

本章学习目标

本章首先介绍了人员管理的四个方面，然后展示了共享服务中心的岗位分工，最后提出了共享中心对于不同岗位人员的具体要求。

通过本章的学习，应掌握：

◇　人员管理的四个方面

◇　不同岗位的职责和能力要求

本章知识结构图（见图 15－1）

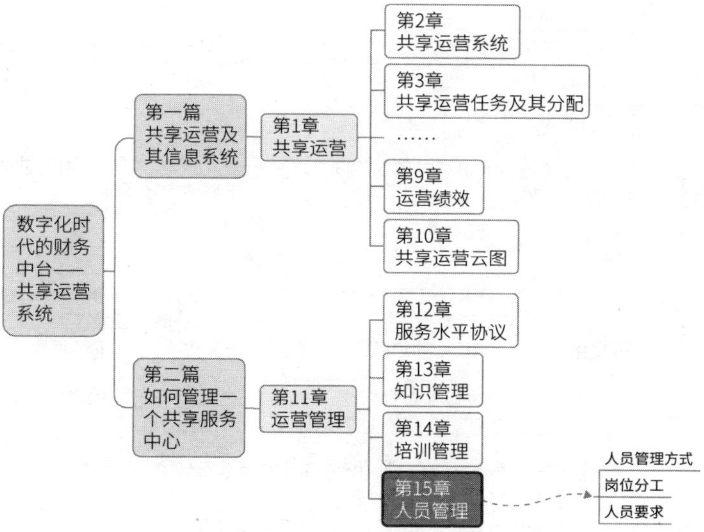

图 15－1　第 15 章框架导图

15.1 人员管理方式

人力资源是企业的重要资源之一，员工是为企业创造价值的重要资产，这一点在第三产业表现得尤为显著。企业应当重视人员管理，制定人员管理制度，形成健康运营的人员管理机制。财务共享服务中心常见的人员管理方式主要包括人才选拔、人员培训、人员激励和人员发展四个方面。

（1）人才选拔

人才的招聘与选拔重在“一次选对”，因为如果招聘了不合适的员工，不仅会影响员工本人的职业发展，还会对团队带来伤害，带来工作环节的不可靠因素，增加组织的沉没成本，甚至双方都不愉快。

财务共享服务中心的人才选拔分为两类：一类是从事具体业务的运营人员，另一类是从事运营管理以及专业支持的专家及管理人员。两类人员的业务特点、人员特点和团队文化均有所不同（见图15－2），因此两类人员的业务和专业要求，以及员工核心素质要求也存在差异。

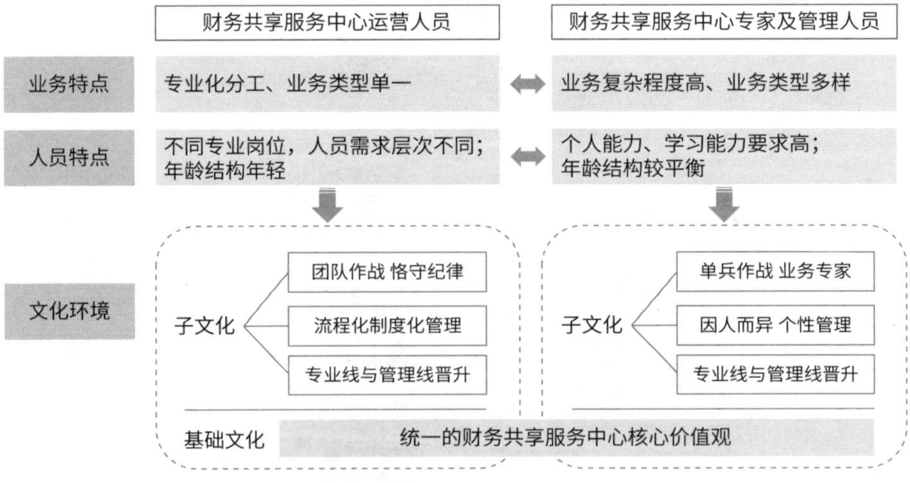

图15－2 财务共享服务中心两类人员的特点

企业运营人员的招聘，应主要关注行业知识、专业技能。核心素质要求包括责任感、适应力、服务意识、沟通能力、团队协作和敬业精神。由于财务共享服务中心的运营岗位多样，如扫描岗、费用会计、应付会计、资金会计、开票会计、营收会计、总账会计等，这些岗位专业分工明确，因此不同的运营岗位对人员的要求，也有差异。

专家及管理人员的招聘，对行业洞察力、专业能力要求更高，核心素质要求包括创新性思维、自我驱动力、团队领导力等。财务共享服务中心的专家及管理岗位包括诸如流程经理、制度经理、系统经理、绩效经理等管理维度支撑专家，以及各个运营团队的负责人。

（2）人员培训

人员培训是组织为了提高员工在执行某项特定工作或任务时所必要的知识、技能及态度或培养其解决问题的能力所采取的一系列活动，人员培训的内容、模式、制度以及流程在其他章节中有详细介绍，这一节将重点讨论财务共享服务中心的员工培训体系。

对组织而言，培训可以引进新知识和新理念，提升员工和组织竞争力；可以有效激励员工，有利于保持员工的积极性；可以促进员工形成共同价值观，有助于形成良好的工作氛围；能够增强员工对组织的认同感，增强组织凝聚力。

对共享服务中心而言，培训的重要性还在于共享服务中心人员分工专业化，工作内容标准，培训可以保证工作产出的一致性，保证服务水平的稳定。由于共享服务中心的人员流动性相比企业其他组织偏高，完善的培训体系，保证新员工能够在最短的时间内独立承担岗位职责；能够提高士气，让员工感受到被重视，对未来发展空间有所期望，有助于保留核心员工；能够营造学习型气氛，产生创新的动力。

财务共享服务中心的员工培训体系一般包括培训组织、课程体系、讲师队伍和支持体系四部分（见图15－3）。

➢ 培训组织：是负责培训管理的团队，财务共享服务中心通常在运营管理中心设有培训经理的岗位，负责培训需求分析、课程体系设计、培训的组织与评估等工作。

➢ 课程体系：是财务共享服务中心根据自身的业务需求和岗位需求设计的课程内容，本部分内容在第14章有详细介绍。

图 15－3　员工培训体系的构成

➢ 讲师队伍：包括企业的内部讲师和外部讲师，财务共享服务中心一般也会有自己的兼职讲师团队。

➢ 支持体系：保障培训的实施和管理，例如培训管理的流程与制度、培训的硬件设施等。

（3）人员激励

良好的激励可以吸引并留住人才；激发员工潜能，调动员工积极性；促使员工个人目标和组织目标一致；还能造就良好的竞争环境。

财务共享服务中心的运营类岗位多采用“多劳多得”的分配方式，体现在薪酬激励中；管理类岗位多采用管理者绩效、360 度评价等方法进行绩效评估，人员激励应该考虑员工不同的需求。

财务共享服务中心的人员激励除了薪酬奖金等物质激励外，应该同样重视精神激励，比如：

➢ 荣誉激励，公开的承认和表扬可以让员工产生强烈的满足感，促使员工更加努力进取。

➢ 参与激励，促使员工积极地参与组织的重大事件，获得心理上的安全感和信任感，能够提高对组织决策上的接受程度，在心理上形成认同感和归属感。

➢ 工作激励，工作内容丰富化，比如轮岗，也是内在的激励方式，员工会注重工作内容对其的吸引力，并获得满足感和成就感。

➢ 尊重激励，对员工的尊重本身就是一种激励，来自管理者的认可，更能激发员工做出更大的贡献。

➢ 目标激励，通过一定的目标激发员工的积极性、主动性和创造性。

➢ 情感激励，每个人都有被关怀和体贴的需要，管理者有责任和义务关心员工的工作和生活，积极的情感能够增强员工的动力和积极性，消极的情绪会挫伤员工的自主性。

（4）人员发展

企业在设计组织结构时，要为每个岗位设置发展通道，职业发展通道引导员工向更高的阶段前进，上至管理者，下至基层员工，都同样适用。

财务共享服务中心的人员发展有平级调动和员工晋升两种路径。

➢ 平级调动指的是员工在财务共享服务中心内部不改变薪酬和职位等级的情况下，横向流动，变动工作岗位；

➢ 员工晋升可以使员工在更高的职位上承担更重要的责任，同时也带来更高的薪酬和福利，是一种有效的激励手段。财务共享服务中心员工的晋升通道通常包括两条：专业线和管理线。表 15 – 1 是某财务共享服务中心的人员发展路径与职级。

表 15 – 1　　　某财务共享服务中心人员晋升职级示例

岗位类别	岗位序列	岗位示例
专业线	运营	运营专员
		运营主管
		运营经理
		运营总监
		运营资深专家
		运营首席专家
	核算	核算专员
		核算主管
		核算经理
		核算总监
		核算资深专家
		核算首席专家
管理线	管理干部	助理经理
		经理
		高级经理
		管理总监
		总经理

许多企业的财务共享服务中心，不仅仅在中心内部有晋升通道，为了拓展财务共享服务中心人才的发展通道，提供更有吸引力的职业前景，管理者也将财务共享服务中心视为企业财务人才的资源池，企业可从共享服务中心选拔优秀人才，跨部门调动或晋升，进入战略财务或业务财务的发展通道，而拥有复合型财务背景的人才更有潜力成为企业的管理者。

15.2 岗位分工

财务共享服务中心可以按照职能维度设置岗位，图 15－4 为某财务共享服务中心的组织架构图。

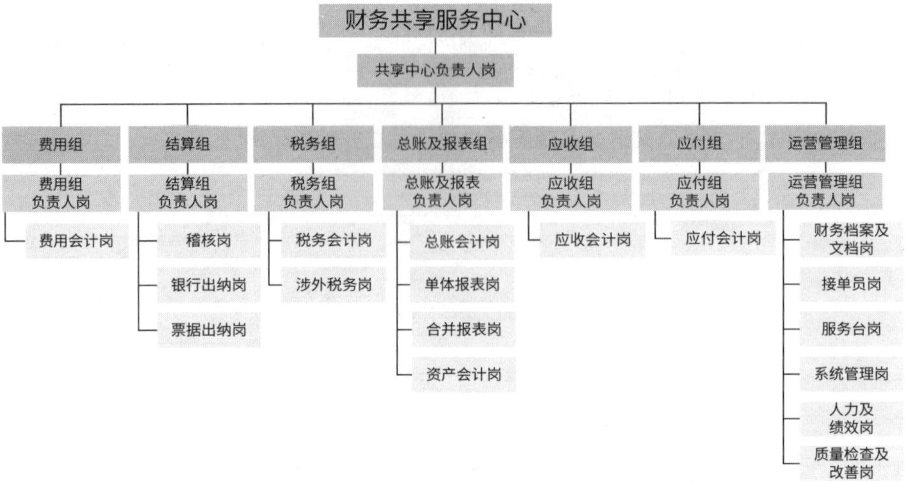

图 15－4　共享服务中心人员组织架构图

如图 15－4 所示，共享服务中心下设费用组、结算组、税务组、总账及报表组、应收组、应付组、运营管理组七大职能组，其中费用组下设费用组负责人岗、费用会计岗；结算组下设结算组负责人岗、稽核岗、银行出纳岗、票据出纳岗；税务组下设税务组负责人岗、税务会计岗、涉外税务岗；总账及报表组下设总账及报表组负责人岗、总账会计岗、单体报表岗、合并报表岗、资产会计岗；应收组下设应收组负责人岗、应收会计岗；应付组下设应付组负责人岗、应付会计岗；运营管理组下设运营管理组负责人岗、财务档案及文档岗、接单员岗、服务台岗、系统管理岗、人力及绩效岗、质量检查及改善岗。

以某企业为例，各岗位的岗位职责如下所示：

（1）共享服务中心

共享服务中心负责人岗：负责按权限完成有关流程文档的复核、审核、审批工作；负责对业务中涉及核算的重要问题提出建议及改进方案；负责定期组织会议，讨论并完善共享服务中心相关管理体系及工作流程，并监督其执行；负责共享服务中心运营风险的控制及防范；负责对共享服务中心财务人员的选聘提出要求及建议；负责对共享服务中心各小组的工作情况进行综合评价和考核；负责完成上级领导交待的其他工作任务与计划。

（2）费用组

➢ 费用组负责人岗：负责统筹规划费用小组整体工作；负责审核、指导费用会计岗的日常工作；负责对费用组进行工作质量自查和绩效考核；负责费用报销流程操作手册的编写并配合手册的更新、维护工作；负责配合、协助共享服务中心和财务部上级领导安排的相关事项。

➢ 费用会计岗：审核申请单及所附原始单据的真实性、合规性、合理性；配合查询和反馈财务业务处理的进度；负责员工往来对账；负责编制费用类报表；完成小组负责人安排的其他工作相关事项。

（3）结算组

➢ 结算组负责人岗：负责小组整体工作筹划，指导、检查小组日常工作；审核银行账户开销、变更申请；大额资金支付业务的二级审批；资金小组业务操作手册编写，配合后续手册更新与维护；负责各单位特殊资金业务及紧急业务的协调、处理；负责财务印章和网银U盾管理；配合公司进行银行关系维护；资金计划的初审；负责对资金小组进行工作质量的自查和绩效考核；负责配合、协助共享服务中心和上级领导的相关事项。

➢ 稽核岗：对所有付款业务流程和付款信息进行一级核对；协助资金负责人处理其他临时性事务；负责现金的监盘。

➢ 银行出纳岗：负责银行账户的开立、变更、注销；所有支付业务的经办、检查；银行回单的打印、匹配及付款单据整理；外汇业务的柜台办理；查询收款和付款明细；支票购买、开具、登记管理；备用金支取和使用管理；现金的盘点；完成小组负责人安排的其他工作相关事项。

➢ 票据出纳岗：负责盖公章流程的申请；票据及保函的取回；票据付款单据整理；票据背书、托收、解付；银票及保函台账管理；保函的延期、撤销及费用办理；完成小组负责人安排的其他相关工作事项。

（4）税务组

➢ 税务组负责人岗：负责统筹规划税务小组整体工作并进行监督、指导；负责税企关系维护；负责涉税风险的集中管控；关注新税收政策，并对政策做出解读，指导相关业务；配合高新技术企业复审工作；负责对税务小组工作质量的自查和岗位绩效考核；负责税务小组工作的操作手册编写与更新；负责审批以股份公司名义开具的发票；负责配合、协助共享服务中心相关事项及财务部上级领导安排的相关事项。

➢ 税务会计岗：负责发票领购、核销以及空白发票的保管；外管证办理和管理；增值税发票的认证；根据公司及税务局的要求进行税源分析及报送；期末增值税发票税务系统与账务系统差异反馈；企业各税种的计算、申报和账务处理及个人所得税的代扣代缴；企业所得税汇算清缴工作及后续差异账务处理；配合应对税务检查方面，负责税收调查工作；办理各税种减免税备案；涉税档案资料的保管；完成小组负责人安排的其他工作相关事项。

➢ 涉外税务岗：管理电子口岸出口关单信息；整理资料、编制免抵退申报案卷；办理出口物资未退税证明、委托出口货物证明；完成小组负责人安排的其他相关工作事项。

（5）总账及报表组

➢ 总账及报表组负责人岗：负责预提及冲销类凭证的账务处理；复核职工薪酬的计算并进行账务处理；负责递延所得税计算及账务处理；负责其他总账手工类凭证的账务处理；负责根据关账清单、执行关账流程；配合公司内、外部各项检查审计工作。

➢ 总账会计岗：预提及冲销类凭证的账务处理；复核职工薪酬的计

算并进行账务处理；负责递延所得税计算及账务处理；负责根据关账清单、执行关账流程；配合公司内、外部各项检查审计工作；银行对账及余额调节表的编制；完成小组负责人安排的其他工作。

➢ 单体报表岗：负责月末对账务系统结账处理；负责出具单体报表并提交小组负责人审核；负责进行内部往来及交易的核对及账务处理；负责出具各经营单位二级合并报表；负责出具标准管理报表；配合公司内、外部各项检查审计工作；完成小组负责人安排的其他工作相关事项。

➢ 合并报表岗：负责编制集团法定合并报表并提交小组负责人审核；负责进行股份公司合并抵消分录的账务处理；负责编制法定报表对外披露信息中的财务信息；负责提供关联方交易的财务信息；配合公司内、外部各项检查审计工作；完成小组负责人安排的其他工作相关事项。

➢ 资产会计岗：负责固定资产新增、处置的相关账务处理；负责固定资产折旧、减值的相关账务处理；负责固定资产变更、报废的相关账务处理；负责固定资产卡片及台账的建立、管理和维护；负责在建工程核算及转固核算；负责无形资产新增、处置的相关账务处理；负责无形资产摊销、减值的相关账务处理；完成小组负责人安排的其他工作。

（6）应收组

➢ 应收组负责人岗：负责审核应收组的账务处理及各类销售台账日报；负责审核应收账款对账信息并统筹对账工作；负责审核应收账款账龄的财务分析；负责应收流程操作手册的编写及后续更新与维护；负责配合、协调业务部门共享服务中心及公司内外部检查相关工作。

➢ 应收会计岗：负责销售回款的系统平台录入维护；负责销售收入、回款、应收等账务的处理；负责根据销售收入明细结转主营业务成本；提供应收账款的财务信息协助业务部门对账；负责应收账款对账后差异问题的账务处理；负责更新和维护销售类台账日报；负责编制应收账款账龄的财务分析；负责应收坏账准备计提、核销和冲回的账务处理；配合共享服务中心及公司内外部审计税务检查相关工作。

（7）应付组

➢ 应付组负责人岗：负责审核、检查和指导应付会计日常工作；负责对应付组工作质量的自查、优化和绩效考核；负责审核应付账款账龄的财务分析；负责编写应付小组工作手册并维护更新；负责配合、协助共享服务中心相关事项及财务部上级领导安排的相关工作。

➢ 应付会计岗：负责应付类挂账的账务处理；负责应付类清账账务处理；负责提供应付账款对账所需的财务信息；负责应付账款对账后差异问题的账务处理；负责编制应付账款账龄的财务分析；复核应付账款支付申请信息；完成小组负责人安排的其他相关工作。

（8）运营管理组

➢ 运营管理负责人岗：负责整体管理、把控运营管理小组的工作；负责共享服务中心的服务质量体系建设；负责审核共享服务中心的服务质量体系控制方案；负责审核共享服务中心的质量检查报告；协助共享服务中心负责人推进共享服务中心建设整体进程；负责配合、协助共享服务中心和财务部上级领导安排的相关事项。

➢ 财务档案及文档岗：负责原始单据的整理；负责会计凭证的打印和装订；负责会计档案的归档、查询、借阅和库存管理；负责完成小组负责人安排的其他相关工作。

➢ 接单员岗：负责与当地各经营单位财务窗口对接；负责原始单据的接收和派发；负责完成小组负责人安排的其他工作。

➢ 服务台岗：负责接听共享服务中心电话、查阅和解答邮件；配合和协助共享服务中心日常工作；负责系统故障协调与及时反馈；负责对共享服务中心投诉的跟踪和处理；负责完成小组负责人安排的其他工作。

➢ 系统管理岗：负责共享服务中心系统日常运维；进行共享服务中心系统培训；配合财务部信息化组完成共享服务中心系统的搭建；配合服务岗完成系统相关操作的答疑。

➢ 人力及绩效岗：负责共享服务中心岗位技能要求和职责说明书编制；负责共享服务中心人员招聘及职业发展通道建设；负责共享服务中心人员绩效考核体系、制度、考核指标的建立；负责执行共享服务中心负责人及小组负责人的绩效考核；负责共享服务中心培训体系的建立，组织共享服务中心培训工作；负责牵头和制定等级服务水平协议；负责完成小组负责人安排的其他工作。

➢ 质量检查及改善岗：负责检查共享服务中心日常工作的质量（包括抽查申请单和原始单据等）；负责共享服务中心的服务质量体系控制方案，并提交负责人审核；负责输出共享服务中心的质量检查报告，并提交负责人审核；负责统筹提出并落实共享服务中心服务质量的改善建议；负责统筹进行共享服务中心内部工作流程建设及后续优化工作；完成小组负责人安排的其他工作。

15.3　人员要求

财务共享服务中心对于参与人员的能力要求可以分为四个维度，分别是核心能力、通用能力、专业能力（业务）、专业能力（运营保障），每个企业的能力要求不同，以下以某企业财务共享服务中心的用人要求为例：

➢ 核心能力：客户导向、精诚协作、积极进取、立足创新、求真务实、正直诚信等；

➢ 通用能力：组织认知、个人管理、绩效管理、可靠性、领导力、分析/解决问题、计划能力、员工管理等；

➢ 专业能力（业务）：数理能力、基础会计、资产管理、财务核算、财务报告、预算管理、薪酬核算等；

➢ 专业能力（运营保障）：业务流程、市场推广与宣传、客户服务、投诉处理、组织绩效、质量管理等。

财务共享服务中心的人员按照职务和负责岗位可以分类为：共享服务中心总经理、共享服务中心副总、核算组长、运营保障组长、总账核算组核算岗、费用成本组核算岗、应收/应付组核算岗、运营保障岗位、资金结算组结算岗和资金结算组其他员工的能力侧重要求有所不同，表15－2以数字衡量每种能力对该岗位的重要程度。

由能力素质模型图可以看出，财务共享服务中心要求所有员工都满足求真务实、正直诚信、具有可靠性的能力要求。特别的，共享服务中心要

数字化时代的财务中台——共享运营系统

表 15 – 2　　　　岗位重要性程度表

能力类型		共享服务中心总经理	共享服务中心副总	核算组长	运营保障组组长	总账核算组核算岗	费用成本组核算岗	应收/应付组核算岗	运营保障岗位	资金结算组结算岗	资金结算组银行外勤岗
核心能力	客户导向	2	2	2	2	2	2	2	2	2	2
	精诚协作	3	3	2	2	2	2	2	2	2	2
	积极进取	3	3	3	3	2	2	2	2	2	2
	立足创新	2	2	2	2	2	2	2	2	2	2
	求真务实	4	4	4	3	3	3	3	3	3	3
	正直诚信	4	4	4	4	3	3	3	4	4	4
通用能力	组织认知	3	3	2	2	2	2	2	1	1	1
	个人管理	2	2	2	2	2	2	2	1	1	1
	绩效导向	2	2	2	2	2	2	2	2	2	2
	可靠性	4	4	4	4	4	4	4	4	4	4
	口头沟通	3	3	3	3	2	2	2	2	2	2
	书面沟通	3	2	3	3	2	2	2	2	2	2
	人际交往	3	2	2	2	2	2	2	1	1	1
	谈判能力	2	2	2	2	1	1	1	1	1	1
	领导力	3	2	2	2	1	1	1	1	1	1
	团队管理	3	2	2	2	2	2	2	1	1	1
	员工管理	3	3	2	2	2	2	2	1	1	1
	分析/解决问题	3	3	2	2	2	2	2	1	1	1
	计划能力	4	3	3	2	1	1	1	1	1	1
专业能力（业务）	数理能力	4	3	4	2	3	3	3	2	2	2
	基础会计	4	4	4	2	4	3	3	3	3	2
	交易结算	3	3	3	2	2	3	4	2	2	2
	现金管理	2	2	3	2	3	3	3	1	3	3
	资产管理	2	2	3	1	3	2	2	1	2	1
	税务管理	4	4	3	2	2	2	2	2	2	1
	财务核算	4	4	4	2	3	2	1	2	2	1
	财务报告	4	4	3	1	3	4	2	2	2	1
	预算管理	3	3	4	1	3	2	2	2	2	1
	风险管理	3	3	3	1	3	3	3	1	3	2
	薪酬核算	3	3	3	2	3	2	2	1	2	1
	融资管理	3	2	2	1	2	2	1	2	2	1
	投资分析	3	2	2	1	2	2	1	2	2	1

续表

能力类型		共享服务中心总经理	共享服务中心副总	核算组长	运营保障组组长	总账核算组核算岗	费用成本组核算岗	应收/应付组核算岗	运营保障岗位	资金结算组结算岗	资金结算组银行外勤岗
专业能力（运营保障）	业务流程	3	3	3	4	3	3	3	3	3	2
	信息系统运维	2	2	2	4	2	2	2	3	2	1
	市场推广与宣传	3	3	2	2	2	2	2	2	2	1
	客户服务	3	3	4	4	3	3	3	3	3	2
	投诉处理	3	4	4	4	3	3	3	3	3	2
	组织绩效	4	3	3	4	2	1	1	2	1	1
	质量管理	4	4	3	4	3	3	3	3	2	2

求总经理具备较强的计划能力和完备的专业知识储备，比如数理能力、基础会计、税务管理、财务核算、财务报告、组织绩效以及质量管理等。共享服务中心对副总的能力要求相比总经理较为宽松，侧重于在运营保障过程中对投诉的处理能力，在一定程度上分担总经理的任务。核算组长岗位对数理能力、基础会计知识、财务核算、预算管理等方面要求较高；运营保障组更看重业务流程安排、信息系统维护等运营保障型的专业能力。总账核算组核算岗、费用成本组核算岗以及应收/应付组核算岗与核算组长类似，但整体能力要求相对较低，除个别因业务分工需要在某一方面有所专长，比如费用成本组要求具备较强的财务报告编写能力，应收/应付组需要有处理交易结算的能力。

【延伸阅读】

企业财务人员应具备的知识结构和技能①

会计这个职业在中国是个庞大的群体，但革命正悄然而至，在大智移云时代的信息技术浪潮下，这个职业会发生巨大的变革，一是基础处理人员数量减少，二是人员结构会发生较大的变化。本文从两个维度分析在企

① 财务云．未来财务热人员的知识结构和能力要求［EB/OL］．https：//mp. weixin. qq. com/s/0dg1fx4AO3C5Dt6SvJOpVA，2017－03－31。

业财务转型时代，财务人员应当具备的知识结构和技能。

（1）五个层次

站在企业的角度，企业的财务人员有五个层次，可以称之为“五个七”。

第一个层次的财务人员完成财务的七个流程，企业中的七个流程分别是：销售及收款流程、采购及付款流程、费用报销、在建工程转固定资产以及计提折旧、成本核算与管理、总账到报表流程、资金收付流程。普通财务人员的眼睛就在办公室里，把原始凭证传递给他，完成七个流程出会计报表，完成一个个会计循环。

第二个层次的财务人员关注企业的七个比率，不仅关注财务业务，更关注企业自身的发展，不仅仅是三张报表，而是从三张报表中看到企业的发展，分别是企业的增长率、盈利率、费用率、利率、税率、汇率、负债率，给企业做一个全面的体检，这时候的财务人员开始转向支持企业的业务和管理，是企业的财务管理人员。

第三个层次的财务人员深入参与企业的七个环节，这七个环是企业的管理过程，是企业的战略、规划、计划、预算、过程、绩效、激励，深入参与企业的管理过程，从管理会计的角度去支持，去影响，去引导。财务人员转变为企业的管理人员。

第四个层次的财务人员全面关注企业的七个方面，企业的市场、销售、技术研发、采购、生产、交付、服务。从仅仅关注的企业的管理和企业的结果转为关注企业的经营。只有关注到这些，才真正关注到企业的成长和发展。

第五个层次的财务人员服务企业的七个利益相关者，他们关注的层面不仅仅是企业内部，还有企业的价值链和企业的环境、利益相关者，这七个方面是企业的客户、供应商、员工、投资者、债权人、政府机关、媒体，财务人员和所有利益相关者的沟通，企业最终是利益相关者的集合，企业的发展和进步是为了能够更好地满足利益相关者的需求。

所以说在企业做的财务工作其实就是“五个七”，每一次对七个方面的关注都提升了企业财务人员的视野和思维方式，从仅仅关注眼前的工作，到关注周围，再到关注企业、关注环境，最终到关注集合，每次都是巨大的变化。

（2）三个级别

关于企业财务需要的知识和技能，不同企业在不同发展层面的需求是不同的，企业是有生命周期和发展周期的，它不断跨越陷阱、不断成长，从初创公司到小型、中型、大型，再到国际化、上升到世界500强。在不同发展阶段，对企业三个方面的要求不同，具体到财务人员，不同企业、不同层级的财务人员的要求也是不一样的。总结一下，企业初级、中级、高级的财务人员各需要什么样的知识、技能和扩展性的知识。

初级财务人员只要懂五件事就行了，分别是票、账、表、钱、税。就是怎么开发票，怎么审发票，怎么记账，怎么出报表，怎么收钱、付钱、融资，再到怎么报税和怎么做税务筹划。这个时候财务人员主要是操作一系列财务软件和工具，他们的主要工作内容是管理自己，让自己把事情做好，需要有职业道德和诚信、职业操守、沟通能力、汇报宣讲能力、时间管理能力和自我管理能力。

中级财务人员要求的知识面是四个方面，财务的知识需要一个体系，包含了财务会计、管理会计、财务管理（或者说财资管理）、税务管理，这四方面的内容是企业中级财务人员应具备的知识。从管理会计的角度来看，中级财务人员要学全面预算管理、成本管理、绩效管理、内部控制和风险管理，守法和合规，经营决策分析；从财务会计角度，需要知道会计准则和会计政策、会计核算和会计报表；还需要知道企业现金管理、融资和投资管理、现金周转等财务管理方面的知识，要知道税法、税务筹划、税务核算、税务申报、税务检查等税务循环的知识，还需要知道业务财务、财务共享服务，这些内容都是财务自身的知识体系。扩展性知识是要知道企业的行业知识、运营管理知识、项目管理、质量管理。

同时，中级财务人员是管理团队或者管理管理者的，中级财务人员不是自己在工作，而是在一个团队工作，培养目标是团队领导者。需要培养协调能力，资源调度能力，团队协作能力，处理冲突等能力，培养、选拔和发现人才的能力，这些都是中高级财务人员应具备的能力。

高级财务人员要知道企业的战略和创新、公司治理、企业的价值管理、企业的资源管理、并购和重组风险管理、战略性的成本和税务管理，扩充性的知识是全球的宏观经济、技术趋势、营销创新。这个时候对他的能力产生了更高的要求，要有视野、格局、胸怀和远见。所以，到了高层财务，需要的是战略的远见、创新的未来、全局的格局、宽广的视野以及容人、识人的胸怀。

从人才的角度来说，人才有三个核心能力，分别是知识、技能和才干，这三个合在一起是这个人拥有的基础素质，企业选人就选这三块内容。但是对个人成长来说，有五件事情对他来说非常重要，分别是勇气、毅力、热爱、创新、跨界。因此，企业对人的要求是知识、技能和才干，对自己的要求是勇气、毅力、热爱、创新、跨界。

我们将每个招聘进来的人都视为宝贵的财富、培养的对象。我会告诉我们招聘进来的学生："你们进入了一所新学校，这是你们学习的开始，不是结束，向优秀同事学习，向客户学习，向合作伙伴学习，在实践中学习，在事业中进步"。我们帮助我们的财务人员进行一系列学习培训，有云课堂，有外部学习资源，有中兴通讯学院。我们建立"航系列"培训，系统的培养初级、中级、高级的财务人员。

我们给员工提供一个全面的职业发展通道，希望每个员工在中兴通讯都能得到好的发展。因为招聘进来的员工对员工自己和企业而言成本都很高，人最宝贵的就是时间，员工发展了企业才能发展，企业发展了同样会带来员工价值的提升。

本章小结

共享服务中心按照财务职能维度设置了七大职能组：费用组、结算组、税务组、总账及报表组、应收组、应付组、运营管理组，共 26 个岗位，对不同职能组进行合理的分工安排，用以支持共享服务中心的业务运营工作。企业对财务共享服务中心的参与人员的能力要求可以分为核心能力、通用能力、专业能力（业务）和专业能力（运营保障）四个维度，按照其职务与负责岗位的不同，对员工能力要求的侧重也有所不同。

本章关键词

人才选拔　人员培训　人员激励　人员发展　核心能力　通用能力　专业能力

本章练习题

一、选择题

1. 人员管理的主要内容有（　　）。

A. 人才选拔　　　　B. 人员培训

C. 人员激励　　　　D. 人员发展

2. 下列属于从事具体业务的运营人员岗位的有（　　）。

A. 应付会计　　B. 制度经理

C. 绩效经理　　D. 总账会计

3. 对财务共享服务中心而言，培训的意义在于（　　）。

A. 保证服务水平的稳定　　B. 有利于保持员工的积极性

C. 促进员工形成共同价值观　　D. 有助于保留核心员工

4. 财务共享服务中心的员工培训体系一般有培训组织、（　　）、讲师队伍和（　　）四部分。

A. 培训纲领　　B. 课程体系

C. 支持体系　　D. 评价体系

5. 财务共享服务中心对于参与人员的能力要求可以分为四个维度，其中质量管理属于（　　）维度要求的能力。

A. 核心能力　　B. 通用能力

C. 专业能力（业务）　　D. 专业能力（运营保障）

二、判断题

1. 对比从事运营管理以及专业支持的专家及管理人员，从事具体业务的运营人员对个人能力、学习能力的要求更高。（　　）

2. 从事运营管理以及专业支持的专家及管理人员更多的是单兵作战，需要是某个业务领域的专家。（　　）

3. 共享服务中心人员专业化分工，工作内容标准，对人员进行培训可以保证工作产出的一致性，保证服务水平的稳定。（　　）

4. 财务共享服务中心的人员发展有平级调动和员工晋升两种路径。（　　）

5. 运营管理组负责人岗主要负责按权限完成有关流程文档的复核、审核、审批工作。（　　）

三、思考题

1. 人员管理是什么，具体包括哪些模块？

2. 共享服务中心的岗位是如何划分的，不同岗位的职责有哪些？

3. 共享服务中心对于参与人员的能力要求可以分为哪几个维度？

各章练习题参考答案

第 1 章

选择题：1. AC　2. C　3. ABD　4. ABC　5. BD
判断题：1. 错　2. 对　3. 错　4. 错　5. 对
思考题答案略

第 2 章

选择题：1. D　2. ABC　3. ABC　4. BCD　5. ABCD
判断题：1. 错　2. 对　3. 对　4. 错　5. 对
思考题答案略

第 3 章

选择题：1. D　2. ABC　3. BCD　4. AB　5. ABCD
判断题：1. 错　2. 对　3. 对　4. 错　5. 对
思考题答案略

第 4 章

选择题：1. AC　2. BCD　3. AB　4. B　5. ACD
判断题：1. 错　2. 错　3. 对　4. 错　5. 对
思考题答案略

第 5 章

选择题：1. ABC　2. ABC　3. BCD　4. AB　5. ABC
判断题：1. 错　2. 错　3. 对　4. 错　5. 对
思考题答案略

第 6 章

选择题：1. ABD 2. ABC 3. ABC 4. BCD 5. C
判断题：1. 对 2. 错 3. 错 4. 对 5. 错
思考题答案略

第 7 章

选择题：1. ABCD 2. ABD 3. ABD 4. BCD 5. ABC
判断题：1. 对 2. 错 3. 错 4. 错 5. 对
思考题答案略

第 8 章

选择题：1. ACD 2. BD 3. BCD 4. AD 5. AB
判断题：1. 错 2. 错 3. 错 4. 对 5. 错
思考题答案略

第 9 章

选择题：1. ABC 2. AD 3. B 4. ACD 5. AD
判断题：1. 错 2. 对 3. 错 4. 对 5. 错
思考题答案略

第 10 章

选择题：1. BD 2. D 3. ABCD 4. ABC 5. ABC
判断题：1. 对 2. 对 3. 错 4. 对 5. 对
思考题答案略

第 11 章

选择题：1. C 2. D 3. CD 4. D 5. AC
判断题：1. 对 2. 错 3. 错 4. 对 5. 错
思考题答案略

第 12 章

选择题：1. ACD 2. A 3. AC 4. C 5. ABCD

判断题：1. 对　2. 错　3. 错　4. 对　5. 错
思考题答案略

第13章

选择题：1. BCD　2. AD　3. ABC　4. ABCD　5. BC
判断题：1. 对　2. 对　3. 错　4. 对　5. 对
思考题答案略

第14章

选择题：1. ABD　2. A　3. ABC　4. ABC　5. AC
判断题：1. 错　2. 错　3. 对　4. 对　5. 错
思考题答案略

第15章

选择题：1. ABCD　2. AD　3. ABCD　4. BC　5. D
判断题：1. 错　2. 对　3. 对　4. 对　5. 错
思考题答案略

参考文献

[1] 南京大学智能财务研究课题组．智能财务教程［M］．南京：南京大学出版社，2019.

[2] 陈虎，孙彦丛．财务共享服务［M］．北京：中国财政经济出版社，2018.

[3] 陈虎，孙彦丛．财务就是IT——企业财务信息系统［M］．北京：中国财政经济出版社，2017.

[4] 陈虎，孙彦丛，赵旖旎，等．从新开始——财务共享 财务转型 财务智能化［M］．北京：中国财政经济出版社，2017.

[5] 陈虎，陈东升．财务共享服务案例集［M］．北京：中国财政经济出版社，2014.

[6] 胡长明．国富论（全译典藏图本）［M］．北京：人民日报出版社，2009.

[7] 国务院．中华人民共和国现金管理暂行条例．1988－9－8. http：//www. people. com. cn/ISO9000，质量管理体系［S］．瑞士日内瓦：国际标准化组织，1987.

[8] 中兴新云，ACCA，厦门国家会计学院．2020年中国财务共享服务领域调研报告［R］．西安：中兴新云，2020.

[9] 中兴新云，南京大学，厦门大学．财务的自动化 智能化 数字化［R］．西安：中兴新云，2020.

[10] 中兴新云．国际化企业基于共享服务的全球财务管理［R］．西安：中兴财务云，2017.

[11] 聂蓉蓉，刘雅琼．财务云：从财务共享服务到大数据中心［J］．中国会计报，2019－07－26.

[12] 郭奕，扶冰清．打造企业的共享运营系统［J］．中国会计报，2019－04－26.

[13] 中兴新云．引领数字基因华丽转身——从信息化到数字化［J］．

贸易金融，2019（4）.

［14］郭奕，扶冰清，傅若希．信息系统推动财务数字化转型［J］. 中国会计报，2019－03－22.

［15］陈虎．财务共享服务与全球化财务人才培养［J］．财务与会计，2018（22）.

［16］李一硕．信息化助力财务共享“落地生根”［J］．中国会计报，2018－12－27.

［17］陈虎，孙彦丛，常亮．企业财务信息系统的发展与架构［J］. 财务与会计，2018（9）.

［18］陈虎，孙彦丛，郑芳，郑薇．“一带一路”倡议下中兴财经知识体系建设探索［J］．财务与会计，2018（1）.

［19］陈虎．大智移云时代的企业财务人员结构［J］．首席财务官，2017（9）.

［20］中兴新云．《中国机长》——从清单革命看共享服务中心的标准化管理［EB/OL］．https：//7n6.cn/5lHnc.

［21］财务云．未来财务人员的知识结构和能力要求［EB/OL］．https：//7n6.cn/676gw.

［22］财务云．从财务共享服务到财务数字化［EB/OL］．https：//7n6.cn/zTSwo.

作品知识产权与法律责任声明

《财务共享服务（第二版）》

ISBN：978－7－5095－8271－8

财务转型的必经之路，跨国公司的最佳实践

《财务共享服务（第二版）》展示了未来财务变革与转型的发展趋势，以财务共享服务的理论与实践为主题，详细讲述了财务共享服务的理论、方法，以及可操作的实施方案与实施步骤。完整、详尽地将财务共享服务展现给读者。同时，这本书在全球最佳实践的基础上，总结了多家大型企业财务共享服务中心的建设及运营经验，可以为希望建立或者已经建立共享服务中心的管理者提供理论框架和实践参考。

《财务共享服务案例集》

ISBN：978－7－5095－5545－3

财务最佳实践，共享成功之道

《财务共享服务案例集》既有 GE、IBM、Oracle 等跨国集团在财务共享服务领域的成功经验，也有中兴通讯、中广核、平安集团等中国企业在此领域的思考和践行，中国角度看世界、国际视野看中国，通过汇聚国际化理念及全球企业最佳实践经验，为共享中心的未来发展提供极具价值的借鉴和参考，也为中国企业的财务转型和价值创造提供新的思路。

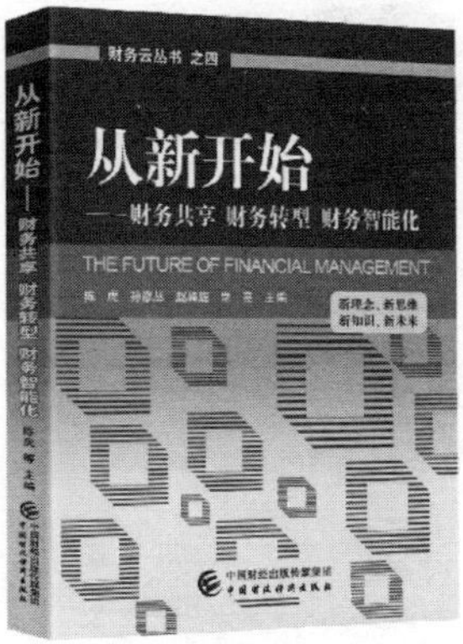

《财务就是 IT——企业财务信息系统》

ISBN：978 –7 –5095 –7400 –3

信息化的财务，智能化的未来

《财务就是 IT》基于全球先进跨国公司的财务信息系统多年设计、使用和优化经验，从企业三大循环（业务循环、管理循环和信息循环）出发，论述了财务循环的主要内容，提出了财务信息系统的整体架构，深入论述业务层、核算层、管理层和决策层的财务信息系统建设、流程和功能框架，涉及二十个财务信息系统，并给出了大量真实的资料和案例，理论结合实践，为读者展示了一幅企业信息化建设的宏图和参考路径。

《从新开始——财务共享 财务转型 财务智能化》

ISBN：978 –7 –5095 –7704 –2

新理念、新思维、新知识、新未来

《从新开始》收录了全球各行各业财务管理者与服务机构的最新研究成果，聚焦财务共享、财务转型、财务智能化，探讨企业在利用财务新模式提高绩效的过程中面临的挑战、问题与潜在机遇，视角独特，力求解读如何顺利实施财务共享，从容应对财务智能化，助力企业实现财务转型。

《财务机器人——RPA 的财务应用》

ISBN：978 -7 -5095 -8709 -6

开启第四次会计变革大幕

《财务机器人》基于“大智移云物”的时代背景，描绘了新兴技术对财务的影响，介绍了机器人流程自动化（RPA）技术的原理和特点，并详细阐述了财务机器人的功能、适用的业务场景及流程。同时，本书通过丰富的案例展示了财务机器人在企业中的应用，总结了企业成功实施 RPA 的方法，为企业实现财务流程自动化提供借鉴参考，是一本具备理论、实践和方法论的财务机器人应用书籍。

《全球共享服务》

ISBN：978 -7 -5095 -7856 -8

ACCA 全球共享服务证书指定教材

《全球共享服务》融汇了 ACCA 与中兴新云 · 财务云有关共享的经典理论知识、案例经验和共享调研的最新数据，涵盖了在共享服务中心工作所必备的基础知识——从共享服务的历史背景到行业现状，从流程设计到测量与控制，从关系管理与合规监管到业绩优化与流程改进以及全球共享服务基础财务流程简介——希望帮助财会专业人士扩充知识储备、提升实践能力、拥有未来视野；希望帮助中国企业培养专业人才、引领财务变革、拥有世界级能力。

《智能财务教程》

ISBN：978 －7 －305 －09265 －7

南京大学·中兴新云联手打造精品教材

《智能财务教程》为智能财务云 VR 实验室的配套教材，涵盖财务转型与财务再造、财务共享服务、财务流程及信息化相关理念知识，深入解析企业主价值链的业务场景及财务信息系统应用；通过丰富的企业实践案例与创新的课堂互动设计，革新传统会计教学方式与知识体系，帮助学生理解业财一体化流程、财务信息化与智能化应用，感知财务数字化转型趋势。

《数字财务》

ISBN 978 －7 －302 －56293 －1

数字决胜未来，财务引领发展

本书旨在探讨数字技术带来的财务革命，系统地阐述了数字财务理论到实践的运作过程，从数字技术对财务的影响分析，到对数字财务目标、职能和风险控制的思考，再到数字财务智能生态系统的创建，最后是数字财务的典型案例和实训平台呈现。适合作为正在转型中的财务人员和高校财会、金融类专业师生们的重要参考教材，同时也是商业精英人士了解数字技术和财务变革的一本有益读物。

《财税 RPA：财税智能化转型实战》

ISBN：978-7-111-66811-4

助力中国企业迈向财税智能化的新未来

这是一本指导财务和税务领域的企业和组织利用 RPA 机器人实现智能化转型的著作。作者基于自身在财税和信息化领域多年的实践经验，从技术原理、应用场景、实施方法论、案例分析 4 个维度详细讲解了 RPA 在财税中的应用，包含大量 RPA 机器人在核算、资金、税务相关业务中的实践案例。帮助企业从容应对技术变革，找到 RPA 技术挑战的破解思路，构建财务智能化转型的落地能力，真正做到“知行合一”。